本书的研究得到了国家社会科学基金十九大专项重大项目"管资本背景下完善企业国有资产管理体制研究"（项目批准号：18VSJ068)的资助

国家社科基金丛书

GUOJIA SHEKE JIJIN CONGSHU

管资本背景下完善企业国有资产管理体制研究

A Study on Perfecting Enterprise State-owned Assets Administration
System that Focuses on Capital Regulation

毛新述　张晨宇　张栋　著

人民出版社

目　　录

总　　论

一、研究问题的提出

在我国,国有资产主要分为经营性国有资产(企业国有资产)、非经营性国有资产和资源型国有资产。按照行政隶属关系,企业国有资产主要由国务院国有资产监督管理委员会(以下简称"国资委")履行监管职责,非经营性国有资产主要由财政部门实施监管,资源型国有资产则主要由国土资源部,林业、水利和农业部门监管。相对于其他两类国有资产,企业国有资产担负着国有资产保值增值的重要目标。

新中国成立以来,国有资本的市场微观主体地位基本确立,国有经济在国民经济发展中的地位作用不断巩固和增强,建立了与经济规律相适应、国有资本发展所需要的基本制度体系,逐步形成适应国有资本发展需求的法律法规体系。国有企业改革先后经历了逐步建立巩固、局部改革探索、整体性改革创新和新时代系统化分类改革四个阶段,如何对企业国有资产实施监管以激发国有资本的内生活力和市场竞争力,发展壮大国有经济,持续夯实党执政的重要物质基础和政治基础,成为党和国家关注的重要议题。

作为经济改革的重中之重,企业国有资产管理体制改革自改革开放以来稳步推进。党的十八届三中全会明确提出,完善国有资产管理体制,以管资本为主加强国有资产监管。随后,2015 年中共中央、国务院发布《关于深化国有企业改革的指导意见》、国务院发布《关于改革和完善国有资产管理体制的若干意见》,就新时代国有企业改革进行了顶层设计、框架构建和路线图描述,并提出了新时代系统化分类改革的"管资本模式"。这些探索构成了党的十九大国有资产管理体制改革完善的重要基础,确定了企业(经营性)国有资产管理体制的改革方向是以管资本为主。至此,企业国有资产监管进入"管资本模式"的新时代。

尽管近年来国有资产国有企业改革取得了瞩目的成绩,但现行企业国有资产管理体制仍存在以下诸多问题:(1)国有资产监管机构职能定位不清,国有资产监管还存在越位、缺位、错位现象;(2)国有资本授权经营体制尚不健全,不同层级国有资本授权经营企业的权、责、利界定不清晰;(3)国有企业法人治理结构不完善,"一把手"控制的现象时有发生,高管的市场化选聘存在障碍,信息披露状况亟待改善,党组织发挥领导作用的机制尚不清晰;(4)被寄予厚望的国有企业混合所有制改革在实践中因缺乏具体理论指导而困难重重,多数参与"混改"的企业只实现了不同股权相"混",而没能真正"改"善公司治理以更符合市场化配置资源的要求。这些问题的存在,归根结底是以管资本为主的企业国有资产管理体制尚未完全建立,其理论基础、顶层设计、具体实施路径三者之间仍未能构建起结构完整和逻辑自洽的框架体系。

基于此,本书主要回答:(1)何为"管资本"?为什么要以管资本为主加强企业国有资产监管、完善企业国有资产管理体制?其制度背景和理论依据是什么?(2)管资本背景下企业国有资产管理体制包括哪几方面内容?各方面内容在企业国有资产管理体制中分别处于何种地位?哪个更重要?(3)如何进行顶层设计才能构建一个外在结构完整、内在逻辑一致的框架体系?(4)现行企业国有资产管理体制运行情况如何,有哪些效果分析?(5)管资本背景下企业国有资产管理体制的实施路径应如何设定?如何有效分步推进?

本书通过系统回顾我国国有资产管理制度的变迁演进,深挖国有企业改革理论依据,总结最新实践和相关效果分析,以研究管资本背景下如何完善企业国有资产管理体制,以期构建中国特色现代化企业国有资产管理体制。

二、本书研究的内容

针对上述研究问题,本书研究的内容主要聚焦于以下四个方面:

(一)国有资产监管机构职能定位研究

本部分主要梳理我国国有资产监管机构及其职能定位的历史演进,回顾有关国有资产监管机构及其职能定位的理论观点,总结我国国有资产监管机构及其职能定位的实践探讨,提供我国国有资产监管机构改革影响的效果分析,提出我国国有资产监管机构及其职能定位的顶层设计及其实施路径。

主要观点是:《公司法》《企业国有资产法》《国有资产监督管理暂行条例》等法律法规对国有资产监管机构权利义务的规定并不完全一致,国资委出台的《国有资产监督管理暂行条例》所赋予的权限最大。效果分析显示,自实施设立国资委统一监管以来,国有资产管理成绩非常显著,除了国有资产规模的大幅增长外,国有资本对地区经济发展的影响在新一轮国有企业改革后更能发挥促进效应。因此,国有资产监管机构职能必然包含政策性职能和收益性职能两方面内容,但无论哪方面职能都应通过"管资本"为主的方式去实现。可行的操作路径是逐步剥离国资委的非出资人职能,并通过设立国有资本投资、运营公司来实现"管资本"。

(二)国有资本授权经营体制改革研究

本部分主要梳理改革开放以来国有资本授权经营体制改革的历史演进,回顾国有资本授权经营体制改革的理论观点,总结我国国有资本授权经营体制改革实践层面探索,提供我国国有资本授权经营体制改革的相关效果分析,提出我国国有资本授权经营体制改革的顶层设计及其实施路径。

主要观点是:在党的十八届三中全会后,我国国有资本授权经营体制改革在国有资本投资运营公司设立、"瘦身健体"等方面明显提速,基于代理成本视角对国有资本授权经营体制的改革效果进行的实证检验结果发现,国有企业法人层级越少、国有企业控股法人户数越少,国有企业直接控股子公司比例越高,公司代理成本越低;2016年"压减"政策的实施在精简国有企业法人户数方面确有成效。但相对于地方国有企业,中央国有企业集团"压减"政策的实施并不能有效降低代理成本,该政策对地方国有企业存在一定的溢出效应。因此,在顶层设计上,应该区分国有企业功能,分类选择国有资本授权经营模式。在实施路径上,应明确国有资本授权经营方式选择以及国有资本投资、运营公司的组建方式;明确国有资本投资、运营公司的国有企业的功能类别;设立合理的国有资本投资、运营公司的治理机制与管理机构;健全对国有资本投资、运营公司的监督。

(三)国有企业法人治理结构完善研究

本部分主要梳理我国国有企业法人治理结构的历史演进,回顾有关国有企业法人治理结构的理论观点,总结我国国有企业法人治理结构的实践探讨,提供我国国有企业法人治理结构的效果分析,提出我国国有企业法人治理结构完善的顶层设计及其实施路径。

主要观点是:建立成体系的法人治理结构的核心点在于分类推进国有企业混合所有制改革并在此基础上分类完善其法人治理结构,尤其是加快推进董事会建设、完善高管薪酬激励机制和推行信息公开披露等方面。效果分析对上述观点提供了支持。具体而言,中央企业董事会建设能够降低中央企业投资水平、促进企业投资效率提升,有效地抑制过度投资,降低投资不足;央企薪酬对业绩和考核评级具有敏感性,但业绩评级为A的企业与非A的企业高管薪酬对业绩的敏感性并无显著差异。薪酬职务倒挂不仅会抑制企业创新投入水平,还不利于企业的创新产出。企业长期存在的薪酬职务倒挂现象会导致董事长或总经理产生不公心理,削弱工作积极性,减少参与企业创新活动的主动性,不利于企业创新发展。国有企业作为全民所有制企业,是最大的公众受托责任企业,有必要参照上市公司的信息披露规则向其终极所有者提供及时、充分的财务报表信息。从盈余信息质量角度来说,无论是中央企业还是省属企业,集团公司的盈余稳健性较差,而上市公司盈余都具有显著的稳健性。这在一定程度上也表明,没有信息的公开披露机制,公司更可能采用激进的会计政策,甚至是会计操纵。

(四)国有企业混合所有制改革研究

本部分主要回顾我国国有企业混合所有制改革的演进过程,分析国有企业混合所有制改革的内涵和理论基础,总结最近各省(自治区、直辖市)国有企业混合所有制改革的实践探索,提出国有企业混合所有制改革的未来思路。

主要观点是:效率观和资源互补观是我国国有企业混合所有制改革的逻辑和理论基础。效率观和资源互补观的应用并不相互排斥,更多的时候互为前提、同时体现。在不同阶段、不同类型国有企业改革中,两种理论所发挥的指导作用可能不同。效果分析显示,目前对混合所有制改革的推进仍比较谨慎且缓慢。因此,推进国有企业混合所有制改革,除了需要股权融合这一外在形式,更需要促进不同类型资本在改革中实现企业经营目标、公司治理、企业文化等方面的融合。在实施路径上,考虑到国有企业性质、功能和层级的不同,未来国有企业混合所有制改革应当基于效率观、资源互补观来分类分层推进。

三、理论基础与研究框架

(一)理论基础

1. 何为"管资本"

与"管资本"对应的概念是"管资产",在理解"管资本"内涵前应对"资本"和"资产"概念作出界定。

根据会计准则相关定义,资产(Asset)是指企业过去的交易或事项形成的,由企业拥有或控制的,预期会给企业带来经济利益的资源。按照会计等式:资产(Assets)＝负债(Liability)＋所有者权益(Equity)。

资本(Capital)主要是指投资者用于获利的本金。这里的投资者包括股权投资者和债权投资者,因而资本可分为股权资本和债权资本。用公式表示为:资本(Capital)＝股权资本(Equity)＋债权资本(Debt)。

由于债权资本指的是带息负债(Debt),而负债(Liability)还包括应付账款(Account Payable)等不带息的经营性负债,因此,从内容组成上讲,资产的范畴更大,包含资本。

由上述分析可以看出,"管资产"指监管机构管理的对象是企业实体,包含公司金融活动和经营活动;而"管资本"则以公司股权和债权为主要监管对象,侧重监管机构对公司未来收益的索取权,并不涉及对公司经营活动的监管。

2. 为何"管资本"

关于为何"管资本",主要是基于以下三方面原因:

(1)"管资本"是提升企业运营效率的有效手段

在产权理论视角下,公司产权明晰是经营效率提升的必要前提。自我国确立社会主义市场经济体制的改革目标后,如何对国有企业建立市场机制成为首要问题。无论是改革开放后的历次放权改革,还是国资委成立后以"管人管事管资产"的方式统筹管理国有企业,国有企业所有者缺位、越位、错位的情况十分普遍,国有企业运营效率尚有待提高。

这主要是因为,一方面,国有企业承担了过多的社会责任,多重目标激励影响了管理者的经营决策,弱化了以股东权益最大化的公司目标。另一方面,国有企业的特殊性使行政监管特色浓厚,并非完全通过《公司法》等法律赋予的出资人权力利用董事会等公司治理机制引导企业经营。

在此情形下,明确以"管资本"为主对国有企业进行管理,将管理对象由国有企业实体转变为国有企业股权和债权,对企业而言不仅能使经营目标更加明确,还可以避免出资人的行政干涉,使企业拥有更符合市场化要求的治理环境和经营目标,从而提高国有企业运营效率。

（2）"管资本"是提升国有资本投资效率的有效手段

国有资本的进入和退出相对更加灵活。以"管资产"的方式进行国有资本投资,国有资产管理机构除进行财务出资外,还需要对公司经营进行安排,此时投资效率的高低更多地取决于国有企业的经营效率。以"管资本"为主的方式进行国有资本投资,则解除了国有资本与特定企业的捆绑关系,降低了国有资产监管机构因为运营问题导致的投资失败风险。

（3）"管资本"是正确处理政府与市场关系的有效手段

国有资本除追求收益外,还肩负着政策性职能,如发展特定行业、扶持地区经济发展、解决市场失灵等问题,对国有资本布局调整可以带动整个国民经济的调整。相比于直接通过行政命令干涉企业或市场的手段,通过"管资本"的方式进行国有经济布局调整,不仅可以避免因政策变化导致的市场波动,还可以维护市场在资源配置中的决定性作用。

3. 谁来"管资本"

以"管资本"为主改革和完善企业国有资产管理体制应明确"管资本"的主体。国有资本除获取资本收益外,还承担一定的国家职能,国有资本由政府代表全民实现财富增值,"管资本"的主体必然代表国家意志。此外,"管资本"意味着应充分发挥市场在资源配置中的决定性作用,因此,"管资本"主体应与市场相兼容。

现有理论研究及实践中普遍认为,国有资本投资、运营公司作为"管资本"的主体更为合适。一方面,这一主体可以作为国资委和国有企业之间的中介,传递国资委作为政府代表全民的意图。另一方面,相对于国资委这一政府机构,公司形式的主体与市场机制更为协调,可以有效避免政府行政手段管理国有企业存在的问题。

4. 如何"管资本"

"管资本"作为当前国企改革的重要手段,意在发挥市场在资源配置中的决定性作用,而当前国有资产管理体制在各方面均与此目标不协调。因而,以"管资本"为主改革和完善企业国有资产管理体制,需对现有国有资产管理体制进行整体、分步、有序地调整,在国资监管机构职能定位、国有资本授权经营体制、国有企业法人结构治理方面作出全方位的调整,以国有企业混合所有制改革为抓手。

(二)研究框架

根据上述分析,本书从国有资产监管机构职能定位、国有资本授权经营体制、国有企业法人治理结构完善、国有企业混合所有制改革四个研究视角出发,按照改革目标、顶层设计、实施路径的研究开展研究。本书研究框架如图0-1所示。

随着全面深化改革的推进,市场在资源配置中的决定性作用越来越明显,市场化改革必然要求大幅度减少政府对资源的直接配置,对"政企分开、政资分开"的要求越来越高,以管资本为主加强国有资产监管成为新发展阶段国有企业改革的新要求。

在管资本背景下,国资委从对国有企业、国有资产实物形态以及产品生产经营的全面直接管理,转变为对国有资本的管理。国有资本出资人与股份公司股东一样,按照公司法要求行使权利。国资委与国有企业关系转变为"股东"与"公司"的关系,即通过股东会行使股东的重大经营决策权、人事任免权和资本收益权。

管资本背景下完善企业国有资产管理体制的首要环节是明确国有资产监管机构的职能定位,这是"政企分开、政资分开"的关键。在明确国有资产监管机构作为出资人定位的基础上,按照管好国有资本布局、规范资本运作、提高资本回报以及维护资本安全的要求履行好出资人的职责。

以管资本为主完善企业国有资产管理体制

研究内容	首要环节 国有资产监管机构职能定位	关键环节 国有资产授权经营体制改革	中心环节 国有企业法人治理结构完善	重要抓手 国有企业混合所有制改革
改革目标	由政府监管的市场结构、法律监管转变，实现政企分开，发挥市场在资源配置中的决定性作用	调整经营范围与规模覆盖至相似区间，以降低配代理成本，提升国有企业运营效率	推动国有企业完善现代企业制度，完善国有企业治理，激励、激励、健全协调运转、有效制衡的公司法人治理结构	推动国有资本与非国有资本融合发展，共同发展，共同社会，提升全社会资源配置效率
顶层设计	国有资本战略布局与规划主导者，国有资本投资、运营公司管理的监督者，国有资产安全的维护者	分层授权，分类经营	完善国有企业股东会建设，完善国有企业董事会选聘、激励，考核监督国有企业的领导策略，探索加强国有企业的领导策略	股权混合，目标混合，治理混合，文化混合
实施路径	完善出资人权力责任清单，组建国有资本投资、运营公司	明确国有资本授权经营方式选择，明确组建国有资本投资运营公司的方式，明确国有资本投资运营公司的功能类型别	分类集理国有企业选择调整及薪酬绩效考公改革，建立高管选调任及薪端的约束机制，设计国有企业绩效标准，探索交流团队任及人治理结构与中央审计用的分收机器	分类调节国有企业混改推进速度，分层调节国有企业混改幅度

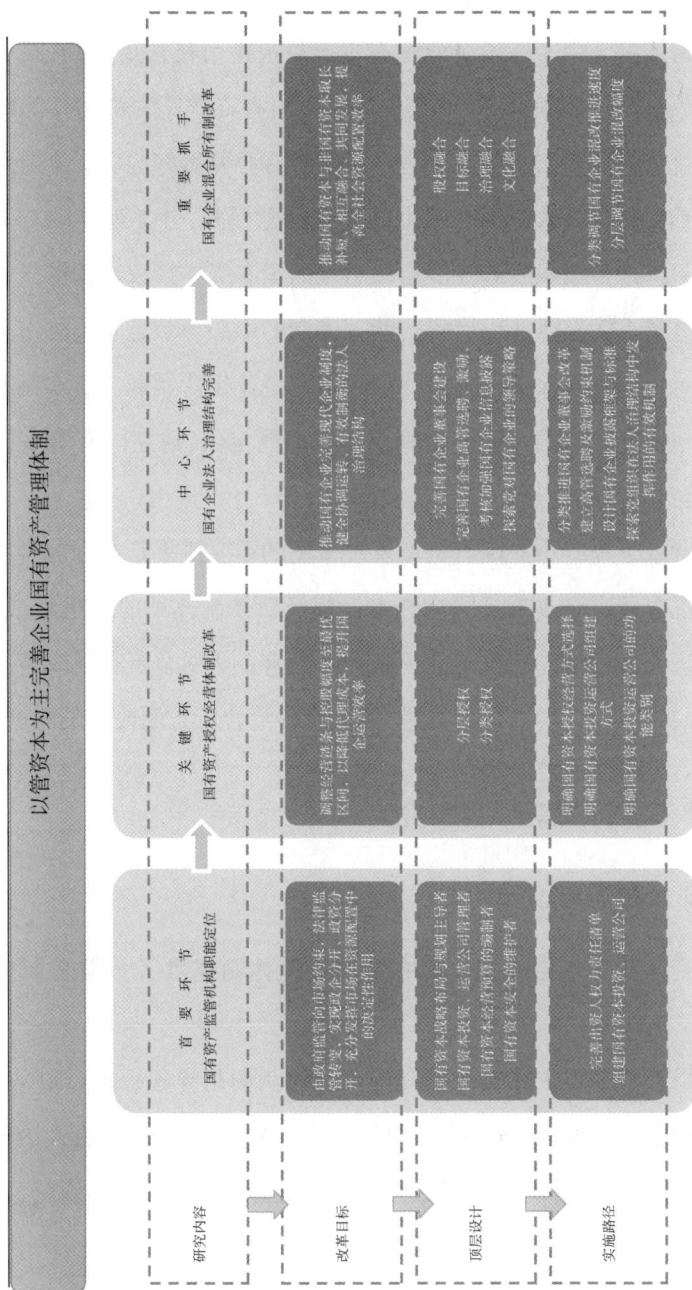

图0—1　本书研究框架

管资本背景下完善企业国有资产管理体制的关键环节是改革和建设国有资本授权经营体制。由于我国企业国有资产规模庞大且格局复杂,在中央和地方均存在数量众多的国有资产和国有企业,国有资产监管机构作为出资人代表难以直接监管所有国有资产和企业,因此,有必要做好国有资本分级授权管理改革。具体是分类选择国有资本的授权经营模式,分类组建国有资本投资、运营公司,构建控股幅度和控股层级适度的国有资本授权经营链条。

管资本背景下完善企业国有资产管理体制的中心环节是完善国有企业法人治理结构。国有资本保值增值最终通过国有企业经营实现。落实国有企业市场化主体地位应明确国有资产监管机构的职能定位、建立国有资本授权经营体制,这是实现"政企分开"的内在要求。

管资本背景下完善企业国有资产管理体制的重要抓手是推进混合所有制改革。推进混合所有制改革是国有资本授权经营体制改革的有机组成部分,是国有企业法人治理结构完善的前提基础。国有企业混合所有制改革应基于效率观、资源互补观来分类、分层推进,不断完善混合所有制改革的配套制度。

四、本书理论创新与实践价值

(一)理论创新

1. 为管资本背景下完善企业国有资产管理体制提供了一整套制度设计和实施路径

本书在以管资本为主完善国有资产监管体制的指导思想下,试图从国有资产监管机构职能定位、国有资本授权经营体制改革、国有企业法人治理结构完善、国有企业混合所有制改革等方面提出一整套制度设计和实施路径,形成一套外部框架完整、内在逻辑一致的改革体系。

2. 提出管资本背景下国有资产监管机构职能的明确定位

由于国有资产监管机构行使职能时既代表国家这一公权力意志,又受

《公司法》约束,因此其职能履行不可避免地存在公共管理的痕迹。国有资产监管机构的职能分为出资人和监管者。其中,监管者职能应由政府监管(supervise)向市场监督(regulate)转变,通过权力责任清单方式逐步放权给市场和法律,而出资人职能则应通过市场手段(管资本)反映国家意志,重点通过管资本的手段调整国资布局,保障国有资本保值增值。

3.提出并设计管资本背景下国有资本授权经营管控模式

根据国有企业功能定位,本书提出分类选择国有资本授权经营模式的可行性路径,对公益类和战略性国有企业,采用"国资委—国有企业"两层次授权经营模式,对商业竞争类采取"国资委—国有资本投资(运营)公司—国有企业"三层次的授权经营模式。而且,应根据行业属性,分类组建国有资本投资、运营公司,构建控股幅度和控股层级适度的国有资本授权经营链条,为完善国有资本授权经营体系提供制度设计和实施路径。

4.为管资本背景下国有企业法人治理结构完善提供了实施路径

本书提出了管资本背景下法人治理结构的完善应充分考虑国有企业的功能定位,完善分类改革下国有企业高管激励和约束机制,健全国有企业信息披露机制,探索党组织在法人治理体系中发挥领导作用的有效机制。

5.为理解管资本背景下国有企业混合所有制改革提供了新视角

已有关于国企混合所有制改革的研究多基于"效率观"。本书基于股东资源理论提出"资源互补观",并解释了"资源互补观"作为混合所有制改革逻辑的新的理论基础,为分类分层推行混合所有制改革提供了理论指导。

(二)实践价值

1.有利于明确管资本背景下国有资产监管机构的职能定位

本书提出了管资本背景下国有资产监管机构职能定位的顶层设计和实现路径,为实现国有资产监管机构如何扮演好国有资本战略布局与规划的主导者、国有资本投资、运营公司的管理者、国有资本经营预算的编制者、国有资本安全的维护者四个角色,以及如何选择国有资本授权经营体制提供了基本思路和方法。

2. 有利于积极推进国有资本投资公司和国有资本运营公司的改组组建

国有资本投资、运营公司的试点工作涉及多项改革内容,具有较强的探索性和创新性。已开展国有资本投资、运营公司试点的国有企业在实践中积累的经验为持续推进改革提供了基础,本书对改组组建国有资本投资、运营公司的总体思路开展专项调研,系统阐述国有资本投资、运营公司功能定位、规划改革路径、具体改革内容,对关键环节和问题的设计、解答,为推动国有资本投资、运营公司的改组组建工作提供了参考指引。

3. 有利于完善管资本背景下国有企业法人治理结构

企业出资人与经理层之间建立委托代理机制是现代公司制企业普遍采取的管理方式,这种代理关系涉及出资人和经理层。如何衔接两者关系,既能保证出资人有效管控企业(不背离股东利益),又能保证经理层经营自由度(避免企业"僵化"),需要兼具刚强与灵活的"关节"有效连接出资人和经理层,这是有效法人治理结构的本质所在。长期以来,国有企业"一收就死、一放就乱"的问题很大程度上在于未能有效解决该"关节"的设计、搭建和作用的发挥。本书通过探索管资本背景下如何建立有效协调运转、制衡的法人治理结构,为管资本背景下监管机构厘清治理边界、国有企业搭建合理治理架构提供参考。

4. 有利于指导国有企业混合所有制改革

已有关于国有企业混合所有制改革的研究大多聚焦于顶层设计,且缺乏经验支持,并未为国有企业混改实践提供有力的支撑。本书提出"资源互补观",并解释了"资源互补观"和"效率观"对指导国有企业混改的差异,对持续推进国有企业混合所有制改革具有一定的借鉴意义。

第一章　国有资产监管机构
职能定位研究

以管资本为主完善企业国有资产管理体制的首要环节是重新界定国有资产监管机构的职能。本部分主要梳理我国国有资产监管机构及其职能定位的历史演进,回顾有关国有资产监管机构及其职能定位的理论观点,总结我国当前在转变国有资产监管机构职能方面的最新实践,对国有资产监管机构职能改革产生的影响进行效果分析,提出我国国有资产监管机构及其职能定位的顶层设计及其实施路径。

第一节　国有资产监管机构职能
定位的历史演进

根据我国国有资产的发展历程,国有资产监管机构职能定位的历史演进可以分为三个阶段,分别是计划经济条件下政府作为国有资产监管机构直接运营国有资产阶段(1949—1978年)、简政放权背景下多头监管国有资产的过渡阶段(1979—2002年),以及国资委成立后的统一监管国有资产阶段(2003年至今)。

一、政府直接运营国有资产阶段（1949—1978 年）

新中国成立初期到改革开放前,我国主要以计划经济为主,国家对国有资产的管理和对整个国民经济的管理紧密结合,国有资产作为国家对国民经济管理的一部分,在纵横交错的分工体系中,由政府各部门直接监管国有资产。

二、多头监管国有资产的过渡阶段（1979—2002 年）

改革开放后,为发展地方经济,各地方政府对国有企业监管职能的履行进行了多种探索(如"承包经营"的形式),其共同特点为不断简政放权。这一阶段也曾专门设立国有资产管理机构,但其职能履行大多需要会同其他行政部门共同解决,权力较小且最终被裁撤。因此,这一阶段可以定性为简政放权背景下多头监管国有资产的过渡阶段。

（一）1988 年国有资产管理局成立之后的职能定位

为加强对国有资产的综合管理,国务院于 1988 年成立国有资产管理局,其职能定位于对国有资产的宏观管理,主要职责包括:起草和制定政策并考核政策实施情况,进行产权界定,处理相关产权纠纷。

按照党的十四届三中全会要求,自 1993 年起我国加快政府部门裁撤,国有资产管理局改为财政部管理局,同时削弱了除国有资产管理局以外其他部门对国有资产管理的权力,至 1998 年年底,共撤销了 16 个工业部门,国有资产管理局对国有资产管理的权力更加集中。

（二）1998 年国有资产管理局撤销后的职能定位

由于机构改革,国有资产管理局于 1998 年被撤销,国家于同年开始实行稽察特派员制度,稽察特派员对国务院负责,由国务院任免,代表国家对国有重点大型企业行使监督权力。

至此开始,国有资产监管职能进入"九龙治水"阶段。国有资产收益和产权变更职能归属于财政部;国有企业大型投资项目计划由原国家计委(国家发改委前身)负责;产业政策和技术改造审批的职能归属原国家经济贸易委员会(商务部前身);国有企业对外投资需要由原国家外经贸部审批(商务部前身);出资人对企业经营者的薪资待遇管理由原劳动和社会保障部(人力资源和社会保障部前身)负责;国有企业主要经营者的考核和任免归党和政府人事部门负责。此外,新组建国家行政性公司负责管理被裁撤工业部门的所属企业。

三、国资委成立后统一监管国有资产阶段(2003 年至今)

按照党的十六大精神,国务院国有资产监督管理委员会于 2003 年成立,原归属于其他各行政单位的相关职责划入国资委职能。同年,国资委出台《企业国有资产监督管理暂行条例》,确定了以管人、管事、管资产为核心的监管职责。

通过对上述我国国有资产监督机构及其职能定位的梳理和历史演进分析可知,我国逐步实现了从政府或国有资产监管机构直接运营国有资产到履行出资人职能的转变,在一定程度上实现了"政资分离""政企分离"(柳学信等,2019)。但目前国有资产监管机构仍然承担着一定社会公共管理职能,具有较强的行政色彩,如承担起草国有资产管理的法律、行政法规,制定有关规章制度等行政与法律职能;对企业的经营管理,如项目管理和投资管理实施许可性审批等(朱炜等,2022)。

第二节 国有资产监管机构职能
定位的理论研究

改革开放以来,我国国有资产管理体制改革按照处理政企关系、政资关系和资企关系的顺序,由浅入深地逐步展开,不断深化(郑海航,2008)。其中,关于国有资产监管机构职能定位的研究主要集中在国资委的职能应如何定位。

一、国有资产监管机构定位研究

2002年以后,党的十六大揭开了国有资产管理体制改革的新篇章,也掀起了国有资产监管研究的新高潮,各级国有资产监督管理机构代表国家行使国有资产出资人职责,成为国有上市公司的实际控制人(张治栋和樊继达,2005),并且对上市公司的控制主要通过构建金字塔式的股权结构来实现。国资委成立后促进了对国有资产的统一经营管理,提升了国有资产的经营效率(Wang等,2012),有利于国有企业做大做强。但国有资产管理机构"管人管事管资产"的职能定位扭曲了国有企业产权制度改革方向,企业与政府之间的关联显著降低了企业价值,在行政力量主导下,国有企业的产权管理基本被搁置(文宗瑜,2016;郑志刚和刘兰欣,2022)。

在这种情况下,为解决国资委在国有资产管理上的"越位、缺位、错位"问题,相关研究对关于国有资产管理机构职能定位改革的理论讨论主要包括以下观点:

(一)国资委应做"干净的出资人"

李曙光(2010)认为,国资委应按照《企业国有资产法》规定,以法定出资人自我定位,专注于价值增长。按照此逻辑,应该以"国有资产经营管理委员会"替代现有"国有资产监督管理委员会"的名称,从而"名正言顺"地履行法定出资人职责,剥离行政监管职责。年志远和王相东(2013)也认为,国资委权益监管的本质是国有企业出资人的监管,其目的是促进国有资产保值增值,最终维护出资人权益。谢志华和胡鹰(2014)认为,国家作为终极出资人,不能直接从事资产经营和资本经营。王新红(2016)从法理角度对比研究了《企业国有资产法》《物权法》《公司法》《民法通则》《全民所有制工业企业法》,认为《企业国有资产法》对企业国有资产的界定实现了从财产到权益的转变,既是我国法律对企业国有资产的科学界定,也是观念上的重大突破,因此,作为履行出资人职责的机构,国资委应当实现从"管资产"向"管资本"的转变。王成饶(2017)认为,《国务院国资委以管资本为主推进职能转变方案》契合国有资产监管机构干净出资人的合理定位。

(二)国资委应做"纯粹的监管人"

与国资委应做"干净的出资人"观点相对应的是,部分学者认为,国资委应对国有资产应以行政监管为主,放弃出资人地位,即作为"纯粹的监管人"。黄群慧(2005)提出,国资委应将自身定位于"股东会"而不应该定位于"董事会"来履行所有者监管国有企业的职能。国资委应以完善公司治理机制和法人治理结构为重点,积极推荐国有企业建立健全合乎市场机制的董事会制度,而不是过多干涉企业经营活动。刘纪鹏(2005)建议国资委退出出资人的身份,国资委应该以"终极出资人"的身份对国有企业统一监管,与"终极出资人"身份对立的"直接出资人"则应由国有资本投资、运营公司来履行,"终极出资人"监管的对象仅局限于营利性国有企业。与此观点类似,张林山(2015)认为,国资委相当于裁判,国有资产运营平台是领队,企业是运动员。晋入勤(2008)认为,国资委兼任出资人与监管者的双重角色不利于国有企业建立起现代产权制度,强化了国有企业的竞争优势,使国资委游离于法治之外。这是因为作为国有资产的出资人代表,意味着国资委从事资本经营行为,是私法人;作为国有资产监管者身份,履行行政监管权力,性质上属于公法人。王新红(2015)认为,应重新定位国资委的身份和职责,使其成为代表同级政府对履行出资人职责的行为进行监督的专门机构。这种职能定位的转变有助于激发国有企业活力(陈交磊,2021)。

除上述两类观点外,有部分学者认为国资委应该兼做出资人和监管者,其原因是在市场机制和法律环境不够健全的情况下,强调国资委做"干净的出资人"可能会导致"一放就乱",而强调国资委做"纯粹的监管者"则可能"一管就死",故应该在过渡阶段以双重身份集于一身(董金鹏和安林,2014;范小虎等,2008;刘纪鹏,2013)。

二、国有资产管理机构职能定位研究剖析

当前,从新兴市场经济体的经验看,政府机构对国有上市公司的监管仍是有待进一步研究的重要问题(Fan等,2011)。具体到中国,关于国有资产管理机构职能定位改革的理论讨论主要包括以下三种观点:"干净的出资人"观、"纯粹的监管者"观、"国资委兼做出资人和监督人"观。"干净的出资人"观强调了国资委的出资人属性,忽视了需要国资委承担的基础职能,将出资人职能和其他职能截然分开,未完全考虑中国目前的实际。"纯粹的监管者"观忽视了国资委作为履行出资人职能的特设机构的首要属性。"国资委兼做出资人和监督人"观将国资委以出资人为主的职能和监督职能两者并列,没有进行主次区分,没有体现作为出资人的主要职能。这些关于国有资产管理机构职能定位的不同观点表明当前对于国有资产管理机构的职能定位仍然存在理论上的争议,既凸显了这一问题理论上的复杂性,也显示了不同利益方博弈的现实局面,不完全符合以管资本为主加强国有资产监管的精神。因此,在充分借鉴国际经验和结合历史演进分析的基础上,对国有资产管理机构职能定位进行研究不仅具有重要的理论意义,也具有实践意义性。

综上所述,党的十八届三中全会提出的"完善国有资产管理体制,以管资本为主加强国有资产监管"的要求,已为我国今后的国有企业改革指明了方向,然而针对当前的国有资产监管机构——国资委的职能定位、权责范围乃至存废问题,学术界尚存在争论。

第三节　国有资产监管机构职能
定位的实践探索

国有资产监管机构的职能定位既是一个重大理论问题,也是一个重大实践问题。国资委作为主要的非金融领域经营性国有资产监管机构,其职能定位既有法律层面上的依据,又需要符合不同阶段国有企业改革任务目标要求。《中共中央国务院关于深化国有企业改革的指导意见》(以下简称《指导意见》)要求国有资产监管机构"该管的要科学管理、决不缺位","不该管的要依法放权、决不越位",《国务院关于改革和完善国有资产管理体制的若干意见》和《国务院国资委以管资本为主推进职能转变方案》(以下简称《转变方案》)中要求"科学界定国有资产出资人监管的边界"。然而,《指导意见》中的"位"以及《转变方案》中的"边界"在法律层面上是如何界定的? 国务院及地方国有资产监管机构如何准确定位自身职能? 在具体实践探索中,职能转变的实际操作又是否与定位一致? 本部分主要围绕这些问题展开讨论。

一、国资委职能法律依据概述

当前,涉及国有资产监管机构职能定位的法律依据主要有 2014 年修订的《公司法》、2008 年颁布的《企业国有资产法》和 2007 年颁布的《物权法》,行政法规方面则主要是国务院 2003 年制定的《企业国有资产监督管理暂行条例》。此外,还包含国资委制定的相关部门规章。

《企业国有资产法》(以下简称《国资法》)和《企业国有资产监督管理暂行条例》(以下简称《条例》)这两部法律法规构建了以"出资人职责"为核心的法律框架,对国有资产监管机构的法律定位、职能配置、职责权限进行了界定。《公司法》则于 2014 年修订时在"有限责任公司的设立和组织机构"一章中设专节对国有独资公司进行说明。《物权法》第五十五条和第六十七条分别规定了国有资产出资人与其相应权利。

目前,《国资法》第十一条和《物权法》第六十七条对国有资产出资人权利的描述与《公司法》第四条规定几乎一致:"公司股东依法享有资产收益、参与重大决策和选择管理者等权利",仅仅将"公司股东"这一主体表述为"履行出资人职责的机构"和"出资人"。

相对而言,《条例》对出资人职责的定位较为宽泛,其第十二条规定"国有资产监督管理机构是代表国务院履行出资人职责、负责监督管理企业国有资产的直属特设机构",按此表述,出资人职责与监督管理企业国有资产为并行的两种职责,而统一归于国有资产监督管理机构即国资委行使。已有学者研究了国资委股东职能在各个法律法规之间的差异,详见表1-1。

表1-1 国资委股东职能的法律依据

权责事项		法律法规						
		《公司法》	《国资法》	《条例》	规章			国外《公司法》
					决定	审核	备案	
基本权责	注册资本	√	√	√	√			√
	利润分配	√	√	√	√			√
	股份转让	√	√	√	√			√
	企业合并分立	√	√	√	√			√
	信息披露	√	√	√				√
	董事会建议				√			
人事	任命董事	√	√	√	√			√
	指定董事长		√	√	√			
	任命总经理			建议	建议			

续表

权责事项		法律法规						国外《公司法》
		《公司法》	《国资法》	《条例》	规章			
					决定	审核	备案	
考核	董事	√	√	√	√			
	总经理			√	√			
	其他高管				√			
薪酬	董事薪酬方案				√			√
	董事	√	√	√	√			
	总经理			√		√		
	其他高管					√		
战略	规划	√		√				
	程序					√		
	内容					√		
	主业					√	√	
投资和交易	投资计划	√		√				
	重大投资			√		√	√	
	制度						√	
	重大股权交易				√			
	并购							
财务	预决算	√				√	√	
	财务报告及政策	√		√			√	√
	审计事务所聘用						√	
	财务审计		√				√	√
	公司债和贷款	√	√					

资料来源：马骏、张文魁：《国有资本管理体制改革研究》，中国发展出版社 2015 年版，第 7—8 页。

由于法律的约束力高于法规，因而国资委的出资人职责应遵循三部法律。

然而,无论是在法理上还是在实际执行过程中,都无法真正让国资委仅做"出资人"而剥夺其"监管者"的权利。

从法理上,国家因"市场失灵"而干预经济主要有两种形式:一是通过行政权行使公共管理职能调节经济;二是运用财产权,即国有资产的所有权通过市场机制来调节经济。对于后者,国家对国有资产的所有权是国有资产出资人职能形成的基础,出资人职能又衍生出出资人职责,职责不过是职能的具体形式,从属于职能但却不等同于职能。国家作为公权人格,其权力为公权力,履行出资人职能采用的也是公权力,但国家出资人职能的实现则通过"意思自治"的市场机制,需遵循民商法律。也就是说,国有资产出资人职责处在国家公权力与市场私权利的过渡地带,不可避免地带有"公私兼备"的特性,难以将其简单归为民事权力或行政权力,而应归入经济法权范畴。

综上所述,从现行法律法规来看,国资委作为国有资产监督管理机构在履行出资人职责时符合《条例》要求却超越了相关法律对其职责的界定。而从法理上讲,国有资产监督管理机构职能履行不可避免地落入既当"出资人"又当"监管者"的境地。因此,国资委职能合理的"位"与"界",仍需法理上的界定。

二、各省份国有资产监管机构权责清单情况

如前所述,国资委职能定位在法理上尚存在争议。在此前提下,国务院国资委与各地方国资委在职能改革过程中虽然有各种法律的明文规定,却在具体实践中无法做到有章可循。当前,中央和地方国有资产在结构、质量、功能上有很大差异,地方与地方之间的差异也不少。因此,在具体实践中,中央和地方国有资产管理体制并不相同,国务院国资委与地方国资委之间职能转变方式的探索也有所不同。

党的十八届三中全会后,按照《指导意见》有关要求,国务院国资委每年

都会率先垂范,引导各省份建立以放权为主题的权责清单。然而,由于《指导意见》并未有明确的实施细则和标准,也未强制要求各个省份统一步调,因此各个省份在制定权责清单时呈现参差不齐的状况(见表1-2)。

在国资委机构改革方面,根据我们的调研,山西省国资委顺应国有企业国有资产改革的必然要求,着力建立以管资本为主的科学监管体系,山西省国资委主动转变职能,着力深化国资委自身改革,经2017年3月31日山西省编办主任会议研究批复同意,山西省国资委的内设机构最终确定为17个。并按照大处室制方向,对8个职能关联紧密或相近的处室整合为4个,业绩考核处和企业分配处整合为考核分配处,企业改革处和企业改组处整合为企业改革处,信访综合处和610办公室整合为信访综合处(610办公室),人事培训处和机关党委合署办公。为适应改革发展需要,新设了5个处室,强化对省国资委党委的服务,设置党委办公室;为加强管资本为主的国有资产监管,设置了资本运营处(收益管理处);为加强出资人审计监督,设置了内审处;为加强国有资产损失稽查和责任追究,设置了监督二处(稽查办公室);为运用大数据实施科学监管,设置了大数据运用处。与国务院国资委内部职能相匹配和对应,保留处室5个,更名处室3个,并对内设机构职能也做了相应的优化。

通过处室调整和职能优化,强化了党的领导、财务预决算、风险管控、资本运营和审计监督,加大了运用大数据深化改革、调整结构、强化创新和转型升级的力度,其目的是使国有资产监管更加聚焦于管好资本布局、规范资本运作、提高资本回报、维护资本安全。

三、国有资产监管机构当前职能存在的问题

国资委成立至今,随着国有资本规模不断扩大,国有资产保值增值责任落实相对比较到位。与此同时,也应注意到现行国有资产管理体制中政企不分、政资不分问题依然存在,国有资产监管存在越位、缺位、错位现象,具体表现为:

表1-2 2018年各省国有资产监管机构权责清单

权责事项	具体内容	《公司法》	《企业国资法》	《企业国资条例》	北京	安徽	黑龙江	江西	内蒙古	上海	天津	山东	贵州	山西	海南	辽宁	云南	福建	河北	河南	湖北	广东	广西	合计
基本事项管理	公司章程审批	1	1		1	1	1	1	1	1	1	1	1	1	1	1	1	1	1	1	1	1	1	19
	主业	1	1	1	1				1	1	1					1			1				1	7
	注册资本	1	1	1	1	1	1	1	1	1	1				1			1	1		1	1	1	11
	利润分配	1		1	1	1	1		1				1				1						1	7
	资本收益收取与上缴（仅对国有独资公司）	1	1	1	1	1	1	1	1			1		1	1		1	1	1		1	1	1	1	12
改制改组	改制重组	1	1	1	1	1	1	1	1	1	1	1	1	1	1	1	1	1	1	1	1	1	1	1	17
	合并、分立	1	1	1	1	1	1	1	1	1	1	1	1	1			1	1	1				1	1	11
	破产清算	1	1	1	1	1	1	1	1	1	1			1		1			1			1	1	1	9
战略	战略规划		1	1	1	1	1	1	1	1	1			1		1				1	1	1	1	1	14
投资事项管理	资本运作	1		1	1	1	1	1	1	1	1							1			1		1		4
	投资计划审批	1	1	1	1	1	1	1	1	1	1	1	1	1	1	1	1	1	1	1	1	1	1	1	16
财务事项审批	预算决算	1	1	1	1	1	1	1	1	1	1	1	1	1	1	1	1	1	1	1	1	1	1	1	18
	财务审计		1	1	1	1	1	1	1	1	1	1		1	1			1	1	1		1	1	1	10
	事务所聘用	1	1	1	1	1				1			1		1										3

续表

权责事项	具体内容	《公司法》	《企业国资法》	《企业国资条例》	北京	安徽	黑龙江	江西	内蒙古	上海	天津	山东	贵州	山西	海南	辽宁	云南	福建	河北	河南	湖北	广东	广西	合计
筹融资管理	公司债券和公司贷款管理	1					1	1	1	1	1		1			1	1	1	1	1		1	1	16
	担保	1	1					1	1		1		1							1			1	9
企业运营监督	保值增值			1		1	1		1			1												5
	经营业绩考核		1		1		1					1				1							1	6
	经济运行快报				1		1										1	1						4
	损失责任追究	1			1		1		1	1		1						1					1	6
产权管理	产权界定和登记	1	1		1		1	1		1	1		1									1	1	13
	产权交易与转让		1	1			1	1	1	1			1					1		1	1	1	1	16
	产权纠纷		1									1										1		3
	产权无偿划转	1					1			1	1	1	1			1		1	1			1	1	11
领导干部任免	负责人	1	1	1	1		1		1	1		1	1								1	1	1	12
	监事	1	1								1	1							1				1	4
	董事	1	1	1	1							1										1	1	7
	其他	1	1		1							1										1	1	4

续表

权责事项	具体内容	《公司法》	《企业国资法》	《企业国资条例》	北京	安徽	黑龙江	江西	内蒙古	上海	天津	山东	贵州	山西	海南	辽宁	云南	福建	河北	河南	湖北	广东	广西	合计
领导干部事项管理	领导人业绩考核	1	1	1	1	1			1	1	1		1	1		1	1	1	1	1	1	1	1	15
	薪酬管理	1	1	1	1	1	1		1	1	1		1	1	1		1	1	1	1		1	1	15
	负责人业务支出			1	1			1					1				1	1			1		1	8
	出入境								1	1							1			1		1		6
对治理层监管	监事培训											1	1											2
	监事会监督	1	1	1	1		1		1			1		1	1		1				1	1	1	9
	董事会监事会报告	1	1	1					1			1		1					1		1		1	8
工资与福利	工资总额		1	1	1	1	1	1	1	1	1	1	1	1	1	1	1	1	1	1	1	1	1	17
	年金		1	1	1	1	1	1	1	1	1	1	1	1	1	1	1	1		1	1	1	1	16
	股权激励			1	1	1	1	1	1	1		1		1		1	1				1	1	1	12
企业资产管理	清产核资		1	1	1	1	1	1	1	1	1	1	1	1	1	1	1	1	1	1		1	1	16
	资产评估		1	1	1	1	1	1	1	1	1	1	1	1	1	1	1	1		1	1	1	1	16
	国有资产统计	1	1	1	1	1													1			1	1	5

续表

权责事项	具体内容	《公司法》	《企业国资法》	《企业国资条例》	北京	安徽	黑龙江	江西	内蒙古	上海	天津	山东	贵州	山西	海南	辽宁	云南	福建	河北	河南	湖北	广东	广西	合计
法律事项及相关事项	重大纠纷（主要是产权纠纷）			1	1				1				1		1				1			1		5
	法律顾问						1		1			1			1				1			1		5
	风险管理				1				1			1	1		1				1					5
党群工作管理与监督	党群工作管理				1										1				1			1		2
	惩治腐败														1									1
社会责任	战略布局			1					1										1					2
	生态环境						1												1					2
上市公司管理事项							1	1		1		1	1				1	1	1			1	1	9
捐赠											1	1	1		1	1				1	1	1	1	8
合计		19	23	28	27	15	26	21	34	23	21	38	28	1	25	24	20	21	41	11	17	33	32	

（一）对国有企业监管存在行政化倾向

国资委自成立起，作为出资人代表，依据党的十六大的精神对国有企业的人、事、资产进行集中管理，以实现国有资产的保值增值。出于对国有资产流失问题的考虑，国资委以往实行了管企业为主的监管方式，这在一定程度上导致了政企不分、政资不分。

（二）未能全面履行出资人职责

除国资委外，其他部门对国有资产监管也有不同程度地介入，导致各部门的协调存在一定难度，间接导致了国有企业的所有权管理容易受到行政思维的影响。

（三）承担职能过于庞杂

国资委在国有资产监管中一直承担多重职能，除需对国有控股企业承担出资人职责外，还需以国有资产管理者的身份负责各级国有及国有控股企业的国有资产基础管理、推进国有企业改革等事项。同时，国资委还发挥部分政府和行政部门的社会公共管理职能的承接和传导的功能。

（四）中央与地方国有资产监管机构的协调问题

整体而言，中央国有资本的管理权力主要集中在主管部门，中央政府在调整国有资本布局方面的协调较少，各地方国资委受地方政府影响较大，因而转变职能阻力较大。由于中央国有资产主要是经营性资产，而地方国有资产更多是公益性资产，且地方政府为了地区经济发展对国有资产管理的调整和协调较多，导致地方国有资产监管机构独立性较差。

第四节　国有资产监管机构改革的效果分析

自 2003 年国资委成立以来,我国国有企业规模迅速扩张。根据《国有资产统计年鉴数据》,全国国有企业资产规模由 2003 年的约 19.71 万亿元增长到 2020 年年底的约 234.68 万亿元(见图 1-1),平均增长率为 16.15%。中央企业发展态势基本与全国水平相当,由 2003 年的约 8.32 万亿元发展到 2020 年年底的约 68.81 万亿元(见图 1-2),平均增长率为 13.34%;从国有资本(所有者权益)来看,2003 年至 2020 年年底,全国国有资本由约 8.36 万亿元发展到 78.35 万亿元,平均增长率为 14.34%;中央企业资本由约 2.91 万亿元发展到约 24.57 万亿元,平均增长率为 13.68%。

（单位：万亿元）

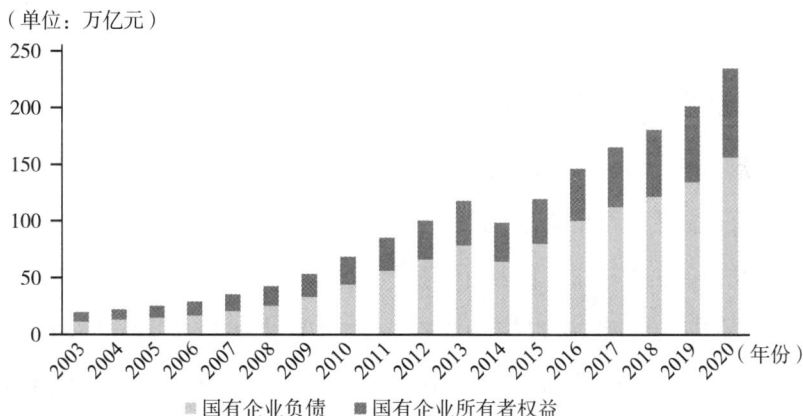

图 1-1　2003—2020 年全国国企资产规模及结构走势

自 2003 年国资委成立以来,我国国有企业进入世界 500 强名单的数量不断增加,由 2002 年的 6 家发展到 2018 年年底的 82 家,其中中央企业 48 家,约半数中央企业在世界 500 强中榜上有名。当前,沪深两市的企业中约 1200 家国有企业,其中绝大部分是源于国资委成立后的重组上市。

然而,国有资本总量的增加并非国有资产监管机构的全部目标,根据《国

（单位：万亿元）

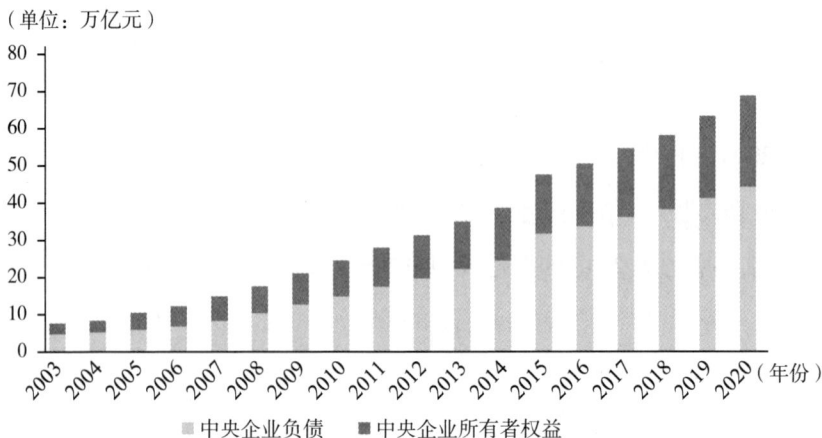

图 1-2 2003—2020 年中央企业资产规模及结构走势

有资产监督管理暂行条例》第十四条第一款之规定，以及党的十九大报告的要求，国资委承担着推动国有经济布局和结构调整的重要任务。

一、国有资本布局情况

自党的十五大报告首次提出从战略上调整国有经济布局的改革目标以来，作为国有企业改革重要内容之一的国有资本布局优化调整已历时二十余年，根据国有企业改革目标任务，国有资本布局经历了两个不同的阶段：以国务院国资委成立为起点，以减少直接监管中央企业数量为主的减量阶段（2003—2013 年）；以党的十八届三中全会为新一轮国有企业改革起点，以管资本为主的国有资本质量提升阶段（2014 年至今）。

在 2003 年国务院国资委及各地国有资产管理部门成立以前，各地国有资产管理呈现"九龙治水"的局面，导致此时的国有企业数量众多、业务同质化严重、产业分布过宽、国有企业效率较低。为解决国有企业管理难题，实现对国有资产的统一监管，国有资产监管机构在此背景下应运而生，成为履行国有企业出资人职责的统一国有资产监管机构。针对国有企业业务分布同质化和功能分割等问题，按照"五个优化"和"四个集中"的指导思想，对国有企业实施并购重组整合,使国有企业呈现以减数量为主的减量现象。但在此阶段国有资本布局仍是以政府为导向,微观层面的国有企业效率并未提升,从而影响地区经济发展。

尽管以国有资产监管部门为主导的国有资本布局优化直接减少了国有企业监管数量,但国有企业"大而全、小而全"的局面并未改善,业务同质化问题导致国有企业在同行业内的恶性竞争现象仍然存在。而且,国有企业产业分布过散带来的重复投资和产能过剩问题成为制约中国经济高质量增长的重要障碍。因此,以质量为导向推动国有资本布局优化成为提高国有资本效率的关键。2013 年 11 月,党的十八届三中全会通过《中共中央关于全面深化改革若干重大问题的决定》,提出了以管资本为主的国有资产监管新思路,并明确了国有经济布局调整的方向应以服务国家战略为目标,以管资本为核心的国有资产监管新体制正式拉开了新一轮国有企业改革的序幕。相对于前期以减法为主的国有资本整合思路,新一轮国有企业改革更加注重国有资本布局的质量。同时,国有企业由前期的清理无效投资到剥离非主业务向聚焦主业、做强主业转变。2015 年 8 月中央提出了国有企业分类改革和监管的新思路,根据《关于深化国有企业改革的指导意见》,国有资本布局优化将以市场为导向,按照国有企业分类原则推进,以增强国有资本的核心竞争力。这为新一轮国有资本布局优化调整提出了监管新思路,意味着国有资本布局由以政府主导向以市场需求转变,从重量轻质向以质为主的价值创造转变。因此,这一监管新思路为国有资本的价值创造效应奠定了基础。

基于此,我们认为国有资本与地区经济发展之间的关系与国有企业改革历程有关。在以减数量为主的重量轻质阶段,国有资本布局过于重视数量,忽视了国有资本布局的实质,使国有资本布局的经济创造效应难以实现。党的十八届三中全会以来,在国有资本高质量增长的现实需求驱动下,国资监管部门根据国有经济的功能定位,对国有资本实行了一企一政策、因企施策的战略性重组和专业化整合(中国社会科学院工业经济研究所课题组,2014),这为新时期国有资本布局的经济创造效应提供了制度保障。因而,国有资本对地区经济发展的促进效应在新一轮国有企业改革实施后更显著。

本部分主要从描述性分析视角对国有资本相关指标进行统计分析,以期从整体上把握国有资本的分布情况。基于数据可获得性,我们主要从国有企业户数、从业人数、国有资产总量、资产总额、资产负债率、人均净利润、人均税收等指标进行分析。

(一)全国国有资本整体情况分析

表1-3报告了2003—2020年国有资本整体分布情况。由表1-3可知,2003—2020年全国国有企业户数变化整体上呈"W"型趋势,2003—2007年呈下降趋势,2008—2013年呈上升趋势,2014年呈下降趋势,2015—2020年呈上升趋势,这一变化趋势与国家关于国有资本布局优化的战略布局思路基本一致。在2003年国务院国资委成立之前,全国国有企业数量众多,国有资产管理呈现"九龙治水"的局面,部分行业范围内的国有企业重复布局导致国有企业数量小、效率低。2003年国务院国资委成立后推进了以国有企业合并重组为整合路径的国有资本布局优化策略,使国有企业户数整体上呈现递减趋势。2008年国际金融危机爆发,为避免经济波动导致的系统性风险,我国开始了"四万亿救市"计划,国有企业作为这一实践主体开启了新一轮投资,使这一时期的国有企业户数开始增加。

2013年11月党的十八届三中全会通过《中共中央关于全面深化改革若干重大问题的决定》,提出了以管资本为主的国有资产监管新思路,并明确了国有经济布局调整的方向应以服务国家战略为目标,以管资本为核心的国有资产监管新体制正式拉开了新一轮国有企业改革的序幕。优化国有资本布局成为新一轮国有企业改革的重要内容之一。在此背景下,国有企业重组步伐加快使国有企业户数整体减少。

表 1-3　2003—2020 年国有资本整体分布情况

年份	全国国有企业					国有工业企业					国有商业企业				
	户数（户）	从业人数（万人）	国有资本总量（亿元）	资产总额（亿元）	资产负债率（%）	户数占比（%）	从业人数占比（%）	国有资本总量占比（%）	资产总额占比（%）	资产负债率（%）	户数占比（%）	从业人数占比（%）	国有资本总量占比（%）	资产总额占比（%）	资产负债率（%）
2003	149988	4228.2	70457.2	197103.3	57.6	—	—	—	—	—	—	—	—	—	—
2004	137753	3976.5	74985.5	223084.2	58.2	—	—	—	—	—	—	—	—	—	—
2005	127067	3932.3	86231.2	253721.6	58.0	26.0	47.6	43.6	46.7	62.0	21.4	5.0	3.7	6.2	78.7
2006	119254	3774.6	97624.3	290116.1	57.9	26.4	48.8	43.4	45.7	57.8	19.8	4.6	2.7	4.8	83.0
2007	115087	3738.1	116200.4	354813.6	58.2	29.1	47.6	43.9	45.8	58.1	18.2	5.5	3.9	5.9	69.7
2008	113731	3672.3	131828.7	425472.8	59.9	31.2	48.6	44.0	46.4	59.8	17.5	5.7	3.7	5.2	69.2
2009	115115	3693.7	157159.0	535371.6	62.0	31.1	48.0	41.6	43.6	61.6	17.2	5.9	3.8	5.3	69.2
2010	124455	3760.7	187492.9	686186.5	64.2	26.0	47.8	72.7	52.9	56.9	16.8	4.5	7.3	6.8	67.7
2011	144715	3908.0	219904.5	853748.4	65.8	26.5	46.7	79.2	53.4	56.5	14.7	5.1	7.4	7.1	70.5
2012	151820	3889.3	251759.7	1002271.0	66.0	26.3	46.1	78.5	51.7	57.6	14.6	5.1	7.8	7.4	71.0
2013	159184	3919.3	287359.9	1181076.8	66.7	25.9	45.5	76.5	48.7	57.7	14.4	5.2	8.0	7.5	71.4
2014	113771	3100.3	243032.6	986708.7	65.2	31.3	55.6	95.6	61.4	57.2	15.3	6.5	10.1	9.6	71.4
2015	124966	3094.6	277629.3	1199115.1	66.8	29.4	54.0	84.6	51.8	57.4	15.3	6.5	10.3	8.5	68.3
2016	132948	3048.9	317684.5	1465486.5	68.5	27.9	51.5	76.9	43.5	57.1	15.1	6.4	10.3	7.7	68.1
2017	141990	3160.5	362937.1	1654879.1	67.9	26.5	48.6	73.0	41.3	55.8	14.4	6.1	10.7	7.8	66.5
2018	152089	3127.9	395269.0	1806946.3	67.4	25.8	48.0	73.4	40.4	54.6	13.5	5.9	9.4	7.2	67.0
2019	166655	3130.0	480933.9	2013243.5	66.8	24.7	46.1	65.4	38.9	54.0	12.5	5.7	8.2	6.6	66.1
2020	186029	3152.4	571593.5	2346777.5	66.6	23.4	45.2	59.6	35.7	53.7	11.8	5.3	6.6	5.9	68.8

2015 年 8 月中央印发《关于深化国有企业改革的指导意见》,提出了国有企业分类改革和监管的新思路,根据指导意见,国有资本布局优化将以市场为导向,按照国有企业分类原则推进。在混合所有制改革的背景下,国有企业积极推进优化整合,使国有企业户数呈现递增趋势。

2003—2020 年国有企业从业人数的变化趋势与国有企业户数趋势基本一致,这与国有企业布局优化的策略相符。2003—2020 年国有资本总量和资产总额则呈现递增趋势,2003 年国有资本总量为 70457.2 亿元,2020 年达到 571593.5 亿元,增长 8.1 倍。2003 年资产总额为 197103.3 亿元,2020 年达到 2346777.5 亿元,增长 11.9 倍。

2003—2020 年国有企业杠杆整体上呈现先上升后下降的趋势,这与近年来国家的“三去一降一补”政策相关,由于 2008 年国际金融危机之后国有企业快速扩张和投资使国有企业杠杆快速上升,在 2016 年中央经济会议提出相关政策后,国有企业杠杆有所下降。

在此基础上,进一步将国有企业分为国有工业企业和国有商业企业,国有工业企业户数占比基本维持在 25%—30%,从业人数占比则在 50%,约占国有企业总从业人数的一半。但国有工业企业国有资本总量近些年呈上升趋势,在 80%左右;国有资产总额占比在 50%左右波动,呈下降趋势,这说明国有工业企业占据国有企业的半壁江山,是国民经济的重要支柱。而且,国有工业企业的资产负债率整体在 57%左右,低于国有企业整体资产负债率。

国有商业企业户数占比在 15%左右,从业人数在 6%左右,国有资本总量占比近年来在 10%左右,资产总额占比低于 8%,但其负债率基本在 68%左右,则远高于国有工业企业负债率。

接下来,本部分将从终极产权性质、区域特征、产业属性三个维度对国有资本布局情况进行分析,以期揭示国有资本布局特征。

1.基于最终控制人性质视角的国有资本情况分析

在前述整体分析的基础上,按照国有资本管理属性特征分为中央企业和地方国有企业。表1-4报告了2003—2020年中央企业国有资本分布情况。由表1-4可知,中央企业户数整体上呈上升趋势,从业人数则呈下降趋势,国有资本总量和资产总额呈上升趋势,资产负债率呈上升趋势,基本达到了66%,这充分说明去杠杆的迫切性。

在中央企业中,国有工业企业数量占比将近40%,从业人数占比超过50%,国有资本总量占比近60%,资产负债率在50%左右。国有商业企业户数在12%,从业人数在6.5%,国有资本总量10%,资产总额占比12%,资产负债率超过60%。

表1-5报告了2003—2020年地方企业国有资本分布情况。由表1-5可知,地方国有企业户数波动较大,变化趋势与整体变化趋势相一致。但地方国有企业的资产负债率高达66%,这说明地方债务问题突出,去杠杆成为当前迫切的现实问题。而且,国有商业企业的杠杆率超过70%,负债问题突出。

2.基于区域视角的国有资本情况分析

在前述分析基础上,依据经济带按照区域位置划分为东部沿海地区、中部内陆地区、西部边远地区,并分析三大经济带的国有资本情况。表1-6报告了2003—2020年按区域划分的国有资本分布情况。由表1-6可知,除2009年户数占比、从业人数占比、国有资本总量占比数据缺失外,东部沿海地区、中部内陆地区、西部边远地区国有企业户数占比基本维持在55%、20%、25%的比例,这基本与东部、中部、西部的经济情况相符。虽然东部沿海地区的国有企业户数占比较高,但其从业人员占比约为46%,低于其户数占比,中部、西部的从业人员占比分别为28%、26%。但东部地区的国有资本总量和资产总额占比则高达2/3,表现出较强的国有资本占比属性。中部地区和西部地区在国有资本总量和资产总额占比方面基本与户数占比类似。而且,东部地区的资产负债率基本维持在60%,而中部和西部地区的资产负债率则高于60%,表现为较高的资产负债率。

表1-4 2003—2020年中央企业国有资本分布情况

年份	中央企业					中央工业企业					中央商业企业				
	户数（户）	从业人数（万人）	国有资本总量（亿元）	资产总额（亿元）	资产负债率（%）	户数占比（%）	从业人数占比（%）	国有资本总量占比（%）	资产总额占比（%）	资产负债率（%）	户数占比（%）	从业人数占比（%）	国有资本总量占比（%）	资产总额占比（%）	资产负债率（%）
2003	21610	1615.1	39976.4	83232.3	56.8	—	—	—	—	—	—	—	—	—	—
2004	18019	1546.7	40184.6	91494.1	57	—	—	—	—	—	—	—	—	—	—
2005	22239	1709.6	49353.2	128563.7	53.2	33.0	42.9	53.7	52.9	52.7	14.7	3.8	5.5	6.7	65.1
2006	22582	1696.0	55956.5	147863.2	53.4	33.8	44.9	53.8	52.8	52.4	13.0	3.8	7.7	5.8	54.5
2007	22889	1732.3	66995.9	179949.8	53.6	43.1	48.8	59.7	58.3	53.1	11.8	3.6	3.7	6.2	66.7
2008	23592	1701.7	72926.1	212780.0	56.1	43.1	49.3	61.5	58.4	55.2	13.0	4.3	3.8	5.9	65.4
2009	25408	1712.7	82481.7	254115.9	58.0	44.2	49.4	61.3	58.5	57.4	13.7	4.8	4.4	6.5	65.5
2010	30836	1770.5	94804.5	335093.9	63.2	35.9	47.2	77.7	68.4	55.2	12.6	4.3	9.6	7.6	62.5
2011	44232	1834.4	121474.4	383998.7	64.5	32.2	45.5	84.2	76.3	54.4	8.8	3.8	9.1	9.0	66.8
2012	48183	1819.5	139511.2	433121.1	65.3	32.3	43.6	80.5	77.5	55.4	9.2	3.9	9.6	10.1	67.5
2013	51327	1834.9	153642.0	485334.0	66.0	31.5	45.4	80.0	75.3	55.2	9.2	3.9	9.9	10.5	68.6
2014	40615	1455.9	166285.6	386687.2	63.0	40.8	58.8	62.0	72.1	54.3	12.6	6.6	9.9	14.6	68.9
2015	42411	1418.6	166477.7	475807.8	66.7	39.5	58.0	65.5	82.6	53.8	12.7	6.4	11.4	12.1	63.8
2016	43400	1358.6	174633.3	504793.8	66.7	38.6	57.4	64.1	79.9	53.2	12.8	6.5	11.7	12.3	64.7
2017	43154	1342.5	187602.3	545891.8	66.2	38.1	56.1	62.3	78.4	51.6	12.5	6.5	13.9	13.6	62.1
2018	44347	1316.3	201841.1	580844.8	65.7	37.7	55.4	59.8	77.7	50.3	12.1	6.3	12.6	12.7	61.2
2019	46770	1314.0	219898.6	633786.5	65.0	36.9	54.4	59.5	76.8	49.7	11.9	6.2	12.2	12.5	61.8
2020	49731	1320.4	237218.0	688050.5	64.3	36.3	53.3	60.2	75.7	49.4	11.3	5.9	9.7	11.0	65.6

表1-5 2003—2020年地方企业国有资本分布情况

年份	地方国有企业					地方国有工业企业					地方国有商业企业				
	户数（户）	从业人数（万人）	国有资本总额（亿元）	资产总额（亿元）	资产负债率（%）	户数占比（%）	从业人数占比（%）	国有资本总量占比（%）	资产总额占比（%）	资产负债率（%）	户数占比（%）	从业人数占比（%）	国有资本总量占比（%）	资产总额占比（%）	资产负债率（%）
2003	128378	2613.1	30480.8	113871.0	66.7	—	—	—	—	—	—	—	—	—	—
2004	119734	2429.6	34800.9	123933.4	66.5	—	—	—	—	—	—	—	—	—	—
2005	104828	2222.7	36877.9	138434.7	66.6	25.5	52.9	36.5	39.7	66.6	23.5	7.5	5.2	7.0	81.5
2006	96672	2078.6	41667.8	156542.1	66.0	25.8	53.8	34.4	37.6	63.7	22.1	7.2	4.8	6.4	78.6
2007	92198	2005.9	49204.5	185402.1	65.0	26.5	50.3	33.5	35.4	62.4	20.3	7.3	4.4	5.4	73.4
2008	90139	1970.6	58902.6	218494.1	64.6	29.0	51.8	33.5	37.4	62.9	19.1	7.0	3.6	4.6	74.2
2009	89707	1981.0	74677.3	281255.7	65.7	28.3	50.4	30.6	33.9	63.6	18.7	7.1	3.2	4.4	74.4
2010	93619	1990.1	99001.3	351092.6	65.2	23.8	50.5	44.1	38.2	59.6	19.4	6.8	4.6	6.0	73.9
2011	100483	2073.7	117659.8	469749.7	66.9	24.0	50.2	44.7	34.8	60.2	17.2	6.2	4.4	5.5	75.6
2012	103637	2068.7	139471.7	569149.9	66.5	23.5	48.2	41.7	32.0	61.6	17.1	6.3	4.5	5.4	76.0
2013	107857	2084.4	165437.3	695742.9	67.1	23.2	47.9	40.0	30.2	62.1	16.9	6.3	4.7	5.3	75.3
2014	73156	1644.4	140014.4	600021.5	66.7	26.0	52.8	47.2	35.2	62.5	16.8	6.5	5.7	6.4	75.1
2015	82555	1676.0	168625.6	723307.3	66.8	24.3	50.7	40.5	31.5	63.4	16.6	6.6	5.8	6.2	74.1
2016	89548	1690.3	205773.6	960692.7	69.4	22.7	46.7	33.8	24.4	63.7	16.2	6.4	6.0	5.3	72.1
2017	98836	1817.9	246126.0	1108987.3	68.8	21.4	43.0	31.4	23.0	62.8	15.2	5.8	5.2	5.0	72.3
2018	107742	1811.7	274632.0	1226101.5	68.2	20.9	42.7	32.1	22.7	61.6	14.1	5.6	4.3	4.6	74.6
2019	119885	1816.1	350132.8	1379457.0	67.6	20.0	40.1	27.0	21.4	61.2	12.7	5.3	3.5	3.9	72.5
2020	136298	1832.0	428719.9	1658727.0	67.6	18.7	39.3	24.1	19.1	60.8	12.0	4.9	3.4	3.8	72.6

3.基于产业视角的国有资本情况分析

在前述整体分析的基础上,依据产业作用类型将国有资本划分为基础性产业、生产加工行业、商贸服务业三类。表1-7报告了2003—2020年按产业划分的国有资本分布情况。由表1-7可知,商贸服务业的户数占比超过50%,基础性产业和生产加工行业两者户数占比远低于50%。虽然基础性产业户数占比仅为30%左右,但其从业人数、国有资本总量、资产总额占比均超过或接近50%。生产加工行业的从业人数接近30%,但其国有资本总量和资产总额占比仅为10%左右。商贸服务业从业人数占比约为20%,但国有资本总量和资产总额占比约为40%。在资产负债率方面,基础性产业、生产加工行业、商贸服务业的资产负债率依次递增,其中,基础性产业资产负债率约为56%,生产加工行业资产负债率约为59%,商贸服务业资产负债率最高,接近70%。

(二)分省份国有资本情况分析

1.分省份国有企业户数分布情况

表1-8报告了2003—2020年分省份国有企业户数分布情况。由表1-8可知,2003—2020年各省份国有企业户数整体上变化趋势与国有资本布局优化方向一致。2020年,在全国所有省份中,国有企业户数位于前三位的省份分别为上海、广东和山东,国有企业户数均超过1万户。而宁夏、青海、西藏则位于后三位,西藏、青海不足600户、宁夏不足700户。各省份国有企业户数与各地方经济发展相符。

2.分省份国有企业从业人数分布情况

表1-9报告了2004—2020年分省份国有企业从业人数分布情况。由表1-9可知,2004—2020年各省份从业人数整体上呈上升趋势,但不同省份呈现较大的地区差异。2020年,在全国所有省份中,从业人数超过100万的省份有上海、广东、山东、北京、山西,分别依次为166.6万人、156.5万人、152.2万人、126.4万人、119.8万人。而西藏、宁夏、青海等省份的从业人数不足10万人。

表1-6　2003—2020年按区域国有资本分布情况

（单位:%）

年份	户数占比			从业人数占比			国有资本总量占比			资产总额占比			资产负债率		
	东部	中部	西部	东部	中部	西部	东部	中部	西部	东部	中部	西部	东部	中部	西部
2003	—	—	—	—	—	—	—	—	—	—	—	—	—	—	—
2004	—	—	—	—	—	—	—	—	—	—	—	—	—	—	—
2005	53.7	23.7	22.6	46.5	30.2	23.3	73.6	13.1	13.3	66.2	17.3	16.5	57.1	67.3	65.7
2006	54.5	22.7	22.8	47.2	28.3	24.5	74.5	12.6	12.9	66.3	16.9	16.9	56.5	66.4	67.4
2007	60.7	19.8	19.5	65.0	20.0	15.0	81.9	8.8	9.3	77.8	11.4	10.8	57.3	67.0	66.5
2008	62.4	18.5	19.1	64.8	20.1	15.1	80.6	9.0	10.4	77.1	11.1	11.8	58.7	65.8	67.1
2009	—	—	—	—	—	—	—	—	—	75.9	11.0	13.1	60.5	65.3	68.3
2010	56.5	20.6	22.9	47.0	28.2	24.8	68.6	13.9	17.5	66.3	15.2	18.5	57.3	61.4	61.3
2011	56.0	21.0	23.0	44.5	29.2	26.3	66.5	14.3	19.2	65.5	15.0	19.5	58.9	60.8	60.5
2012	55.3	21.2	23.5	44.6	29.4	26.0	64.1	15.2	20.7	64.1	15.4	20.5	59.8	60.3	60.3
2013	55.0	20.9	24.1	44.7	29.1	26.2	63.2	15.9	20.9	63.7	15.6	20.7	60.9	59.8	61.0
2014	55.8	21.0	23.2	46.5	28.0	25.5	63.5	16.3	20.2	60.5	17.6	21.9	58.5	63.1	64.5
2015	55.3	20.2	24.5	46.6	26.9	26.5	63.6	16.0	20.4	61.5	16.9	21.6	60.2	64.0	64.8
2016	54.5	20.8	24.7	47.6	26.6	25.8	63.5	16.3	20.2	62.3	16.8	20.9	62.1	64.7	65.3
2017	53.7	21.3	25.0	46.4	27.8	25.8	62.1	16.5	21.4	61.3	17.2	21.5	61.6	64.8	64.4
2018	53.6	19.8	26.6	47.6	25.5	26.9	61.4	16.5	22.1	61.4	16.8	21.8	61.3	64.6	63.3
2019	54.1	19.5	26.4	48.4	25.2	26.4	61.6	16.7	21.7	61.8	16.9	21.3	60.9	62.8	62.7
2020	54.6	18.8	26.6	49.0	24.9	26.1	62.0	16.1	21.9	62.7	15.9	21.4	61.3	62.1	62.5

表1-7 2003—2020年按产业国有资本分布情况

(单位:%)

年份	户数占比			从业人数占比			国有资本总量占比			资产总额占比			资产负债率		
	基础性产业	生产加工行业	商贸服务业	基础性产业	生产加工行业	商贸服务业	基础性产业	生产加工行业	商贸服务业	基础性产业	生产加工行业	商贸服务业	基础性产业	生产加工行业	商贸服务业
2003	—	—	—	—	—	—	—	—	—	—	—	—	—	—	—
2004	—	—	—	—	—	—	—	—	—	—	—	—	—	—	—
2005	28.7	23.9	47.4	52.7	33.3	14.0	62.4	13.1	24.5	55.1	17.5	27.4	54.8	66.7	66.7
2006	28.6	23.6	47.8	52.6	33.0	14.4	62.4	12.4	25.2	55.6	16.2	28.2	54.5	66.4	66.6
2007	31.9	22.3	45.8	53.7	30.2	16.1	62.0	14.3	23.7	55.3	16.3	28.4	55.1	63.5	65.4
2008	32.5	22.4	45.1	55.2	29.1	15.7	61.5	15.1	23.4	57.1	16.0	26.9	57.7	61.8	65.3
2009	—	—	—	—	—	—	—	—	—	56.5	15.0	28.5	60.0	61.5	66.4
2010	27.5	20.4	52.1	54.0	29.3	16.7	58.1	10.3	31.6	50.6	11.9	37.5	52.6	58.7	65.6
2011	28.2	19.7	52.1	50.7	30.5	18.8	56.8	12.4	30.8	48.5	12.3	39.2	52.9	55.3	68.3
2012	28.7	19.2	52.1	50.6	29.4	20.0	55.8	12.0	32.2	48.2	11.7	40.1	54.4	55.5	67.9
2013	28.7	18.7	52.6	50.3	29.5	20.2	54.0	11.9	34.1	45.9	11.5	42.6	54.7	56.1	68.6
2014	30.9	18.8	50.3	54.6	27.2	18.2	53.4	11.4	35.2	47.2	12.1	40.7	56.3	58.8	66.5
2015	30.0	17.9	52.1	52.9	27.6	19.5	49.3	10.8	39.9	42.4	11.5	46.1	56.6	59.3	66.9
2016	29.3	17.0	53.7	51.3	26.9	21.8	45.5	10.3	44.2	37.8	10.5	51.7	56.5	59.9	68.5
2017	28.7	16.3	55.0	49.2	26.9	23.9	44.5	10.2	45.3	36.6	10.3	53.1	55.6	58.7	68.1
2018	28.0	15.9	56.0	49.0	27.1	24.0	43.4	10.5	46.1	35.8	10.4	53.8	54.9	58.4	67.5
2019	27.5	15.3	57.2	48.4	26.4	25.2	41.3	10.1	48.6	34.9	10.3	54.8	54.7	59.2	66.3
2020	26.9	14.6	58.5	48.5	25.2	26.3	39.0	10.9	50.1	33.4	10.6	56.0	54.9	58.4	66.1

3.分省份国有资本总量分布情况

表 1-10 报告了 2003—2020 年分省份国有资本总量分布情况。由表 1-10 可知,2003—2020 年各省份国有资本总量整体上呈上升趋势,但不同省份差异较大。2020 年,江苏国有资本总量 4.57 亿元、浙江国有资本总量 3.36 亿元、广东国有资本总量高达 3.31 亿元、上海国有资本总量高达 3.23 亿元。西藏国有资本总量仅为 870 万元、青海国有资本总量为 1380 万元、宁夏国有资本总量为 1820 万元,远低于经济发达地区的国有资本总量。

4.分省份国有企业资产总额分布情况

表 1-11 报告了 2003—2020 年分省份国有企业资产总额分布情况。由表 1-11 可知,2003—2020 年各省份国有企业资产总额整体上呈上升趋势,但不同省份的差异较大。2020 年,上海资产总额高达 24.23 亿元、江苏资产总额高达 15.02 亿元、广东资产总额 12.10 亿元,浙江资产总额 11.74 亿元。西藏资产总额仅为 2660 万元、宁夏资产总额为 4180 万元、青海资产总额为 4890 万元,远低于经济发达地区的资产总额。

5.分省份国有企业资产负债率分布情况

表 1-12 报告了 2003—2020 年分省份国有企业资产负债率分布情况。由表 1-12 可知,2003—2020 年各省份国有企业资产负债率整体上呈先升后降的趋势,但不同省份的资产负债率差异较大。2020 年,上海、天津、山西、河南等地的资产负债率远超过 70%,其中上海资产负债率高达 79.4%。宁夏、黑龙江的资产负债率在 50% 左右,其中宁夏最低,约为 51.1%。

6.分省份国有企业人均利润分布情况

表 1-13 报告了 2005—2020 年分省份国有企业人均利润分布情况。由表 1-13 可知,2005—2020 年各省份国有企业人均利润整体上呈上升趋势,但不同省份的人均利润差异较大。2020 年,贵州的人均利润最高,

为35.20万元/人,上海人均利润为27.02万元/人、广东人均利润为17.95万元/人。宁夏、辽宁的人均利润为负,分别为-2.33万元/人、-0.93万元/人。

7.分省份国有企业人均税费分布情况

表1-14报告了2003—2020年分省份国有企业人均税费分布情况。由表1-14可知,2003—2020年各省份人均税费整体上呈上升趋势,但不同省份的人均税费差异较大。2020年,贵州人均税费为25.42万元/人、上海的人均税费最高,为20.08万元/人,广东人均税费为15.20万元/人。黑龙江人均税费最少,仅为1.73万元/人。

二、国有资本与地区经济发展

本部分主要从实证分析视角对国有资本与地区经济发展的关系进行实证检验。

(一)样本选择与数据来源

以2004—2017年省级层面国有资本为研究对象,考察国有资本布局对地区经济发展的影响。省级层面国有资本总量、国有资产规模、从业人数、资产负债率等指标通过历年《中国国有资产监督管理年鉴》手工收集整理。地区GDP、固定资产投资总额数据来源于历年国家统计局的《中国统计年鉴》。为减少误差,对于连续变量在上下1%水平上进行缩尾处理。

(二)变量定义与模型设定

为检验前述研究假设,构建模型(1-1):

$$GDP\_Growth = \alpha + \beta_1 \times SOCD + \beta_2 \times INV + \beta_3 \times Size + \beta_4 \times Employee + \beta_5 \times \ln GDP + \beta_6 \times Lev + \varepsilon \qquad (1-1)$$

表1-8 2003—2020年分省份国有企业户数分布情况

（单位：户）

年份 地区	2003	2004	2005	2006	2007	2008	2009	2010	2011	2012	2013	2014	2015	2016	2017	2018	2019	2020
东部地区	63672	58048	53694	50518	49317	49730	50097	56950	56802	58248	60632	42882	47661	50712	54839	60151	67746	78250
北京	4430	5029	5130	5049	5054	5810	5986	6020	6309	6688	7098	6480	7066	7841	8394	8615	9588	9720
天津	4696	4605	3964	3890	3702	3557	3465	3494	4090	4158	4078	3656	4137	4133	3753	3691	3260	3305
河北	6652	4822	4021	3330	3017	2860	2814	2930	2873	2592	2825	1543	1618	1484	1683	2053	2230	2377
辽宁	4887	4500	4003	3297	3073	2983	2932	2870	3065	3157	3311	1475	1706	2001	2259	2398	3000	2954
上海	11210	9833	9524	9404	9502	9608	9572	9858	10475	10667	11021	8879	9400	10014	10785	11340	11987	12698
江苏	5254	4447	4316	4252	4075	4109	4103	4723	5118	5242	5617	3291	3463	3670	3868	3977	4414	7718
浙江	4575	4604	4832	4768	4739	4902	5283	9858	6522	7056	7520	3673	4313	4455	4453	4757	6991	9826
福建	4936	4473	3999	3784	3682	3644	3585	3693	4236	4511	4750	3303	3965	4178	4612	5070	5543	6071
山东	6136	5851	4878	4612	4682	4683	4831	5014	5360	5328	5721	3713	4054	4429	5205	6730	8442	10364
广东	9561	8565	7441	6985	6944	6886	6856	7791	8067	8136	7985	6193	7235	7647	8928	10544	11199	12046
海南	1335	1319	1586	1147	847	688	670	699	687	713	706	676	704	860	899	976	1092	1171
中部地区	34884	33833	26367	23292	21448	19690	19260	19658	21510	22130	22408	14718	15714	17864	20337	19500	21173	22642
山西	5307	5098	5027	4557	4381	4242	4261	4438	5162	5355	5553	3453	3691	3646	4014	4224	4367	4751
吉林	2543	5029	2229	1630	1402	827	781	818	884	917	667	516	599	805	970	997	1112	1251
黑龙江	5255	5073	4340	3719	3146	2973	2961	2886	2867	2770	2728	971	1073	1082	2420	1326	1459	1723
安徽	3440	2738	2294	2378	2348	2285	2278	2355	2646	2767	2870	2843	2928	3062	3276	3069	3235	3470
江西	3059	2672	2251	2006	1915	1697	1425	1454	1601	1654	1742	1594	1695	1899	2139	2438	2879	3130

续表

地区＼年份	2003	2004	2005	2006	2007	2008	2009	2010	2011	2012	2013	2014	2015	2016	2017	2018	2019	2020
河南	6958	6472	4799	4031	3646	3457	3502	3622	3973	4062	4042	1972	2041	2118	2279	1814	2000	1730
湖北	3432	2856	2567	2387	2394	2172	2058	2135	2376	2499	2547	2224	2307	2906	3290	3630	3977	4246
湖南	4890	3895	2860	2584	2216	2037	1994	1950	2001	2106	2259	1145	1380	2346	1949	2002	2144	2341
西部地区	29822	26804	24767	22862	21433	20719	20350	21076	22171	23259	24817	15556	18241	19859	22404	23111	29682	34123
重庆	2055	1967	1912	1945	2009	1882	2014	2172	2344	2588	2765	2457	2617	2844	2924	3007	3340	3356
四川	3607	3051	2777	2776	2879	2993	3017	3235	3467	3580	3736	2760	2964	3421	3909	4734	5650	7199
贵州	2925	2806	2613	2388	2171	2103	2027	2067	2108	2236	2413	1108	2016	1275	1266	1566	1508	2048
云南	3298	2512	2296	2267	2206	2347	2242	2428	2658	2848	3266	1687	1876	2691	3822	4088	4845	5193
西藏	489	469	498	432	437	417	399	383	382	403	411	177	246	344	277	394	493	579
陕西	4572	4227	3815	3370	3197	2956	2975	3008	3156	3362	3566	2049	2470	2701	2743	2974	3420	4300
甘肃	2688	2368	2124	1700	1347	1286	1285	1369	1418	1462	1569	1287	1708	1491	1647	2103	2384	2855
青海	589	552	516	496	495	520	497	518	545	551	585	389	408	414	462	511	544	552
宁夏	598	590	606	544	441	501	445	514	496	477	459	413	483	508	569	597	620	660
新疆	1730	1611	1539	1417	1350	1321	1270	1324	1372	1421	1510	849	1000	1108	1256	2027	2274	2713
广西	5516	5154	4849	4513	4006	3578	3389	3308	3416	3488	3636	1911	2017	2444	2761	3140	3275	3264
内蒙古	1755	1497	1222	1014	895	815	790	750	809	843	901	469	436	618	768	1110	1329	1404

表1-9　2004—2020年分省份国有企业从业人数分布情况

（单位:万人）

年份 地区	2004	2005	2006	2007	2008	2009	2010	2011	2012	2013	2014	2015	2016	2017	2018	2019	2020
东部地区	970.0	993.9	940.7	936.4	906.5	917.2	910.4	965.9	971.3	985.3	778.9	794.6	831.8	861.0	903.9	926.4	967.2
北京	95.2	101.5	101.4	106.4	108.6	112.9	109.2	113.4	115.0	119.0	113.2	116.0	123.6	125.5	128.4	130.1	126.4
天津	49.1	47.7	48.0	45.2	42.8	42.9	40.9	41.2	42.9	43.7	42.2	44.7	45.2	41.7	39.6	30.7	25.2
河北	101.1	96.9	87.8	87.2	77.7	79.3	80.7	78.3	74.9	76.7	60.4	53.6	50.1	49.4	50.7	49.4	49.3
辽宁	131.3	124.0	120.8	118.6	109.4	111.6	79.8	78.1	81.9	77.8	54.6	59.4	54.1	55.2	50.3	51.3	46.1
上海	113.2	115.9	121.2	119.9	117.3	120.3	116.9	142	162.1	160.7	107.4	113.7	138.9	146.2	152.6	158.2	166.6
江苏	64.8	86.7	63.2	63.0	63.1	61.8	66.2	73.3	77.6	79.7	54.8	54.2	56.2	56.8	58.7	59.3	82.9
浙江	64.8	62.3	63.2	63.0	63.1	61.8	66.2	73.3	77.6	89.1	67.1	69.9	68.9	65.6	65.4	80.1	96.7
福建	55.5	55.2	52.2	54.6	54.5	52.8	68.4	58.3	58	61.7	46.1	45.2	45.1	47.7	55.2	55.7	55.2
山东	170.5	161.3	156.2	153.3	148.8	150.6	150.2	174.1	154.5	155.2	127.6	124.0	122.5	124.6	137.7	142.3	152.2
广东	112.3	125.4	117.9	118.5	114.8	116.3	125.7	127.8	120.1	115	99.1	108.2	116.6	137.4	155.1	159.4	156.5
海南	12.2	17.0	8.8	6.7	6.4	6.9	6.2	6.1	6.7	6.7	6.4	5.7	10.6	10.9	10.2	9.9	10.1
中部地区	829.2	719.5	617.3	600.2	601.1	597.3	591.6	603.2	606.4	607.0	465.5	442.5	440.0	509.2	436.3	432.6	426.8
山西	127.2	137.5	121.7	127.5	123.3	127.8	128	136.6	143.8	147.3	136.1	123.4	117.6	118.9	119.1	118.7	119.8
吉林	77.1	49.5	36.5	31.7	34.2	36.1	33.8	33.5	35.4	29.6	16.0	16.6	18.1	18.1	15.5	15.8	17.8
黑龙江	132.1	114.5	101.1	94.4	90.9	93.3	89.1	87.4	87.5	85.5	35.3	30.4	28.3	100.1	36.2	45.9	45.8
安徽	87.6	78.6	77.1	74.2	76.9	79.7	82.0	86.1	88.0	85.5	84.7	83.0	79.1	79.4	76.5	68.3	68.8
江西	86.1	66.1	56.7	59.4	52.2	43.0	46.4	45.6	45.5	49.9	48.5	46.2	46.8	47.7	49.4	50.2	51.2

续表

地区＼年份	2004	2005	2006	2007	2008	2009	2010	2011	2012	2013	2014	2015	2016	2017	2018	2019	2020
河南	153.5	129.3	114.9	107	107.7	112.6	110.3	113.5	111.4	109.4	77.2	74.4	70.3	70.5	65.8	59.7	48.2
湖北	82.3	71.0	42.7	47.5	57.3	48.1	49.5	51.8	46.8	52.4	38.3	38.7	44.9	42.5	40.5	39.7	40.1
湖南	83.3	72.5	66.6	58.5	58.6	56.7	52.5	48.7	48.0	47.4	29.4	29.8	34.9	32	33.3	34.3	35.1
西部地区	535.2	509.3	502.8	459.2	453.3	452.8	477.9	498.6	487.3	492.4	399.6	423.1	402.1	431.8	450.9	441.9	422.8
重庆	43.4	47.4	43.6	42.3	44.7	44.5	51.7	55.9	59.7	61.8	57.7	56.4	55.2	53.3	53.0	53.8	48.1
四川	68.3	66.2	61.2	64.2	66.6	66.4	67.4	66.6	66.6	65.5	57.1	56.2	58.9	63.3	65.0	68.0	75.0
贵州	46.7	44.9	67.5	38.8	39.2	40.0	42.3	48.5	49.0	47.2	33.3	60.3	34.4	36.8	38.0	21.2	25.4
云南	52.5	50.9	51.9	51.8	49.0	49.3	53.3	53.6	54.1	56.8	33.0	32.6	34.7	47.5	42.7	43.6	43.6
西藏	3.5	4.0	3.3	3.5	3.0	3.0	2.6	2.6	2.4	2.4	1.3	2.4	2.5	2.1	2.3	2.7	3.2
陕西	74.8	68.1	68.6	66.0	64.7	66.0	70.2	74.9	76	77.3	65.7	66.6	66.7	66.9	70.1	69.4	73.3
甘肃	52.0	44.5	38.9	38.1	36.5	38.9	39.9	39.7	40.5	41.3	32.3	33.1	32.1	33.3	36.2	36.9	39.5
青海	9.1	8.1	8.5	9.1	8.9	10.2	10.5	11.1	11.4	11.7	8.9	9.1	8.4	8.8	8.4	7.1	7.7
宁夏	21.4	19.1	13.4	7.9	8.6	7.3	7.7	7.1	7.0	6.2	5.6	5.1	4.9	4.9	4.9	5.4	5.6
新疆	35.8	33.9	27.8	26.2	30.4	31.1	31.1	32.2	31.3	29.8	14.6	15.1	16.5	21.2	23.9	25.5	33.6
广西	69.4	70.5	65.0	63.9	57.3	57.5	62.3	66.5	51.6	53.3	61.5	64.4	66.3	71.6	78.6	78.9	38.4
内蒙古	58.3	51.7	53.1	47.4	44.4	38.6	38.9	39.9	37.7	39.1	28.6	21.8	21.5	22.1	27.8	29.4	29.4

表 1-10 2003—2020 年分省份国有资本总量分布情况

（单位：百万元）

地区 \ 年份	2003	2004	2005	2006	2007	2008	2009	2010	2011	2012	2013	2014	2015	2016	2017	2018	2019	2020
东部地区	192.4	227.4	232.8	263.9	312.3	367.1	446.4	1028.1	1171.3	1389.6	1646.8	1507.7	1822.0	2222.2	2564.5	1284.9	1717.9	2226.5
北京	20.6	23.7	26.5	27.9	34.9	40.0	45.0	102.2	120.2	146.6	167.5	191.4	224.3	269.1	308.8	131.0	157.1	163.9
天津	11.5	14.9	17.2	21.6	27.0	31.0	41.1	75.6	98.5	117.8	143.5	176.5	202.3	219.0	231.1	92.6	126.4	130.6
河北	11.9	10.3	10.0	11.4	13.1	14.7	18.8	46.6	55.7	59.8	67.4	56.8	59.8	61.7	75.5	36.0	39.5	44.3
辽宁	12.3	12.9	13.9	15.9	18.2	23.7	23.5	42.6	54.6	65.3	77.6	47.9	61.0	107.9	114.1	51.7	72.5	73.5
上海	36.6	43.0	45.0	50.2	58.2	63.5	77.8	187.6	239.1	277.5	308.1	313.6	378.2	497.6	553.8	256.4	306.2	322.8
江苏	18.0	17.6	23.1	27.6	35.8	49.0	62.4	132.8	169.2	210.4	257.5	166.3	198.3	229.0	252.3	138.4	188.5	456.8
浙江	18.3	39.6	24.2	29.6	36.0	43.0	53.9	187.6	131.9	157.6	190.6	122.5	158.3	184.7	188.0	114.5	195.4	335.9
福建	10.1	11.1	12.3	14.1	15.8	19.8	22.9	47.6	61.6	76.4	96.0	91.8	117.9	132.5	155.0	81.4	91.4	97.8
山东	19.3	17.5	18.6	21.4	25.6	28.0	35.5	75.6	89.2	103.6	129.7	112.1	128.8	166.8	240.6	131.4	201.8	246.5
广东	31.8	35.4	40.1	42.2	45.8	51.9	62.4	124.4	143.6	162.9	196.1	215.5	276.7	332.2	423.5	237.5	316.8	331.2
海南	2.0	1.4	2.0	2.1	1.9	2.3	3.2	5.5	7.6	11.8	12.3	13.3	16.4	21.7	21.8	14.0	22.2	23.2
中部地区	55.7	79.2	63.1	67.2	77.2	85.8	119.2	237.0	306.4	411.8	536.1	556.3	642.8	779.1	914.4	599.5	762.7	858.3
山西	9.3	10.9	12.3	13.3	15.5	18.1	22.3	46.1	56.4	68.3	77.9	74.7	81.2	86.9	106.1	39.9	62.3	60.2
吉林	3.7	23.7	4.4	3.3	3.8	4.7	5.7	8.9	9.2	16.6	17.1	32.0	37.9	51.9	55.9	35.2	35.0	44.9
黑龙江	5.4	5.3	5.8	5.8	5.7	5.9	7.4	10.0	12.9	15.5	48.7	39.6	42.6	44.1	57.5	40.5	56.3	61.7
安徽	8.4	9.0	9.9	11.9	14.5	19.7	26.7	51.1	65.6	92.4	111.3	132.1	155.9	181.6	210.9	136.8	174.6	205.5
江西	5.3	4.6	4.6	5.2	6.3	7.8	10.6	25.4	34.4	48.0	59.6	63.3	70.9	79.9	101.1	90.1	124.4	150.6

续表

年份 地区	2003	2004	2005	2006	2007	2008	2009	2010	2011	2012	2013	2014	2015	2016	2017	2018	2019	2020
河南	10.0	12.0	12.9	12.9	15.5	15.9	18.9	37.9	45.1	57.9	76.3	71.0	75.8	82.8	95.8	42.0	45.0	35.8
湖北	6.3	5.9	6.0	6.7	7.0	7.8	12.2	25.2	41.3	62.0	74.7	84.8	109.5	138.7	160.1	111.9	141.9	165.6
湖南	7.2	7.7	7.2	8.1	8.8	10.6	15.6	32.3	41.4	51.0	70.5	58.8	68.9	113.3	127.0	103.1	123.3	134.1
西部地区	56.7	61.6	72.9	85.6	102.5	131.4	181.1	336.6	449.9	599.5	723.0	689.1	828.7	969.6	1200.7	851.7	1008.2	1189.9
重庆	6.8	8.9	11.5	13.9	18.8	25.3	33.6	69.1	92.7	117.8	141.9	141.6	170.8	190.6	226.8	169.8	185.6	200.3
四川	10.9	11.6	12.3	14.8	17.2	23.1	34.5	69.1	93.8	116.0	131.0	137.3	153.6	185.5	224.0	178.5	201.9	267.3
贵州	4.9	5.7	5.8	6.7	7.2	8.0	11.2	17.5	28.8	46.2	62.1	47.0	77.5	62.4	67.5	50.5	64.7	93.6
云南	6.2	6.8	8.2	9.9	13.3	14.3	30.6	46.5	59.8	71.5	88.0	81.8	95.2	120.4	174.0	107.4	137.5	150.9
西藏	0.8	0.9	1.0	1.0	1.4	1.4	1.5	1.3	1.2	2.2	3.4	2.1	4.7	6.5	5.9	4.2	7.1	8.7
陕西	6.2	7.2	8.5	12.0	12.7	19.3	23.4	47.1	61.4	76.3	88.2	82.1	91.5	102.9	131.9	77.6	87.5	105.0
甘肃	4.1	3.8	4.4	4.2	6.4	6.3	8.5	15.7	21.9	39.0	44.5	46.6	54.0	60.9	69.8	50.8	67.3	81.0
青海	0.8	0.9	0.9	1.3	2.6	2.7	2.8	7.2	9.6	19.2	31.2	25.2	27.2	28.9	29.5	13.5	11.4	13.8
宁夏	1.5	0.1	2.0	1.2	1.1	1.6	2.0	4.6	5.2	5.9	6.1	6.6	9.4	15.6	24.6	14.7	17.9	18.2
新疆	2.2	2.8	3.2	3.9	3.7	4.4	5.6	10.0	15.0	21.9	24.5	22.0	29.6	41.2	50.7	55.9	67.2	74.7
广西	8.1	9.1	9.9	10.6	11.1	17.3	18.8	32.9	41.4	55.3	67.8	72.6	82.8	100.1	117.1	82.8	97.7	107.6
内蒙古	4.3	3.7	5.1	5.9	7.0	7.6	8.6	15.6	19.2	28.1	34.1	24.3	32.4	54.6	78.8	46.0	62.4	69.0

表 1-11　2003—2020 年分省份国有资产总额分布情况

（单位：百万元）

年份　地区	2003	2004	2005	2006	2007	2008	2009	2010	2011	2012	2013	2014	2015	2016	2017	2018	2019	2020
东部地区	683.6	840.8	871.2	977.3	1154.5	1321.4	1672.0	2936.9	3665.6	4305.1	5333.4	4580.6	5498.1	7372.2	8397.1	6882.7	7831.8	9733.5
北京	73.6	87.3	99.4	111.3	132.3	151.7	186.5	323.4	387.8	446.7	522.2	598.9	695.0	818.6	942.5	643.1	746.4	794.1
天津	41.6	56.5	64.2	75.9	92.7	113.1	162.0	218.3	287.3	352.2	553.1	638.1	754.8	822.4	880.8	680.8	641.4	689.7
河北	42.4	39.0	40.5	43.6	50.4	59.7	80.1	137.4	165.9	181.0	219.2	190.5	212.3	225.0	243.2	178.1	170.2	192.6
辽宁	51.8	56.1	60.1	61.3	66.7	77.0	94.6	132.8	161.1	180.9	215.5	146.3	187.6	251.9	267.9	167.9	198.7	184.4
上海	135.1	158.1	169.3	196.3	228.0	251.0	300.7	521.0	1060.0	1203.0	1400.0	852.0	1002.0	2211.0	2390.0	1943.2	2155.6	2423.0
江苏	63.2	66.7	100.0	115.0	140.3	168.5	217.2	335.5	410.9	515.7	647.3	447.5	528.7	591.0	649.9	545.4	627.7	1502.4
浙江	58.5	134.8	82.2	96.6	113.9	132.5	169.5	521.8	313.7	379.4	459.6	358.0	464.7	530.9	541.7	448.7	703.4	1173.9
福建	30.0	34.7	37.0	43.0	54.9	65.0	80.0	127.7	157.9	210.5	263.1	264.6	332.0	378.5	448.8	377.2	421.8	472.4
山东	74.9	79.3	85.5	96.6	112.8	122.0	156.6	257.5	311.1	371.9	447.7	407.9	489.0	604.1	782.2	758.2	883.0	1028.6
广东	103.8	119.6	126.4	131.4	155.5	171.8	213.5	343.9	388.8	436.4	575.0	647.0	795.2	888.2	1194.0	1089.8	1221.6	1210.2
海南	8.7	8.8	6.7	6.2	7.1	9.1	11.3	16.8	21.1	27.4	30.7	29.8	36.8	50.5	56.1	50.3	62.2	62.1
中部地区	226.9	314.4	267.3	292.1	340.2	392.3	485.8	750.7	952.1	1207.3	1503.1	1601.9	1874.8	2329.4	2726.4	2240.5	2534.8	2771.3
山西	32.8	38.3	47.0	54.4	65.5	80.0	95.9	154.7	201.1	256.1	304.3	319.5	362.5	390.4	449.0	320.1	343.0	365.8
吉林	20.3	87.3	19.6	17.1	18.6	18.5	22.1	27.8	30.8	48.3	53.6	69.0	82.7	150.0	157.9	123.4	101.3	131.4
黑龙江	29.9	29.4	28.1	25.3	23.0	22.7	25.6	37.0	44.4	50.0	97.5	81.5	89.8	94.5	127.6	91.9	122.3	137.9
安徽	30.9	36.4	40.1	50.9	64.7	79.9	100.7	149.9	182.5	234.7	280.5	323.4	380.9	456.1	527.2	429.7	478.2	556.4
江西	19.8	19.7	21.1	23.2	26.5	28.4	34.0	60.7	85.9	115.7	135.5	170.8	200.5	241.9	296.8	292.9	372.9	431.4

续表

地区\年份	2003	2004	2005	2006	2007	2008	2009	2010	2011	2012	2013	2014	2015	2016	2017	2018	2019	2020
河南	38.0	45.2	51.2	54.9	66.3	75.0	87.4	136.1	161.5	196.7	231.0	222.7	246.3	279.9	317.8	214.5	229.4	214.4
湖北	29.1	30.2	32.1	34.3	38.6	45.2	62.5	94.3	136.7	172.3	231.7	270.7	325.3	422.7	509.7	477.3	553.3	558.8
湖南	26.2	28.0	28.2	31.9	37.0	42.7	57.6	90.1	109.8	133.5	169.0	144.3	186.8	293.3	340.4	290.7	334.4	375.2
西部地区	191.6	211.6	245.9	295.9	359.1	470.9	641.4	996.1	1302.5	1656.4	2005.7	1972.8	2399.6	2868.6	3483.4	3079.5	3372.7	4027.0
重庆	25.3	30.0	37.2	45.2	59.2	94.7	125.8	196.7	255.2	322.7	389.3	414.8	503.0	577.7	663.2	606.2	640.3	696.3
四川	35.2	37.3	43.0	53.5	67.7	89.4	139.3	213.8	271.8	312.5	361.2	382.8	438.2	539.4	651.8	638.1	745.3	1024.0
贵州	15.3	18.5	20.5	23.3	27.7	33.0	44.5	55.6	88.9	118.6	162.6	133.7	241.1	212.3	228.8	180.3	190.0	253.8
云南	21.5	22.5	27.5	35.7	43.0	48.9	83.4	135.2	162.1	200.1	242.1	218.2	262.7	338.4	509.8	415.4	489.7	548.4
西藏	1.5	1.9	2.1	2.1	2.7	2.8	3.0	2.4	2.9	4.2	7.9	4.5	10.6	20.3	17.5	19.8	22.6	26.6
陕西	24.0	27.7	34.6	46.5	54.5	69.2	91.8	147.2	186.2	231.1	269.8	248.7	286.3	361.4	421.3	346.3	331.7	393.9
甘肃	14.0	15.8	15.6	16.7	19.4	23.0	28.9	41.3	59.9	93.4	113.0	123.7	145.7	166.3	187.7	182.8	204.0	235.4
青海	3.7	4.4	4.9	7.1	10.9	12.5	14.1	21.4	28.2	46.4	66.6	62.6	75.5	82.7	86.8	62.1	47.0	48.9
宁夏	5.0	0.5	7.1	5.0	4.2	12.8	1.5	21.7	25.8	32.2	34.0	38.8	20.0	28.4	45.5	38.8	40.6	41.8
新疆	8.0	9.2	9.8	11.1	10.4	14.4	20.4	28.2	38.8	54.2	65.9	65.8	86.7	108.5	140.1	157.0	176.1	209.9
广西	21.3	25.3	27.2	30.1	35.7	44.4	60.6	88.7	126.3	167.8	203.2	214.3	250.5	308.1	363.1	294.4	328.7	366.8
内蒙古	16.7	18.3	16.4	19.8	23.7	25.9	28.2	43.7	56.3	73.3	90.1	65.0	79.4	125.1	167.8	138.3	156.8	181.2

表 1-12　2003—2020 年分省份国有企业资产负债率分布情况

（单位:%）

地区\年份	2003	2004	2005	2006	2007	2008	2009	2010	2011	2012	2013	2014	2015	2016	2017	2018	2019	2020
东部地区	65.5	65.8	65.9	65.2	64.3	64.0	65.2	65.0	65.2	65.2	66.9	61.0	67.2	68.1	67.7	67.1	66.9	67.0
北京	63.9	64.5	65.1	66.0	63.8	63.7	64.8	67.0	68.6	68.7	68.8	67.9	67.9	67.4	67.4	67.3	66.9	66.7
天津	65.3	65.0	66.2	64.6	63.9	63.9	66.9	65.9	66.9	67.7	76.4	76.2	76.7	76.9	77.0	77.0	76.6	77.7
河北	68.4	69.4	67.4	65.6	63.7	65.2	66.4	69.0	68.9	68.1	70.3	70.8	72.3	72.5	68.5	69.1	65.7	66.6
辽宁	73.6	72.1	71.4	67.9	65.1	64.8	67.8	67.3	65.1	63.9	62.5	64.2	66.3	61.2	59.8	56.7	57.1	55.7
上海	61.0	60.1	61.2	62.0	62.0	63.2	64.1	64.7	78.1	78.1	79.0	63.4	62.3	79.5	78.6	78.3	78.4	79.4
江苏	63.4	64.9	69.2	69.1	67.4	64.4	64.6	61.6	58.8	59.4	60.7	64.1	63.9	62.4	63.9	59.9	61.1	64.5
浙江	59.4	62.0	63.3	61.7	60.7	60.8	61.8	60.6	58.2	58.7	58.6	67.3	68.2	68.1	61.8	67.4	66.7	67.0
福建	61.5	61.4	59.9	60.3	63.4	61.7	63.7	63.9	62.2	65.6	65.8	68.9	68.8	68.4	69.4	68.4	69.4	69.7
山东	68.0	68.1	69.5	67.7	66.7	64.5	66.1	66.8	66.8	68.1	68.1	70.9	69.8	69.5	66.6	68.1	67.3	66.6
广东	63.1	61.8	60.1	60.3	61.0	60.5	61.9	62.7	63.0	62.9	66.6	67.3	65.8	63.6	64.8	64.5	64.3	61.6
海南	72.7	74.6	71.3	72.2	69.6	71.1	68.9	65.7	60.2	56.1	59.6	57.6	56.9	59.5	67.4	61.2	62.9	61.2
中部地区	75.5	75.0	73.5	71.8	69.6	67.9	66.7	65.9	64.8	63.4	60.8	52.4	63.1	65.5	65.8	64.7	63.2	63.3
山西	66.5	67.3	68.5	69.4	68.8	68.1	67.3	67.7	68.9	72.1	74.9	77.9	79.2	79.5	76.6	75.1	73.5	73.5
吉林	90.8	88.5	80.4	74.5	64.5	63.2	62.1	62.5	65.6	60.1	64.3	56.2	58.3	69.8	68.3	67.4	61.8	61.8
黑龙江	84.3	87.3	85.7	79.9	79.0	75.2	70.5	70.7	66.8	64.6	47.2	49.2	48.8	50.1	54.7	51.6	51.7	52.6
安徽	66.7	65.2	65.3	67.2	66.7	63.9	64.0	62.5	61.4	57.9	57.8	58.1	58.8	60.3	60.3	58.5	55.4	55.5
江西	74.1	73.3	70.2	68.2	66.5	62.6	58.9	57.6	56.2	55.5	52.6	59.6	61.2	64.2	65.0	63.8	61.2	61.0

续表

年份 地区	2003	2004	2005	2006	2007	2008	2009	2010	2011	2012	2013	2014	2015	2016	2017	2018	2019	2020
河南	72.7	69.8	70.3	69.9	69.2	69.7	71.4	71.1	71.5	70.3	67.3	71.4	71.3	72.4	71.7	73.3	73.9	76.9
湖北	76.6	76.8	79.4	77.9	76.5	75.4	75.4	74.1	70.2	68.7	67.9	68.2	66.4	67.3	69.2	68.1	69.2	65.7
湖南	72.2	71.5	68.3	67.2	65.8	64.9	64.0	61.3	57.9	57.8	54.6	56.6	61.1	60.3	60.6	59.6	58.9	59.7
西部地区	66.3	64.7	58.8	64.1	62.3	63.7	64.7	64.2	63.2	62.9	63.9	64.7	63.6	64.4	64.0	63.8	63.8	63.4
重庆	68.4	64.4	64.7	65.4	64.1	68.8	69.2	65.6	64.2	63.8	63.8	66.3	66.9	68.5	67.8	67.2	67.2	67.7
四川	62.2	64.8	63.4	66.7	68.3	67.3	69.0	68.2	66.0	63.5	63.6	64.8	65.6	66.5	67.4	66.3	67.4	69.0
贵州	66.3	65.2	67.6.	66.7	68.2	68.9	71.2	67.2	66.7	61.0	60.8	62.9	65.0	68.2	67.0	59.5	60.8	58.6
云南	67.7	64.7	64.2	66.0	62.9	62.0	65.0	63.5	62.7	64.4	63.7	64.6	65.7	65.4	67.4	65.5	65.3	65.3
西藏	47.9	44.5	44.0	41.7	37.5	37.2	35.4	42.3	38.6	47.5	58.1	50.7	52.8	66.3	67.9	67	64.5	65.6
陕西	75.7	76.6	77.4	74.1	73.6	67.7	69.0	69.6	68.5	68.2	69.5	68.9	69.4	72.5	65.0	68.6	66.5	66.4
甘肃	69.4	67.8	71.4	67.6	62.5	60.0	60.1	62.4	63.5	58.8	59.5	62.2	63.2	64.2	69.1	63.1	63.3	61.7
青海	68.9	63.9	66.2	65.1	56.6	59.2	63.5	65.7	64.3	60.6	57.7	62.6	65.7	67.2	61.9	70.2	73.2	67.8
宁夏	65.2	63.5	62.9	68.9	68.5	80.2	78.9	76.9	77.7	79.8	78.7	80.0	55.2	48.3	50.7	51.0	50.8	51.1
新疆	71.7	72.4	65.7	62.5	58.8	66.0	66.7	65.3	61.4	59.8	63.3	67.2	67.3	65.8	67.4	63	62.9	62.8
广西	61.4	60.5	61.3	60.8	62.0	59.7	63.4	62.2	67.0	66.9	66.2	65.0	65.9	66.7	62.2	66.8	66.0	66.5
内蒙古	71.1	68.3	64.6	63.3	64.6	67.3	65.2	61.3	57.9	60.0	62.2	61.5	61.0	52.9	53.9	57.4	57.9	58.4

表 1-13 2005—2020 年分省份国有企业人均利润分布情况

（单位：万元/人）

年份 地区	2005	2006	2007	2008	2009	2010	2011	2012	2013	2014	2015	2016	2017	2018	2019	2020
东部地区	1.56	2.16	3.73	2.95	3.84	6.52	7.08	8.31	10.09	11.54	11.13	12.77	15.52	11.31	12.02	10.63
北京	0.82	1.08	2.89	2.27	2.85	4.40	4.88	7.94	8.31	9.86	10.21	10.48	13.47	9.17	9.66	9.20
天津	1.16	1.75	2.56	2.87	2.86	4.55	5.58	6.65	10.50	13.30	12.60	8.75	8.30	4.04	9.26	7.25
河北	0.70	1.24	2.03	1.61	1.41	2.58	2.64	2.72	3.09	3.29	3.34	5.29	6.43	4.89	3.73	4.02
辽宁	-0.12	0.29	1.14	0.79	0.76	2.04	2.18	2.57	2.87	4.63	0.44	2.34	3.86	3.98	3.67	-0.93
上海	2.40	3.35	5.98	3.77	5.57	13.20	16.84	21.16	24.81	23.56	26.19	38.31	41.02	28.45	28.97	27.02
江苏	1.55	2.20	5.54	4.53	6.39	8.28	8.92	11.37	12.83	15.18	16.24	15.71	18.94	16.07	16.92	17.37
浙江	4.52	5.52	6.34	4.26	6.63	13.20	11.05	11.03	13.59	17.64	14.19	14.81	18.34	13.70	13.64	12.12
福建	1.82	2.81	4.10	3.94	3.88	6.50	7.34	8.86	10.71	11.34	13.22	13.96	18.28	12.05	12.41	10.91
山东	1.50	1.94	3.21	3.51	4.11	5.63	6.24	5.55	5.18	5.22	4.55	8.04	14.26	10.87	9.76	8.77
广东	2.70	3.48	6.66	4.06	6.15	8.78	8.33	10.28	15.00	20.61	19.84	20.54	26.40	19.31	21.64	17.95
海南	0.06	0.05	0.55	0.89	1.56	2.53	3.86	3.27	4.09	2.34	1.61	2.20	1.40	1.91	2.62	3.25
中部地区	0.32	0.83	1.67	1.41	1.78	2.71	3.45	3.68	4.21	4.72	4.17	4.49	6.61	6.49	6.53	6.49
山西	0.78	1.09	1.86	2.71	2.26	3.15	3.31	2.95	2.05	1.07	0.10	0.54	2.28	2.76	2.75	1.70
吉林	-0.69	0.01	0.82	0.08	0.40	1.06	0.87	1.94	1.74	6.11	4.60	4.77	3.69	4.19	-1.68	1.11
黑龙江	-0.20	0.02	0.22	0.39	0.47	0.57	0.57	0.26	0.10	-0.92	0.13	1.35	2.21	1.13	0.64	0.41
安徽	1.37	1.99	3.93	2.71	3.69	6.35	7.48	7.05	8.74	7.07	8.89	11.56	12.87	13.46	17.20	18.38
江西	0.50	1.61	1.77	1.46	2.52	3.76	5.58	6.14	5.45	8.05	6.95	6.40	10.22	12.13	11.68	11.40

续表

年份/地区	2005	2006	2007	2008	2009	2010	2011	2012	2013	2014	2015	2016	2017	2018	2019	2020
河南	0.52	0.93	2.12	1.70	1.50	1.58	1.71	1.50	1.81	1.64	0.48	0.72	4.49	2.06	1.79	0.75
湖北	0.00	0.49	1.22	1.09	1.69	2.71	3.81	5.68	7.69	9.31	10.23	8.77	9.09	9.56	12.32	8.42
湖南	0.25	0.48	1.39	1.10	1.74	2.53	4.31	3.90	6.13	5.41	1.98	1.83	8.02	6.59	7.53	9.73
西部地区	0.76	1.45	2.43	1.92	2.31	4.20	5.54	6.45	6.65	6.51	5.74	7.97	9.66	6.78	2.40	7.92
重庆	0.84	0.94	1.98	2.51	3.31	4.85	5.58	8.84	8.17	9.36	12.11	11.99	13.42	10.90	12.35	11.31
四川	1.03	1.21	1.93	1.91	3.43	4.82	7.30	9.49	8.76	9.66	9.85	11.85	11.38	10.54	12.72	14.02
贵州	0.59	0.69	1.71	2.52	2.61	5.34	6.82	10.33	12.75	15.84	20.03	18.47	26.54	24.48	33.54	35.20
云南	0.94	2.24	2.63	0.75	0.84	3.17	4.52	3.82	3.28	2.94	-0.97	2.22	6.57	4.74	6.04	4.49
西藏	0.55	0.66	2.69	-0.67	1.15	4.03	2.37	2.97	9.15	4.38	10.71	22.83	18.26	14.02	13.85	9.75
陕西	0.89	1.60	2.44	2.96	2.45	5.08	7.27	7.65	6.34	4.20	1.21	4.38	8.30	6.84	6.80	5.98
甘肃	0.32	1.22	2.71	1.86	1.59	2.01	3.00	3.51	3.01	3.26	-4.02	0.33	2.83	2.83	2.79	2.85
青海	2.70	6.32	8.33	5.79	5.51	8.05	9.03	5.28	5.06	5.76	0.30	4.90	0.12	-11.67	-73.24	3.39
宁夏	0.19	0.50	0.77	3.18	3.89	5.20	8.22	10.91	11.93	10.09	1.66	4.40	6.19	2.67	2.26	-2.33
新疆	0.12	0.40	0.78	0.63	1.00	1.52	3.21	5.72	5.56	5.89	4.98	8.34	10.92	5.58	4.20	2.12
广西	0.54	1.12	1.87	0.96	1.86	3.81	3.79	3.83	4.85	6.04	6.17	6.28	8.77	9.04	6.51	8.26
内蒙古	0.42	0.47	1.34	0.65	0.08	2.57	5.35	5.07	0.94	0.70	6.80	-0.29	2.64	1.44	0.99	0.02

表 1—14 2003—2020 年分省份国有企业人均税费分布情况

（单位：万元/人）

年份 地区	2003	2004	2005	2006	2007	2008	2009	2010	2011	2012	2013	2014	2015	2016	2017	2018	2019	2020
东部地区	2.74	3.46	2.30	2.70	3.39	3.89	4.18	5.23	5.72	5.93	6.50	8.82	8.11	9.02	9.93	10.79	11.02	10.45
北京	2.62	3.64	2.43	2.69	3.75	4.05	4.05	4.92	5.11	5.45	6.63	8.30	8.43	9.49	11.07	11.71	12.37	12.62
天津	1.44	2.12	1.48	1.99	2.57	3.38	3.09	3.74	4.65	5.37	7.31	13.69	9.39	10.78	10.74	11.04	10.83	11.93
河北	1.00	1.74	1.68	1.98	2.52	2.88	2.97	3.25	3.80	4.17	3.70	4.81	4.90	4.90	6.04	7.29	7.35	6.97
辽宁	0.64	0.80	1.18	1.44	2.77	2.20	2.43	2.82	3.50	3.74	4.27	7.81	5.53	5.61	7.22	9.74	8.87	3.44
上海	7.71	6.30	4.02	4.62	5.90	6.05	7.46	9.37	12.32	11.22	12.64	13.82	12.56	19.70	18.91	20.39	20.22	20.08
江苏	1.80	2.68	2.17	2.32	3.51	4.18	4.67	5.56	6.50	6.74	6.85	8.53	9.64	9.67	9.33	10.53	11.17	10.93
浙江	6.29	8.09	4.38	4.88	5.13	5.61	5.38	9.37	6.23	5.82	6.27	8.98	8.82	8.85	8.75	9.24	8.05	6.54
福建	2.48	3.15	2.09	2.61	3.04	3.31	3.77	4.65	5.45	6.13	6.30	8.19	7.81	9.26	9.78	9.76	14.28	14.22
山东	1.86	2.73	2.15	2.82	3.46	4.63	4.48	5.07	5.44	5.93	5.48	6.41	6.17	6.43	9.02	9.16	9.15	8.80
广东	4.63	5.83	3.09	3.76	3.67	5.25	6.15	6.53	7.11	7.24	8.50	12.17	12.31	11.84	15.06	15.60	14.48	15.20
海南	-0.32	0.95	0.59	0.61	1.00	1.28	1.51	2.25	2.85	3.46	3.59	4.27	3.62	2.65	3.32	4.18	4.48	4.20
中部地区	0.50	1.41	1.04	1.37	1.80	2.50	2.48	3.09	3.73	3.92	3.84	4.44	4.48	4.45	5.89	6.49	6.73	6.29
山西	1.10	1.81	1.55	2.05	2.69	3.86	4.47	5.29	6.70	6.62	5.35	5.05	4.19	4.14	6.78	7.44	8.19	7.09
吉林	-0.15	3.64	0.63	0.87	1.24	1.64	1.43	1.35	2.11	2.25	2.03	2.58	2.67	3.31	3.92	3.99	2.31	2.99
黑龙江	-0.01	-0.09	0.44	0.46	0.55	0.74	1.09	1.22	1.43	1.31	1.25	2.10	1.87	2.25	2.61	2.32	1.64	1.73
安徽	1.26	2.42	1.96	2.23	2.80	4.51	3.72	4.79	5.67	5.56	5.67	6.08	6.51	6.47	7.62	11.42	10.38	10.55
江西	0.53	1.06	0.84	1.23	1.68	2.15	2.20	3.50	4.24	4.78	4.63	6.59	6.69	5.94	7.75	8.35	10.68	9.26

续表

地区＼年份	2003	2004	2005	2006	2007	2008	2009	2010	2011	2012	2013	2014	2015	2016	2017	2018	2019	2020
河南	0.70	1.28	1.19	1.56	2.15	2.95	2.78	3.31	3.71	3.52	3.43	3.79	3.51	3.01	4.90	4.57	4.71	4.45
湖北	0.34	0.42	0.71	1.24	1.38	1.82	2.04	2.47	2.94	3.50	4.38	5.39	6.01	5.66	5.58	6.83	8.26	6.45
湖南	0.21	0.74	0.97	1.29	1.90	2.36	2.08	2.76	3.08	3.85	3.97	3.98	4.37	4.86	7.91	6.99	7.68	7.79
西部地区	0.86	1.39	1.25	1.66	2.17	2.78	2.88	3.79	4.72	5.19	5.42	6.10	6.65	6.81	7.68	8.83	9.24	9.02
重庆	1.43	1.62	1.33	1.55	1.86	2.40	2.89	3.47	4.06	4.45	4.64	5.63	8.03	9.10	8.65	9.31	8.40	8.11
四川	1.09	1.15	1.53	1.96	2.33	2.74	3.18	4.04	5.44	5.91	6.51	6.76	7.88	7.06	6.79	8.32	9.92	11.26
贵州	0.81	1.38	1.42	1.74	2.36	3.12	3.22	4.26	6.13	6.70	7.38	9.39	11.66	11.64	15.33	21.14	26.68	25.42
云南	0.94	1.60	1.30	1.86	2.42	3.16	2.86	3.46	4.38	4.62	4.50	6.28	6.71	6.65	7.36	7.43	7.21	7.70
西藏	0.86	1.82	1.35	1.58	2.09	2.53	2.76	2.99	3.01	3.38	5.04	4.91	6.89	9.78	11.62	10.54	9.83	7.18
陕西	0.80	1.39	1.28	2.20	2.95	5.15	6.24	8.66	9.93	11.08	10.16	11.38	10.94	9.58	12.07	13.17	14.19	12.25
甘肃	0.53	0.99	1.14	1.37	2.51	2.71	2.25	2.93	3.79	3.91	4.04	4.87	5.52	5.10	5.74	5.91	5.86	6.42
青海	1.27	2.93	2.02	2.84	4.00	4.67	4.24	5.47	5.88	5.76	5.67	5.01	5.24	4.66	5.89	7.17	5.44	8.44
宁夏	0.53	0.36	0.60	1.21	1.36	2.03	1.72	3.02	3.79	4.90	4.77	5.86	2.57	3.24	3.25	4.80	3.56	3.24
新疆	0.51	0.38	0.87	0.93	0.70	0.72	0.87	1.07	2.03	2.72	3.18	3.45	4.25	5.05	5.55	5.47	4.77	4.32
广西	0.99	1.65	1.16	1.54	1.90	2.12	2.28	3.44	4.15	3.99	4.59	6.52	6.58	7.29	7.71	8.58	9.60	8.96
内蒙古	0.53	1.42	0.95	1.19	1.57	1.98	2.04	2.72	4.12	4.82	4.51	3.18	3.53	2.64	2.18	4.10	5.43	4.93

其中,*GDP_Growth* 为衡量地区经济增长的被解释变量,具体计算公式为 *GDP_Growth*=(本年度地区生产总值－上年度地区生产总值)/上年度地区生产总值。*SOCD* 为解释变量,衡量地区国有资本布局变量,用国有资本总量作为替代变量,并用地区生产总值标准化处理。在此基础上,控制影响 *GDP* 增长的其他变量:地区固定资产投资总额 *INV*,用地区生产总值标准化处理。*GDP* 总量,采用对数处理。国有资产规模 *Size*,地区国有资产规模经生产总值标准化处理。国有企业从业人数 *Employee*,取对数处理。国有企业资产负债率 *Lev*、地区总负债/地区国有资产规模,同时,在模型中控制省份和年度变量。

(三)实证结果分析

表1-15 报告了国有资本布局与地区经济发展的回归结果。由列(1)可知,国有资本布局变量 *SOCD* 与地区经济发展变量 *GDP_Growth* 负相关,但未通过显著性检验,表明国有资本布局与地区经济发展的关系并非如已有研究发现,可能与国有企业改革历程有关,因而有必要进一步结合国有企业改革的时间特征来分析两者的关系。

以党的十八届三中全会召开时间作为新一轮国有企业改革的分界线,对比新一轮国有企业改革实施前(2004—2013 年)和实施后(2014—2017 年)国有资本布局对地区经济发展的影响差异。由列(2)和列(3)可知,在新一轮国有企业改革实施前(2004—2013 年),国有资本布局变量 *SOCD* 与地区经济发展变量 *GDP_Growth* 负相关,但未通过显著性检验。而在新一轮国有企业改革实施后(2014—2017 年),国有资本布局变量 *SOCD* 与地区经济发展变量 *GDP_Growth* 显著正相关,并在 10% 水平上通过显著性检验(β = 0.040,*T*=1.79)。这说明,国有资本布局的地区经济增长效应主要体现在新一轮国有企业改革实施后,在新一轮国有企业改革实施前国有资本布局优化并未实现经济增长效应。主要原因是,2004—2013 年采取的主要是以减数量为主的国有资本布局策略,并未结合国有企业的实际情况分类实施国有资本优化调

管资本背景下完善企业国有资产管理体制研究

整,导致国有资本质量并未提升。党的十八届三中全会提出了新一轮国有企业改革的新思路,强调对国有资本按照功能定位实施分类监管,强化建立以管资本为主的国有资产监管体系,自 2014 年以来国有资本更加注重专业化整合和核心主业优势,使国有企业聚焦主业和专业化运营,提高了国有资本的价值创造能力,因而,国有资本布局优化的地区经济增长效应在新一轮国有企业改革实施后更显著。这一结果表明,国有资产监管部门对国有资本布局的优化思路由量向质转变,从全面深化改革前的重数量、重规模到新时期重质量、重效益。

表 1-15　国有资本布局与地区经济发展的回归结果

变量	（1）全样本（2004—2017 年）	（2）新一轮国有企业改革实施前（2004—2013 年）	（3）新一轮国有企业改革实施后（2014—2017 年）
	GDP_Growth	GDP_Growth	GDP_Growth
SOCD	-0.018	-0.006	0.040*
	(-1.23)	(-0.23)	(1.79)
Lev	0.000	-0.000	0.001*
	(0.62)	(-0.40)	(1.70)
INV	0.144***	0.085**	0.042
	(3.98)	(2.63)	(0.47)
lnGDP	0.061**	0.122**	0.125**
	(2.64)	(2.13)	(2.05)
Size	0.009	0.010	-0.006
	(1.63)	(0.98)	(-1.54)
Employee	-0.111	-0.691**	-0.150
	(-0.85)	(-2.10)	(-0.75)
_cons	-0.599**	-0.901*	-1.235*
	(-2.40)	(-1.75)	(-2.00)
Year	Yes	Yes	Yes

续表

变量	（1）	（2）	（3）
	全样本 （2004—2017 年）	新一轮国有企业改革实施前（2004—2013 年）	新一轮国有企业改革实施后（2014—2017 年）
	GDP_Growth	*GDP_Growth*	*GDP_Growth*
Province	Yes	Yes	Yes
N	434	279	155
Adj_R²	0.817	0.750	0.702

注:括号中为稳健标准误差;*** 、** 、* 分别表示在 1%、5%、10%的水平下显著,并在省份层面聚类调整。

　　上述研究表明,国有资本对地方经济发展的促进效应仅存在于党的十八届三中全会全面深化国有企业改革之后。这说明,国有资本从以减数量为主的布局思路转变为以国有资本质量提升为核心的优化策略。因而,监管层应从顶层设计层面为推进国有资本布局优化提供制度保障和监管指导。国有资本布局优化是实现国有资本价值创造和提升国有资本核心竞争力的重要路径,在以管资本为核心主线的国有资产监管体系下,应按照功能定位对国有资本分类实施布局优化策略,强化对业务相同或具有关联性业务的国有企业的资源整合,通过优化国有资本布局减少国有资本间的无序竞争,提高国有资本竞争力,以实现国有资本保值增值目标。

　　同时,国有企业应建立国有资本布局优化动态整合机制,强化国有资本整合。作为国有资本布局优化实施主体的国有企业肩负着优化国有资本布局的重任,其能否实现国有资本整合很大程度上决定了国有资本布局优化能否实现财富价值创造效应,因而,国有企业应以优化国有资本资源配置为目标,建立国有资本布局优化动态反馈机制,通过并购资源整合,推动国有企业做强做优做大,增强国有企业的市场竞争力和风险抵抗能力。

　　国资委的成立对国有企业做强做优做大发挥了积极作用,解决了"九龙治水"局面下企业受多方共同监管而缺乏活力和负担沉重的问题,是 2003 年以来国有企业改革的"主要操盘手",其作为统一的国有资产出资人代表和监管机构,在推动国有经济布局和结构调整,促进企业国有资产保值增值,防止企业国有资产流失,完善法人治理结构,推进管理现代化等方面,确实功不可没。

然而,肯定国资委作为国有资产监管机构的功绩,支持其作为统一的国有资产监管机构地位,并非完全认可其过往"管人、管事、管资产"的职能定位。国有资产监管机构的职能定位,应契合不同阶段我国的经济状况、具体环境与发展目标,因势利导,对不同情况采取权变策略。应该看到,国资委成立以来"管资产与管人、管事相结合"的监管体制,能够集中力量落实国有企业改革措施,协调国有企业改革步调,在前一阶段迅速推动国有企业"治僵除困"。而在当下市场环境愈加健全和完善的条件下,推动其职能由"管资产"向"管资本"转变,则更加符合市场经济运行机制与国有企业改革目标。

第五节　国有资产监管机构职能定位的顶层设计与实施路径

一、国有资产监管机构职能定位设计框架

国有资产监管机构职能定位应当以管资本为主,考虑到当前实际,同时承担国务院赋予的其他部分职能。

对于管资本的职能,主要按公司法的要求,履行出资人职能,依法享有资本收益、重大决策和选聘经营管理者等权利。主要扮演好以下四个角色:

（一）国有资本战略布局与规划的主导者

结合党的十九大精神,国资委应理清政府和市场的关系,转变为国有资本

宏观战略布局和规划的主导者。

国资委应从国有企业具体经营事务中脱离出来,不应干预国有企业的生产经营。作为国有资本战略布局与规划的主导者,应以促进国民经济发展为出发点和落脚点,以提高国有经济的控制力、影响力和带动力为重点,从宏观层面加强统筹,调整优化国有资本布局,加大对中央企业投资的规划引导力度,加强对发展战略和规划的审核,制定并落实中央企业国有资本布局结构整体规划。

由于国资委不是纯粹的市场主体,因此,国资委作为国有资本战略布局与规划的主导者,应当重点放在非竞争类国有资本方面,而对竞争类国有资本,应当充分市场的功能,由负责设立的国有资本投资、运营公司进行管理。

（二）国有资本投资、运营公司的管理者

国资委未来负责国有资本投资、运营公司的组建,以管资本为主,运用市场机制,结合国内外有益经验建立健全董事会制度,形成科学合理的决策机制。

（三）国有资本经营预算的编制者

由国资委行使国有资本经营预算的编制权有利于进一步实现出资人职能与政府公共管理职能的分离,有利于政企分开、政资分开,推动国有企业现代企业制度的完善。

通过完善国有资本经营预算制度,建立与政府公共财政预算相独立的国有资本经营预算体制。而且,逐步提高国有资本收益上缴比例,合理分配和使用国有资本收益,统筹考虑国有资本收益再投资和民生的关系。

（四）国有资本安全的维护者

长期以来,部分国有企业内部管理混乱,因侵吞贪污、关联交易、利益输送、违规决策导致国有资产流失现象时有发生,这与此前以管企业为主的体制弊端有较大联系。从"以管企业为主"向"以管资本为主"转变,有利于各级国资委集中精力加强国有资本经营管理全链条监管、落实国有资本监管责任、建立健全监督长效机制,从而确保国有资本安全运营、严防国有资产流失。

除管资本外,国有资产监管机构承担国有资产统计、整合国有企业改革、企业经济运行监测、推动企业科技创新等职能,应进一步优化监管流程以提高监管效率。

二、国有资产监管机构职能定位实施路径

以管资本为主明确国有资产监管机构职能定位,要求明确国有资产监管机构明确依法履行出资人职责的定位,逐步剥离其他职能;分类组建国有资本投资、运营公司;明确对国有资本投资、运营公司的授权等。

(一)明确依法履行出资人职责的定位,逐步剥离其他职能

主要以放权为特征,强化管资本职能,建立明确的权力和责任清单,厘清监管边界,落实保值增值责任,精简监管事项,增强企业活力。对承担的安全生产、信访维稳、环境治理等社会公共管理职能,原则上要逐步移交相关政府部门。凡属于地方国有资产法规起草、国家所有权政策拟定、国有资本布局调整、国有资本目标确定等推进企业改革方面的职责,由政府、人大作为实际决策者,国资委的定位应作为牵头组织者、参与方或具体方案起草者。

(二)分类组建国有资本投资、运营公司

国有资本投资、运营公司可通过国有资本布局结构调整、国有企业整合重组组建。国有资产监管机构按照分类授权模式、分类授权组建、适当授权幅度和层次组建国有资本投资、运营公司。对国务院国资委而言,考虑到其直接监管的企业未来计划减至30—50家。从目前来看,相对于直接新设和吸收合并进行国有企业兼并重组,国务院国资委可以依托直接监管的国有集团公司,分

行业、分领域组建 30 家左右的国有资本投资、运营公司来控股旗下的 98 家国有企业集团,然后通过国有资本投资、运营公司逐步进行整合重组。这样既可以使国务院国资委保留恰当的监管幅度,也可以实现国有资本投资、运营公司的市场化专业化经营。此外,对公益类企业采用两层架构,对商业类国有企业采用至少三层架构。

(三)明确对国有资本投资、运营公司的授权

明确对国有资本投资、运营公司授权的内容、范围和方式,依据法律法规和公司章程对国有资本投资、运营公司进行监督和管理,对战略规划、产权代表选派考核、预算决算、利润分配、改革重组等事项行使股东职责,承担监督投资、运营公司国有资本保值增值的责任。对竞争类的国有资本投资、运营公司,应赋予其完全市场主体地位,与其他主体同等参与竞争。

第二章 国有资本授权经营 体制改革研究

国有资本授权经营体制改革是管资本背景下完善企业国有资产管理体制的关键环节。我国企业国有资产规模庞大且格局复杂,在中央和地方均存在数量众多的国有资产和国有企业。作为出资人代表的国有资产监管机构难以直接监管所有国有资产和国有企业,因此,有必要做好国有资本分级授权管理改革。这一改革的核心是分类选择国有资本授权经营模式,分类组建国有资本投资、运营公司,构建控股幅度和控股层级适度的国有资本授权经营链条。

第一节 国有资本授权经营体制 改革的历史演进

自新中国成立来,我国一直尝试探索有效的国有资产经营模式。1978 年党的十一届三中全会明确指出要充分给予企业自主经营权,同时指出权力过于集中是影响经济管理体制的严重障碍,建议权力下放,让地方、工农业企业在国家统一计划指导下拥有更多的经营管理自主权,精简各级经济行政机构,将大部分职权直接转交给企业性的专业公司或联合公司。然而,直到 1989 年东风汽车集团公司提出"国有资产授权经营"概念,国有资产授权经营改革才

正式拉开序幕。按照改革内容,我国国有资本授权经营体制改革主要分为以下三个阶段:

一、探索起步阶段(1991—2002 年)

"国有资产授权经营"概念最早始于东风汽车集团公司的集团发展实践,主要是基于汽车工业发展规模经济必须走经营联合和资产联合道路这一背景,于 1989 年正式向国家国有资产管理局提出。

1991 年 1 月,全国第一次国有资产管理工作会议初步决定将东风汽车集团、东方电气集团、中国重型汽车集团和重型机械集团四大集团作为我国首批国有资产授权经营试点单位,并于当年 12 月确定一批大型企业集团分期分批进行试点。

1992 年 9 月,国家国有资产管理局、国家计委、国家体改委和国务院经贸办联合下发的《国家试点企业集团国有资产授权经营的实施办法(试行)》将授权经营定义为:国有资产授权经营是指由国有资产管理部门将企业集团中紧密层企业的国有资产统一授权给核心企业经营和管理,建立核心企业与紧密层企业之间的产权纽带,增强集团凝聚力,使紧密层企业成为核心企业的全资子公司或控股子公司,发挥整体优势。1993 年,为强化国有企业集团的资产联结纽带,东风集团、重汽集团等八家集团开始国有资产授权经营的试点工作。当年 12 月,上海选择纺织、仪电和电气行业作为改革试点,分别成立上海市纺织国有资产经营管理公司、上海仪电国有资产经营管理总公司及上海电气(集团)总公司。

由于此时大多数试点企业以国有大型企业为核心组建,试点企业集团面临繁重的改制任务,通过投资新建或购买企业,使其成为子公司的能力相对有限。比较可行的办法是将部分国有企业资产划归核心企业,委托核心企业经营这些企业的国有资产,从而建立起资产纽带,形成母子公司体制。

二、深入推进阶段(2003—2012 年)

随着改革的深入推进,国有企业政企不分、政资不分的问题逐渐凸显,多部门管理("九龙治水")却无人负责,国家所有权虚置、分散,内部人控制严重。监管层意识到将政府的资产所有者职能与一般的经济社会管理职能分开的重要性。此时出现国有资产授权经营的另一种形式——国有资产经营公司。

2003 年党的十六大会议,中央决定改革国有资产管理体制,成立国资委,由其专门履行出资人义务。2003 年 5 月,国务院颁布《企业国有资产监督管理暂行条例》并明确规定:国有资产监督管理机构可以对所出资企业中具备条件的国有独资企业、国有独资公司进行国有资产授权经营。被授权的国有独资企业、国有独资公司对其全资、控股、参股企业中国家投资形成的国有资产依法进行经营、管理和监督。

2005 年 10 月,第十届全国人民代表大会常务委员会第十八次会议第三次修订通过《公司法》,规定国务院或者地方人民政府授权本级人民政府国有资产监督管理机构履行出资人职责,明确了国有资产授权经营在法律法规层面的具体规定。

2008 年 10 月,第十一届全国人民代表大会常务委员会第五次会议通过《企业国有资产法》,正式从法律层面定位国资委为企业国有资产的出资人代表,认可其作为出资人代表的法律主体身份。

三、全面深化阶段(2013 年至今)

与其他类型经济体相比,国有企业缺乏活力,表现为市场竞争力不足。党的十八届三中全会以来,国有企业开始进入全面深化改革阶段。2013 年,《中共中央关于全面深化改革若干重大问题的决定》提出改革国有资本授权体制,组建国有资本投资、运营公司设想,《国务院关于改革和完善国有资产管理体制的若干意见》将国有资本投资运营公司作为国有资本授权经营体制改革的重要操作载体,对授权范围内的国有资本履行出资人职责,依法自主开展国有资本运作。从管资产到管资本,虽然表述只有一字之差,但将给现行的监管模式、监管内容、监管方式、监管手段带来重大变化,同时也为提高国有资产监管的针对性和有效性创造了更加有利的条件。

2013 年 12 月,国务院国资委提出从五个方面完善国有资产管理体制:第一,积极探索"以管资本为主加强国有资产监管"的新模式和新方法;第二,抓紧研究组建或改组国有资本投资运营公司;第三,准确界定不同国有企业功能,进一步增强国有资产监管的针对性和有效性;第四,完善国有资本经营预算制度,提高国有资本收益上缴比例;第五,推进国有资本优化配置,使国有资本更好地服务国家发展战略。

2015 年 11 月,《国务院关于改革和完善国有资产管理体制的若干意见》明确了国有资产监管机构与国有资本投资、运营公司关系。政府授权国有资产监管机构依法对国有资本投资、运营公司履行出资人职责。

2017 年 10 月,党的十九大明确提出改革国有资本授权经营体制,认为要进一步发挥国有企业的活力和市场竞争力,必须进一步深化以政企分开为核心的相关改革,进一步推动相关政府部门与企业的"脱钩"。从"国有资产授权经营"到"国有资本授权经营",授权范围从经营权、法人财产权到股东权利(出资人权利)的转变。授权经营的概念和内涵发生较大变化,体现了授权对象从"国有资产"到"国有资本"的转变,开启了以"管资本"为主的国有资产管理体制改革新阶段。

2018 年 7 月,《国务院关于推进国有资本投资、运营公司改革试点的实施意见》明确国有资本投资公司、运营公司两类公司的功能定位、组建方式、授权机制、治理结构、运行模式等,表明这项改革将加速拓展。

从上述我国国有资本授权经营体制改革的历史演进可以看出,我国逐渐实现了从政府直接管理企业到成立出资人代表特设机构以及政府授权国有资产经营公司经营的转变。但在改革过程中也暴露出一些亟待解决的问题,如国资委是否应该将监管者与出资人的职能集于一身;不同层级国有资本授权经营企业的权、责、利界定并不清晰;选择什么样的国有资本授权经营模式;国有资本投资、运营公司如何组建、组织与管理等问题。

第二节　国有资本授权经营体制改革的理论研究

国有资本授权经营体制改革是全面深化改革的重要组成部分。改革的目标在于打破国有资产管理部门既是企业出资人,又是社会监管者的双重身份,以政企分开为原则,通过构建"国有资产管理机构—国有资本投资/运营公司—混合所有制企业"三层级管理体制,最终实现国有资本投资、运营公司代表政府行使经营权与决策权。

一、国有资本授权经营的内涵

学术界关于国有资本授权经营的内涵有狭义和广义之分。从狭义范围看,国有资本授权经营体制改革始于 1992 年国家体改委等部门联合发布的《关于国家试点企业集团国有资产授权经营的实施办法(试行)》,办法将授权经营定义为政府授予集团公司对非产权关系的成员企业的持股权,从而将两者确立为母子公司产权关系。集团公司依据产权关系成为授权范围内企业的出资人,依法统一行使法人职能并对国有资产保值、增值负责。从产权规则看,集团企业被授予的是产权(股权),即集团公司持股的企业范围,不含集团公司依法取得的法人财产权;从法理上看,授权经营的范围是授权集团公司持有的成员企业,并非企业的经营权(李锦,2017)。顾功耘和罗培新(2005)基于法学视角认为,国有资产授权经营制度是指把国有资本出资人权能由国家调整为国有资产授权经营公司,由其代表国家行使国有资本所有者权能而形成的权利和义务的规范的总称(袁碧华,2022)。

从广义范围看,国有资本授权经营不单是指国家对国有企业集团公司的授权,还包括集团企业对其下属公司的授权。谢志华(2016)从企业经营权与所有权的两权五层次分离视角出发,将终级所有者的财产授权经营分为两方面:授权资本经营和授权资产经营。资本经营者需要通过对外投资对资产经营者进行授权,资产经营者也可以通过对外投资进而对下一个资产经营者进行授权,由此形成了授权经营体系。这一授权经营体系的链条无论多长(从国际经验来看,多由母公司、子公司、孙公司、分公司组成),只是包含了对资本经营者和资产经营者的两种基本授权。资本经营者相对于终极所有者是授权经营的主体,资产经营者相对于终极所有者或者资本经营者也是授权经营的主体。杨鹏志等(2017)将授权经营分为三个层次:全体国民对国有资产管理机构的授权经营,国有资产管理机构对企业集团、大型企业、国有控股公司或国有资产经营公司的授权经营,以及国有企业集团对其下属企业的授权经营。李有华等(2018)将国有资本授权经营视为国有资本授权委托链条,将其分为两个层级:第一层为"国资委——投运公司",第二层为"投运公司——经营性国有企业"。

二、开展国有资本授权经营的动因

郑海航等(2010)认为,国有资产管理体制包括宏观和微观两个方面,并对国有资产管理体制的总体框架进行了讨论。国资委是国有资产监督管理机构,学者对国资委的职能问题意见不一。一方面,王俊敏等(2012)利用中国上市公司数据分析得出国资委的成立提高了国有企业的经营绩效,国资委将监管者和出资人的职能集于一身有利于提升其对国有资本进行布局的能力(刘灿雷等,2020)。刘纪鹏和黄习文(2014)认为,若剥离国资委的所有者职能将会割裂统一监管的职能,淡化国资委对国有资本进行布局规划的能力。

但是,多数学者的观点与上述不同。罗培新(2005)通过对现实背景及相关文件的梳理,发现国有资本授权经营体制面临诸多问题亟待改革:政府与国资部门人事重合,国资管理体制目标是多重的,难以分离;授权经营法律规定粗疏,在理论层面也尚未取得共识;授权经营公司脱胎于行业主管部门,定位模糊且资本营运效率低等问题突出。部分学者认为,若政府无法抉择是应该最大化企业经济效益还是维护利益,国有资产管理部门的职责则缺少明确划分,管理国有企业时面临困境。因此,国有资产管理者不应追求多重目标的实现(Chiu 和 Lewis,2007;Sam,2013),国有资产管理部门身兼出资人和社会监管者的双重身份会造成混乱(Chan,2009),两者职能很难兼顾,在一定程度上容易既出现干预企业正常经营的现象,又会出现国有资产统一监管主体缺失问题,由此导致由谁监管各级国资委的问题(季晓南,2014)。世界银行和国务院发展研究中心联合课题组(2013)建议,国资委应该主要负责政策的制定与监管,国有资产的具体操作由国有资产管理公司实现,并且国有资产管理公司必须有明确的授权范围,应独立、专业地进行资产管理,并接受经营业绩考核。国家作为终极出资人,不能直接从事资产经营和资本经营(谢志华,2014)。荣兆梓(2012)认为,国资委的双重身份导致了竞争领域政企分开不到位与垄断领域政府规制不到位的矛盾。郭春丽(2014)认为,应将国资委改组为专门进行国有资本监管的独立机构,令其专司监管专业性的国有资产投资运营公司。王胜利(2014)也认为,国资委难以通过行政手段对国有企业进行统一的管理,要想在国资委和国有实体企业之间有效地实现监管权和经营权的分开,需要开展国有资本授权经营,在国资委和国有企业之间组建若干国有资本投资公司和国有资本运营公司。季晓南(2014)认为,国资委集管资产与管人、管事于一身,不能解决所有权与经营权分离的问题,实质反映的是国有资本授权经营体制设计不够合理,虽然各级国资委的组建明确了国有资产出资人机构,但国有资产出资人机构与国有企业之间如何授权的问题凸显,在一定程度上影响了国有企业的活力和竞争力。各级国资委无法真正成为以追求营利和股东利益最大化为目标的承担民事责任的经济组织,导致政企不分;

国资委只能以监管国有企业为工作重点来实现国有资产保值增值的目的,导致政资不分(郑志刚和刘兰欣,2022)。

此外,开展国有资本授权经营有诸多益处。郑海航等(2010)认为,改革国有资本授权经营体制,国资委授权专门的国有资本运营机构,一方面利用社会分工和专业化优势,另一方面增加管理层级,可以降低管理幅度,提高管理效率。许宏才(2018)认为,国有资本授权经营改革有助于确立企业市场化主体地位,有利于企业自主经营、提升效益和效率。国资委作为政府机构应做好监督工作,把国有资产委托或授权给特设公司及信托投资公司等进行经营(顾功耘,2005)。李端生和宋璐(2020)、肖土盛和孙瑞琦(2021)证实国有资本投资运营公司改革有助于提高公司绩效,但中央企业和地方国有企业的改革效果存在差异。国有资本授权经营体制有待通过深化改革,以国有资产改革带动国有企业改革,优化体制设计。当前国有企业改革的重要着力点是完善授权经营制度,完善授权经营制度是完善企业法人治理结构的应有之义,是保证所有权与经营权分开落实到位,实现制度设计目标的关键(李锦,2018)。因此,政府在制定授权经营体制时既要为提高国有企业的收益和效率创造宽松的条件,又要确保国有企业实现政府的目标(许宏才,2018)。

三、国有资本授权经营改革研究剖析

在中国情境下,讨论国有企业的监管运营,需要明确国资委是否应该将监管者与出资人的职能集于一身的问题。虽然刘纪鹏(2014)提出,国资委将监管者和出资人的职能集于一身的理论依据,但是部分学者对此观点进行了反驳,认为应该将国资委改组为专门进行国有资本监管的独立机构(Chiu 和Lewis,2007;Cheng,2008;Chan,2009;Sam,2013;荣兆梓,2012;郭春丽,2014)。基于此,后续研究大多提出了国资委改组为专门进行国有资本监管独立机构的理论框架,却对国有资本授权经营机构的具体构建措施等方面的讨论较少涉及。已有关于如何开展国有资本授权经营体制改革的文献,基本都是通过理论分析,给出相应的改革建议,缺乏数据分析、经验研究。

　　基于管资本背景下国有资本授权经营体制设计的迫切性和重要性,本书根据中国情境下国有资本管理模式的特点,区分国有企业功能实施不同的企业国有资产管理体制,对商业类国有企业提出了"国资管理机构—国有资本投资/运营公司—国有企业"的至少三层级管理体制,对公益类国有企业提出了"国资管理机构—国有企业"的至少两层级管理体制。在三层级管理体制中,本书认为国有资本授权经营体制改革实施路径主要包括国有资本授权经营方式选择,国有资本投资运营公司的组建,国有企业的划入,国有资本投资运营公司的治理机制建设与管理机构设置,于国有资本投资运营公司的监督等方面。将国有资本授权经营体制的讨论从理论层面深化到实践层面,依据中国的实际国情,提出国有资本投资/运营公司设计构建的具体路径,不仅有利于实现国资委出资人职能与监管职能的分离,解决一直存在的政府"缺位"与"越位"问题,而且有利于深化国有企业经营体制改革,提升国有企业的经营效率和市场竞争力(张宁和才国伟,2021;张训常等,2021)。

第三节　国有资本授权经营体制
改革的实践探索

一、中央层面国有资本授权经营体制改革探索

　　从国有资产授权经营到国有资本授权经营,党的十八届三中全会以来,中共中央、国务院以及国资委一直在改革国有资本授权经营体制的道路上探索前行。

　　一方面,不断改革组建国有资本投资运营公司试点。2014 年 7 月,国资委先行在国家开发投资公司和中粮集团有限公司两家中央企业中启动试点工作,两家公司进行了积极探索,通过充分授权、部分授权、优化管理使子公司成

为真正的独立市场主体;通过子公司董事会发挥资本纽带作用;通过压缩管理层级、优化职能部门、调整人员进行瘦身健体。2016年以来,试点公司在2家的基础上增加到10家,通过重塑发展战略、调整资本结构、优化管控模式提高资源配置效率。到2018年12月,96家中央企业,有21家进入试点,可以看出国资委组建一批国有资本运营公司的目的已经明确。

另一方面,国资委对试点央企的授权力度很大程度上决定着试点的成效。近年来,国资委以"出资人代表"身份,以"管资本"为主推进职能转变,不断精简监管事项。如2014年,向中粮集团、国家开发投资集团下放18项职权,统筹推进落实董事会职权、混改等各项举措。

二、地方层面国有资本授权经营体制改革探索

在中央的指令号召下,各地方政府及国资委不断推进对有资本授权经营体制改革,相继有地方省(自治区、直辖市)出台相关政策文件,各地方国资委在改组、设立国有资本投资运营公司的行动上也积极推进。

通过梳理我们发现,上海市通过纵向整合和横向重组,改组了上海国际集团、上海国盛集团,赋予其国有资本运营平台形成独特的上海模式。重庆市立足国有企业实际,坚持问题导向,强化督查指导,先后出台相应的配套文件和政策,截至2018年9月底,与改革试点前比较,重庆市市属国有资本投资、运营公司合并报表资产总额8682亿元、增长2.3%,净资产3069亿元、增长6%;资产负债率63.5%、下降2.4个百分点。党的十八届三中全会后,山东省启动国资改革,陆续制定两个层面八项制度,启动了鲁信集团、山东国投2家企业改建投资运营工作,后续又将兖矿集团、山东能源、山东高速、山东黄金、鲁花集团等企业列入改建企业,通过改造、重组、新组建或划入的方式不断推进国有资本授权经营体制改革。2015年起,河北、北京、海南、广西、四川、福建等各地方国资委,为深化改革国有资本授权经营体制,均开展改组、新设国有资本投资运营公司工作。部分地方还采取股权控制权划拨方式,如辽宁省国资

委将省国资委持有的辽宁成大集团 100% 的国有股权无偿划转至辽宁省国有资产经营公司持有,广州市的珠啤集团 100% 国有股权被划转入广州国资发展控股有限公司。

根据调研,山西省国资委在国有资本授权经营体制改革方面的力度较大和特色明显。山西省在国有企业国有资产改革过程中,结合供给侧结构性改革以及煤炭产业转型升级,按照国务院国资委两类公司试点要求,曾将山西焦煤集团列为改组国有资本投资公司的试点,实现授权经营。但在试点过程中发现,山西焦煤集团作为国有资本投资公司,仅能在内部做局部调整,山西省类似山西焦煤集团的煤炭企业有 6 家,仅靠山西焦煤集团一家资本投资公司不足以实现山西全省国有资本的"进退流转保"。山西省政府认为,推动山西省国有资本的战略性调整,需在省级层面成立国有资本投资运营公司。山西省国资委按照省政府的安排部署,于 2017 年 7 月成立了国有资本投资运营公司。

1. 山西省国有资本投资运营有限公司组建情况

(1)目标定位。通过组建资本投资运营公司,打造国有资本市场化、专业化投资运作平台,实现省委、省政府国有资本布局结构调整战略意图。资本投资运营公司是省政府出资设立的省属国有企业。通过国有资本的"进退流转保",提高国有资本配置效率,促进山西省经济转型发展。公司只负责资本运营,不负责具体经营。

(2)组建方式。注册资本,资本投资运营公司注册资本 500 亿元,前期注入晋商信用增进投资股份有限公司国有股权 40 亿元,随后注入山西省国资委持有的监管企业的国有股权。公司运营中实现的资本增值和资本处置的收益,优先用于补充资本金。

经营范围,资本投资运营公司根据授权,对国有资本进行市场化、专业化的投资、运营和管理,开展并购重组、资产管理、股权投资、市值管理等业务;适度开展融资、担保、非权益性和固收类投资、研究咨询、财富管理、财务顾问等其他业务;根据山西省委、省政府安排,落实重大经济决策和其他工作。

领导班子,资本投资运营公司党委隶属于山西省国资委党委。党委书记、董事长、总经理由山西省委任命,副总经理由国资委任命。经营班子由董事长按市场化原则选聘和管理。

2.山西省国有资本投资运营有限公司发展思路

资本投资运营公司的发展思路是,围绕山西省委、省政府发展山西省经济的决策部署,在山西省国资委领导下,以资本运作和金融工具创新为主要手段,运用市场化方式,推动产业集聚发展和转型升级,促进国有资本合理流动和优化配置,实现国有资本的"进退流转保"。

3.山西省国有资本投资运营有限公司管理体制

(1)山西省国资委根据《公司法》和山西省委、省政府《关于深化国企国资改革的指导意见》有关要求,将股东会职权授予投资运营公司行使。

(2)资本投资运营公司根据授权开展工作。对涉及省级层面的国有资本布局调整等重大事项,按照市场化、专业化原则,先行开展前期调研,提出初步方案和项目建议书,报山西省国资委审议,由山西省国资委报山西省政府批准后组织实施。

(3)所出资企业,依据《公司法》《公司章程》等相关规定独立运行,市场化自主经营发展。

4.山西省国有资本投资运营有限公司事权划分

2017年11月22日,山西省国资委采取"授权+机制(重大事项报告制度)+动态调整"的模式,授予投资运营公司10项权利:(1)决定公司的发展战略、经营方针和年度投资计划;(2)决定公司的年度财务预算方案、决算方案;(3)按规定试行市场化选聘公司经理层成员;(4)对市场化选聘的公司经理层成员进行业绩考核;(5)对市场化选聘的公司经理层成员薪酬进行管理;(6)决定转让公司财产(其中:转让所持企业产权、股份事项,依照国家规定执行);(7)决定公司除发行公司债券外的融资计划;(8)监测所出资企业资本运营质量及财务状况,通过统计、稽核等方式,对所出资企业国有资产的保值增值情况进行监管,监测结果报山西省国资委备案;(9)对所出资企业投资计划、发行债券、重大融资、担保事项履行股东职责;(10)制定山西省级层面国有资本运作和布局建议方案。

前7项权利是根据《公司法》规定,投资运营公司不设股东会,由山西省国资委代表山西省政府依法履行股东会职权。山西省国资委将股东会的部分职权授予投资运营公司行使。这7项权利特指国有资产投资运营公司本部和所属公司,不包括所出资企业(山西省属企业)。后3项是授权资本投资运营公司对所出资企业(山西省属企业)履行相应职责。

在充分授权的同时,山西省国资委建立重大事项报告制度,要求资本投资运营公司:一是按季度报告所出资企业有关国有资产总量、结构、变动、收益、投资和重大项目等汇总分析情况;二是对涉及山西省级层面国有资本运作和布局结构调整,所出资的国有合资和控股公司合并、分立、增加或减少注册资本、利润分配以及解散、申请破产等重大事项,提出建议议案,报山西省国资委审议,由山西省国资委报山西省政府批准后实施;三是将国有资本投资运营公司的薪酬方案、股权激励计划、长效奖励计划报山西省国资委备案。

山西省国有资本投资运营公司作为山西省在深化国有企业改革实践的产物,此项工作处于探索阶段,在授权文化中还明确"未尽事宜,在运行中适时补充",即在运行中,山西省国资委将根据国家法律法规,结合运行情况,将继续对授权事项适时予以调整和优化,使其更好地发挥好市场化专业化的平台作用。

地方国有资本授权经营体制改革相关政策文件详见表2-1。

表2-1　地方国有资本授权经营体制改革相关政策文件

时间	政策文件名称
1997年3月	《上海市国有资产授权经营公司管理暂行办法》

续表

时间	政策文件名称
2007 年 10 月	《江西省国资委进一步深化国有企业改革和发展实施办法》
2014 年 6 月	《中共山东省委、山东省人民政府关于深化省属国有企业改革完善国有资产管理体制的意见》
2015 年 12 月	《河北省人民政府关于改革和完善全省国有资产管理体制的实施意见》
2016 年 1 月	《广东省人民政府转发国务院关于改革和完善国有资产管理体制若干意见的通知》
2016 年 2 月	《中共青岛市委青岛市人民政府关于深化国有企业改革的意见》
2016 年 3 月	《吉林省人民政府关于改革和完善国有资产管理体制的实施意见》
2016 年 3 月	《中共福建省委、福建省人民政府关于深化国有企业改革的实施意见》
2016 年 5 月	《青海省人民政府关于青海省改革完善国有资产管理体制的意见》
2017 年 1 月	《北京市人民政府关于改革和完善国有资产管理体制的实施意见》
2017 年 4 月	《关于广西投资集团改组为国有资本投资公司工作方案的通知》
2017 年 9 月	《海南省省属国有资本投资运营公司授权经营暂行办法》
2017 年 12 月	《四川省人民政府关于改革和完善国有资产管理体制的实施意见》
2018 年 12 月	《广西推进国有资本投资、运营公司改革试点实施方案》

三、国有资本授权经营体制改革的经验及其面临的问题

通过对国有资产国有企业改革方案的整理,可以归纳出以下几点。

一是除了中央国有企业改革试点外,地方国有资产投资、运营平台布局正在提速。截至 2019 年 1 月,国资委提供的数据显示,各地方国资委已改组组建 128 家投资、运营公司。

二是地方政府对"两类公司"的改革也探索出具有代表性的模式。其中比较有代表性的是重庆模式、上海模式、山东模式。灵活运用资本运作手段、引入基金参与国有资产国有企业改革、创新运营公司持股管理模式等,为我国国有资本授权经营体制改革的下一步提供了经验借鉴。

三是国有资本授权经营体制改革仍然面临诸多难题。中央国有企业和地

方国有企业在管理体制、公司数量、企业规模等方面均存在一定的差异,需要思考怎样构建适合不同层级企业的国有资本授权经营体制。怎样确认投资、运营公司的战略定位? 已有的改革经验模式不能够确定其实际效果,方式手段具有局限性,在尚未确定授权范围、授权方式的情况下,是否具有被授权的胜任能力? 国有资本投资、运营公司的数量、授权经营的幅度和层次?

四是投资运营公司关联交易、股东连带责任、经营者集中反垄断审查等方面问题和风险。例如,如果投资运营公司同时控股同一板块内的所有公司,关联交易是否能够豁免披露? 股东连带责任对整个集团风险防控的影响如何? 是否会引发经营者集中反垄断审查问题,都有待进一步探讨。

第四节　国有资本授权经营体制
改革的效果分析

本部分首先展示国有资本投资/运营公司的设立情况、国有资本授权控制层级以及国有资本授权控制幅度的描述性统计结果,然后从代理成本视角检验国有资本授权经营体制改革的效果。

一、现状分析

关于国有资本投资/运营公司,通过手工收集整理央企和省属企业改组或设立国有资本投资/运营公司的情况。在此基础上,分析国有资本授权控制层级、控制幅度。控制层级是指上市公司(最低层级)到实际控制人(最高层级)的层级数,并分别选用最长控制层级数(Cll)、最短控制层级数(Cls)来测度国有资本授权控制层级。控制幅度是指以国有企业控股的法人户数(CR)以及直接控股子公司占子公司总数量的比例(DCR)来测度国有资本授权控制幅度。其中,对法人户数进行对数处理。

考虑数据的可得性,以2007—2018年A股国有上市公司为研究样本,并剔除以下样本：(1)金融业企业；(2)ST、*ST、PT 类企业；(3)资不抵债的企业；(4)相关数据缺失的企业。

控制层级根据年报中所披露公司与实际控制人之间的产权及控制关系的方框图手工整理而成,控制幅度根据年报中所披露的"财务报告—在其他主体中的权益—在子公司的权益—企业集团的构成"手工整理而成。为了消除极端值的影响,对连续变量分年度进行了 1% 以及 99% 的缩尾处理。

表 2-2 报告了 2007—2018 年我国国有资本投资运营公司的设立情况。由表 2-2 可知,国有资本授权经营公司数量从 2007 年的 14 家增加到 2018 年的 144 家。而且,国有资本投资运营公司的组建和设立在 2013 年之后明显提速,这与我国国有资本授权经营体制改革步入全面深化改革阶段直接相关。为更好地揭示国有资本授权经营公司设立情况,绘制了增加设立投资公司、运营公司、投资运营公司的年度走势图。图 2-1 绘制了上述走势图。图 2-1 显示,我国国有资本投资、运营公司的设立在 2013—2018 年开始明显提速,这也与我国经济体制改革大背景直接相关。国有资本投资运营公司设立情况详见中央和地方国有资本投资运营公司设立情况。

表 2-2　2007—2018 年我国国有资本投资运营公司数量统计

（单位：家）

年份	2007	2008	2009	2010	2011	2012	2013	2014	2015	2016	2017	2018
投资运营公司总数	14	15	16	17	21	24	26	38	53	88	116	144
增加设立投资运营公司数	2	1	1	1	4	3	2	12	15	35	28	28

表 2-3 报告了 2007—2018 年控制层级分年度描述性统计。其中,表 A 报告了以最长链条的数量来衡量控制层级分年度描述性统计；表 B 报告了以最短链条的数量来衡量控制层级分年度描述性统计。由表 A 可知,整体来看,从 2007—2018 年最长的层级数呈下降的趋势,但下降的幅度并不太。由

（单位：家）

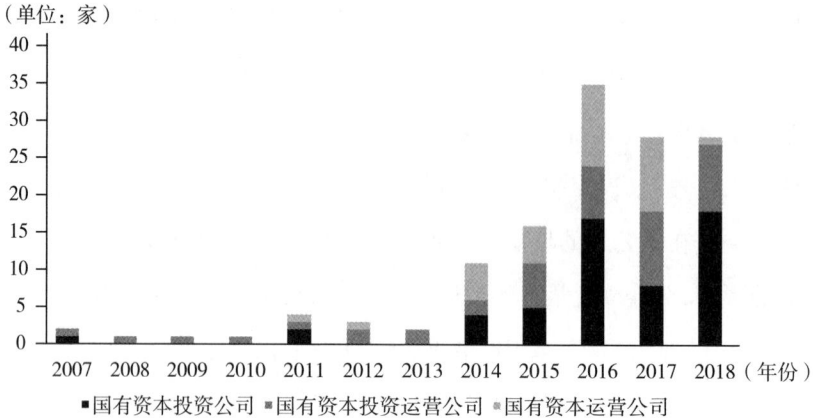

图 2-1　2007—2018 年设立国有资本投资运营公司的年度走势图

表 B 可知，整体来看，从 2007—2018 年最短的层级数呈下降的趋势，且基本保持逐年下降趋势。2007—2018 年，从综合表 A 和表 B 来看，国有上市企业在一定程度上完成了管理层级压缩任务，实现了"瘦身健体"的目的。为更好地揭示国有企业管理层级压缩情况，绘制了 Cll 和 Cls 年度走势图。图 2-2 绘制了上述走势图。图 2-2 所显示的结论与上述分析基本一致。

表 2-3　2007—2018 年控制层级分年度描述性统计

表 A：关于最长控制层级（Cll）						
年份	变量名	样本数	均值	标准误差	最小值	最大值
2007	Cll	543	2.462	0.949	1	8
2008	Cll	569	2.521	0.978	1	9
2009	Cll	587	2.528	1.014	1	9
2010	Cll	586	2.472	1.074	1	9
2011	Cll	588	2.460	1.108	1	9
2012	Cll	583	2.455	1.137	1	9
2013	Cll	643	2.334	1.144	1	9
2014	Cll	641	2.356	1.213	1	9
2015	Cll	639	2.332	1.239	1	12
2016	Cll	643	2.339	1.273	0	12
2017	Cll	640	2.330	1.297	0	12
2018	Cll	639	2.337	1.347	0	14

续表

表 B:关于最短控制层级(Cls)						
年份	变量名	样本数	均值	标准误差	最小值	最大值
2007	Cls	543	2.272	0.834	1	8
2008	Cls	569	2.318	0.837	1	8
2009	Cls	587	2.307	0.887	1	8
2010	Cls	586	2.207	0.920	1	8
2011	Cls	588	2.168	0.963	1	8
2012	Cls	583	2.127	0.971	1	8
2013	Cls	643	2.011	0.959	1	8
2014	Cls	641	1.966	0.968	1	9
2015	Cls	639	1.914	1.001	1	12
2016	Cls	643	1.889	1.027	0	12
2017	Cls	640	1.856	1.047	0	12
2018	Cls	639	1.860	1.016	0	10

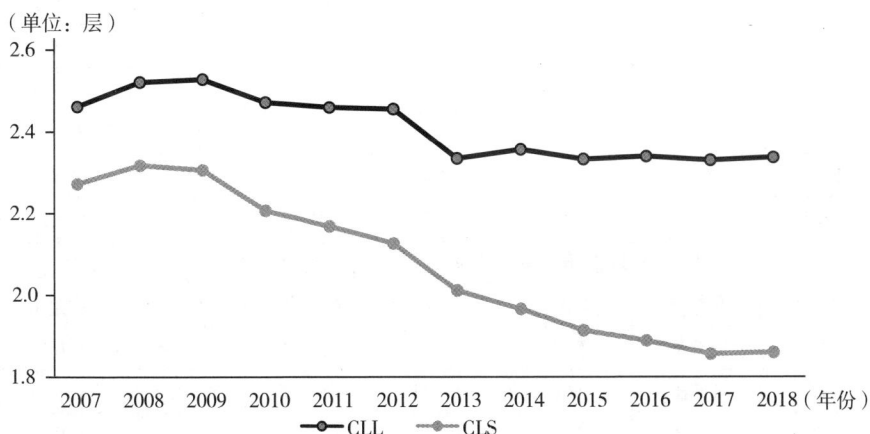

图 2-2　2007—2018 年控制层级年度走势图

表 2-4 报告了 2007—2018 年控制幅度分年度描述性统计。其中,表 A 报告了以法人户数来衡量控制幅度分年度描述性统计;表 B 报告了以直接控股子公司比例来衡量控制幅度分年度描述性统计。由表 A 可知,整体来看, 2007—2018 年国有上市公司拥有的法人户数呈现不断增加的态势;由表 B 可

知,整体来看,2007—2018年直接控股子公司比例在逐年下降,2007—2012年和2013—2018年两个区间内变化不大。为更好地揭示国有企业控制幅度情况,绘制了CR和DCR年度走势图。图2-3绘制了上述走势图。图2-3所显示的结论与上述分析基本一致。

表2-4 2007—2018年控制幅度分年度描述性统计

表A:法人户数(CR)						
年份	变量名	样本数	均值	标准误	最小值	最大值
2007	CR	543	1.896	0.762	0.693	5.380
2008	CR	569	1.897	0.761	0.693	5.493
2009	CR	587	1.909	0.763	0.693	4.970
2010	CR	586	1.917	0.765	0.693	5.075
2011	CR	588	1.940	0.774	0.693	5.165
2012	CR	583	1.965	0.785	0.693	5.187
2013	CR	643	2.959	0.858	0.693	5.572
2014	CR	641	2.857	0.864	0.693	5.617
2015	CR	639	2.936	0.883	0.693	6.009
2016	CR	643	3.025	0.914	0.693	6.354
2017	CR	640	3.081	0.935	0.693	6.673
2018	CR	639	3.121	0.949	0.693	6.857
表B:直接控股子公司占子公司比例(DCR)						
年份	变量名	样本数	均值	标准误	最小值	最大值
2007	DCR	543	0.293	0.293	0.005	1.000
2008	DCR	569	0.294	0.297	0.004	1.000
2009	DCR	587	0.288	0.286	0.007	1.000
2010	DCR	586	0.286	0.287	0.006	1.000
2011	DCR	588	0.277	0.277	0.006	1.000
2012	DCR	583	0.269	0.268	0.006	1.000
2013	DCR	643	0.080	0.124	0.000	1.000
2014	DCR	641	0.093	0.139	0.000	1.000

续表

表B:直接控股子公司占子公司比例(DCR)						
年份	变量名	样本数	均值	标准误	最小值	最大值
2015	DCR	639	0.084	0.128	0.000	1.000
2016	DCR	643	0.073	0.129	0.000	1.000
2017	DCR	640	0.064	0.103	0.000	1.000
2018	DCR	639	0.061	0.108	0.000	1.000

（单位：户数）

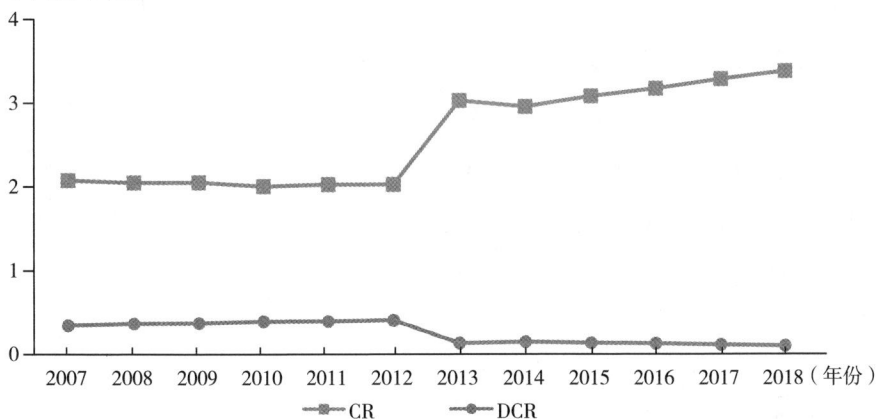

图2-3 2007—2018年控制幅度年度走势图

二、国有资本授权经营体制改革的政策效应:代理成本视角

考虑到国有企业的代理问题是制约国有资本配置效率提升的重要因素,也是公司治理领域的研究热点(Shleifer 和 Vishny,1997;谢盛纹等,2015;何勤英等,2017)。因此,本部分拟从代理成本视角检验国有资本授权经营体制改革的政策效应。

（一）基于中粮集团的案例分析

2014 年 7 月,国资委就"四项改革"试点工作召开新闻发布会,将中粮集团作为国有资本投资公司试点企业,在此基础上中粮集团进行了一系列改革准备工作,并于2016年7月18日正式向社会公布其《国有资本投资公司改革总体方案》。具体措施主要为:

1.组织结构变革,实行扁平化架构

纵观中粮集团组织结构变革历程,大致经历了从成立初期简单的直线职能制,到高速发展时期的事业部制,即"执行总部(集团)—经营中心(二级公司)—业务单元(各事业部)—利润点(生产企业)"四级管理架构,再到国有资本投资公司更加高效扁平化的"集团总部资本层—专业化公司资产层—生产单位执行层"三级管理架构。

(1)中粮集团组织结构变革历程

建立初期,由于当时我国国有企业发展基本处在起步阶段,工厂制的痕迹还非常明显,企业作业流程简单,规模较小,管理相对简单直接,这时期中粮集团采用直线职能制的架构模式(见图2-4)。

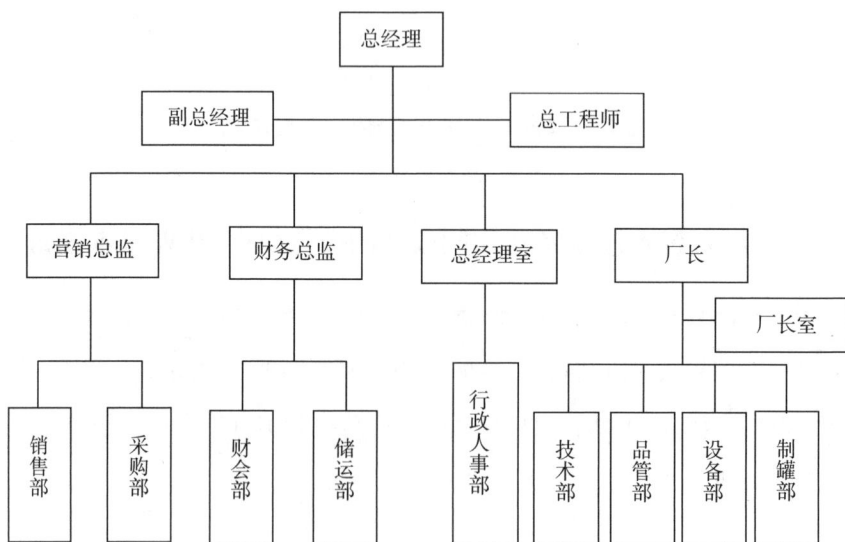

图2-4 中粮建设初期组织结构图

从 1988—1999 年,中粮集团经历了重要的转型,通过相关的收购兼并工作,于 1993 年收购了两家香港上市公司后,分别更名为中国食品和中粮国际,1996 年 9 月,中粮期货经纪有限公司成立。这一阶段基本形成了早期中粮集团板块经营的格局,企业集团开始呈现管理多层级的格局(见图 2-5)。

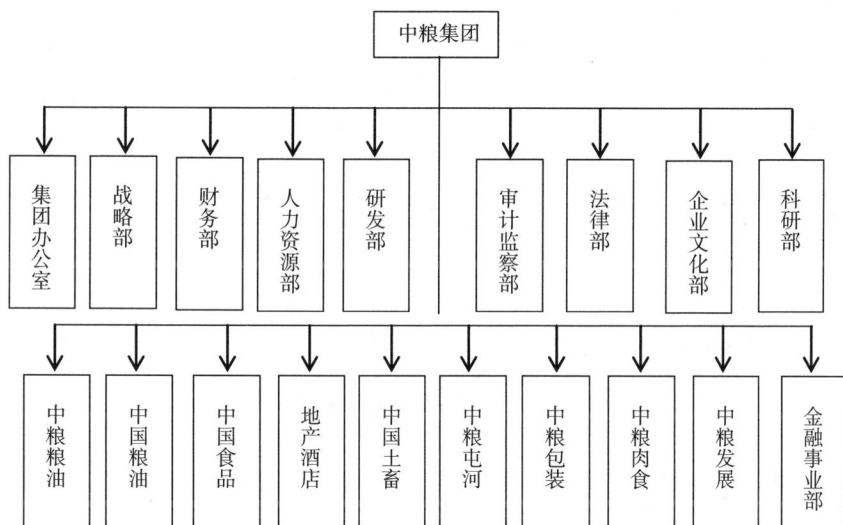

图 2-5 中粮转型期组织结构图

从 21 世纪初至 2014 年国有资本投资公司改革之前,中粮集团进一步拓宽融资渠道,实施重组改制上市发展的战略,不断扩大经营规模,形成了"执行总部(集团)—经营中心(上市公司)—业务单元(各事业部)—利润点(生产企业)"四级管理架构,下属公司数量逐步增多,管理层级达到最大,由此形成高耸金字塔结构。在业务单元这一层中粮采用事业部经营方式,以此指挥控制第四级生产企业。这一时期组织结构如图 2-6 所示。

从 2014 年中粮集团被指定为首批国投公司试点开始,集团进行了深层次的改革,按照"小总部、大产业"的原则,设置"集团总部资本层—专业化公司资产层—生产单位执行层"三级组织架构,将管理层级从现行的四级压缩到三级,集团层面职能部门由 13 个缩减为 7 个,人员从 610 人减至 240 人,集

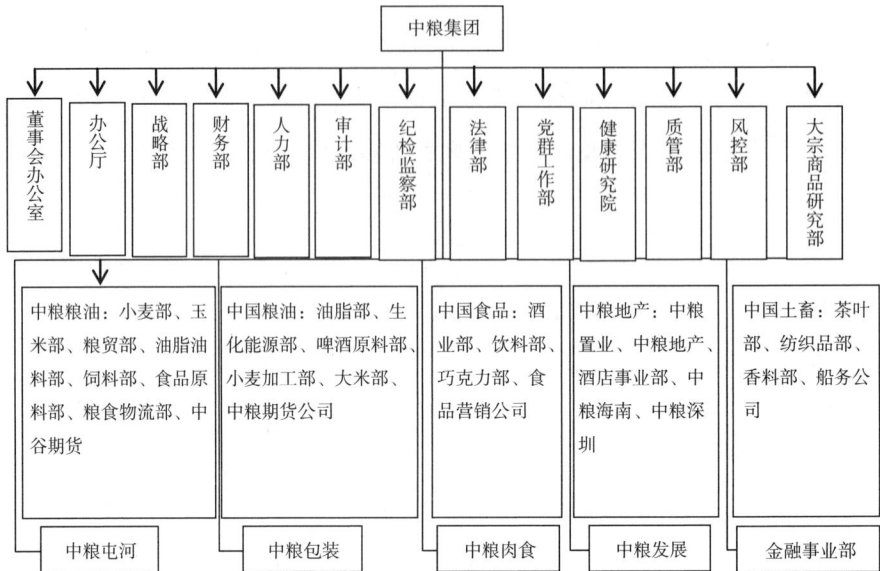

图 2-6　中粮集团四级架构图

团下设 18 个专业化公司,通过缩短管理层级,增大管理幅度,实现扁平化架构(见图 2-7)。

从图 2-7 中可知,改组后的中粮集团,完全体现了粮油糖棉、食品及包装、地产、土畜品以及金融五大板块化专业经营的战略要求,新的组织结构不仅有助于企业更好地进行资产整合,而且缩短了管理级次,从集团总部到最终生产销售单位,信息传递的层级有效缩减。

(2)中粮集团组织结构变革分析

通过梳理中粮组织结构变革历程,可以看出原先复杂臃肿的四级管理结构存在一定的弊端,以业务单元(事业部)为核心的管理,导致法人实体过多,呈现多元小作坊式特点,各自为政,整个集团呈高耸的金字塔结构。一般而言,最低层级的生产销售企业最接近市场,往往对市场信息的掌握程度最为精确灵敏,而由于这种多层管理的模式,从基层生产作业单位到最终集团执行总部,信息传递要历经多个层级,从而加剧了双方信息不对称的程度。管理级次

中粮集团

办公厅　资本运营部　财务部　人力资源部　审计部　安全生产部　监察部　党群工作部

中粮国际
中粮贸易
中粮糖业
中粮工科
中粮饲料
中粮生化
中粮油脂
中粮粮谷
中国纺织

中粮肉食
中粮包装
我买网
蒙牛乳业
中可饮料
中粮酒业

中粮置地　中国茶叶　中粮资本

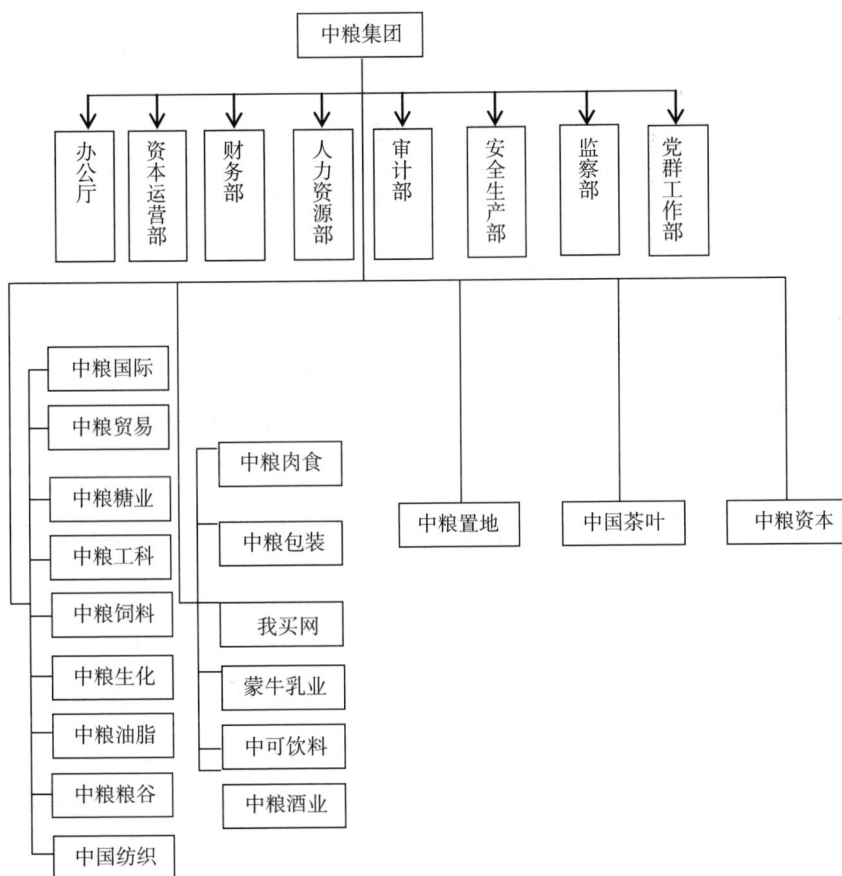

图 2-7　中粮国有资本投资公司三级管理架构图

过长而导致的国资委与经理间信息不对称程度的加大就是经理谋取私人收益的催化剂,更便于经理从中获得私人收益,加大企业代理成本。

中粮实施新的组织架构后,集团总部是资本运营中心,主要负责国有资本的调配和监管,管理集团战略与资源配置、投资与评价,强化资产布局及资本运营能力;专业化公司是资产运营的实体和核心,是集团直接管理的资产运营企业,制定竞争战略,负责资产的调度、配置和生产运作;生产单位是执行层,负责业务的具体生产运营,包括原料采购、产品生产、销售、成本管理等,生产运营层包括粮库、工厂、码头、产业园、区域分公司等。从总部到各个子公司,大规模精简人员编制,仅集团总部层面,据中粮披露,每年可节约成本1.38亿元,大大降低了管理费用(见表2-5)。

表2-5 中粮集团总部改组后精简人工成本

内容	2015年人均薪酬福利	每年可节约人力成本
人员配置由610人精简为240人	38.3万元	1.38亿元

集团按照专业化经营策略把分散于不同上市公司和企业的资源资产,按照核心产品线,重组、整合进而设立18个专业化公司。与此同时,纵向整合打通产供销各个环节,从产权归属和体制机制上解决原先管控模式下生产和采购销售割裂、上下游相互对立、出现问题无法很好对相关经理层人员进行追责的情况。

同时,本着优化国有资本配置的目的,中粮集团大力排查清理了一大批亏损、“僵尸”和特困企业,在很大程度上支援了集团瘦身健体计划,优化了组织结构体系。这些企业往往从事一些非核心业务运营,赢利不足且管理成本巨大。目前完成了巧克力、羊绒、方便面、木材、船务等业务退出,具体见表2-6。

表2-6 中粮集团清理部分低效资产明细

公司名称	主营业务	母公司	买方
金帝食品	巧克力	中国食品	华高置业(中粮置地旗下公司)
五谷道场	方便面	中国食品	2016年11月底挂牌转让100%的股权和债权
雪莲羊绒	羊绒	中国茶叶	—
木材事业部	木制品生产贸易	中国茶叶	—
利海船务	海上货物运输	中国茶叶	—
中粮君顶酒庄	葡萄酒生产	中国食品	二次流拍后隆华集团接手
中粮肉食(宿迁)	肉鸡养殖、屠宰	中粮肉食	正大集团旗下子公司
云南中糖	副食品购销	中粮糖业	2016年7月挂牌出售40%的股权

续表

公司名称	主营业务	母公司	买方
鑫安、立运、锦星有限公司	地产	中粮置地	2016 年 7 月挂牌出售 3 家公司各 49%的股权

为了充分优化国有资本投资公司三级管理架构,中粮集团从 2014 年至 2017 年按照既定方案,加快推进实施,全面注销清查空壳公司、离岸公司、低质无效的项目公司,进一步规范各类公司的管理要求,现列举其中一部分代表性数据,见表 2-7。

表 2-7　中粮集团清理"僵尸"和特困企业

企业名称	注册地	业务性质	持股比例(%)	处理方式
上海外贸良友旅游公司	上海	旅游	100	注销
中粮我买网有限公司	开曼	投资控股	100	注销
中粮龙虎尊酒业(安徽)有限公司	安徽	白酒销售	50.98	注销
浙江三瑞大厦有限责任公司	杭州	房产出租	100	转让
北京中旭三利百货公司	北京	批发零售	100	清理关闭
黑龙江华粮金鑫经贸有限公司	哈尔滨	粮油贸易	100	注销
中粮屯河英吉沙果业有限公司	英吉沙	贸易	51.53	注销
赛福工业公司	加蓬	木材销售	100	注销
交通运输集团	加蓬	运输	100	注销
创新威有限公司	维尔京群岛	投资	100	注销
湖南猴王茶叶有限公司	长沙	茶叶加工销售	40	计划关闭
石家庄德成物业服务有限公司	石家庄	批发零售	100	破产清算
中粮控股第八有限公司	维尔京群岛	投资控股	—	注销
中谷集团国际经贸有限公司	北京	进出口贸易	—	清算
周口中谷四通粮库	太康县	粮油贸易	—	清算
海上海运公司	利比里亚	海运	—	注销
文化海运公司	利比里亚	海运	—	注销

企业名称	注册地	业务性质	持股比例(%)	处理方式
中国华粮集团吉林华通粮食有限公司	长春	粮油贸易物流	—	注销
中国华粮物流集团白城面粉厂	白城	粮油贸易物流	—	注销
青岛中粮航引食品有限公司	青岛	花生加工	—	注销
中粮日本株式会社	日本	农产品加工	—	出售
北京八达岭华天国家粮食储备库	北京	粮食贸易	—	无偿划出

2. 推行职业经理人制度,强化激励

在本轮中粮集团深化改革的过程中,集团总部不仅对下属 18 家专业化平台公司进行充分的授权,减弱对日常经营的干预,同时在专业化公司层面以及其下属公司层面大力推行职业经理人制度,面向市场公开招聘公司管理层人员,按照市场化水平协议确定薪酬并实行有效激励。

由于传统体制的影响,我国国有企业对经理人员的任命主要采取人身行政隶属关系管理方式进行,由上级单位直接委派下级单位的经理人员。由于国有企业僵化的体制,很多经理人员缺乏市场化的经营经验,加之较长的管理层级,久而久之必然形成高额的代理成本。引进职业经理人之后,采用契约化管理方式对其进行管理,借助其充分的市场化管理经验,建立与之相配套的业绩考核模式,使其更好地履行其受托经营的义务。目前,中粮集团旗下的中粮饲料、长城酒事业部等已成功落实该制度,具体管理方式见表 2-8。

表 2-8 中粮集团职业经理人管理方式

管理方式	具体内容
契约化管理	新任总经理需与专业化公司董事会(或专业化公司)签订劳动合同、聘任协议以及年度与三年任期绩效合同
协议薪酬制度	新任总经理按照市场化水平协议确定薪酬,具体由专业化公司董事会确定

续表

管理方式	具体内容
试用期和任期制	新任总经理试用期为一年,试用期满合格后正式聘任,试用期满不合格自动解除聘任关系。实行任期制,每届任期为三年,可以连任

同时,要充分有效地发挥职业经理人的潜能,必然要建立严格健全的薪酬福利管理体系,实现薪酬与绩效挂钩,使薪酬能切实随着绩效结果增减,考虑引入中长期激励机制,如奖励基金、项目跟投、虚拟股票、分红权等,见表2-9。

表2-9　中长期激励的主要工具类型

主要方式	具体类型
与股权所有权益相关	员工持股、增量奖股、股权奖励/出售、期权、股权
与股权部分权益相关	虚拟股票、分红权、股票增值权
与现金相关	奖励基金、任期激励、EVA激励、项目跟投等

当前中长期激励是多数国有资本投资公司正在积极推行的内容,中粮集团在完善国有企业分配机制的基础上积极探索利润超额分享机制,即按以专业化公司当年预算为基数,利润总额超预算150%之后,超出部分经理人员可按照比例分成,2016年有6家专业化公司获奖。

3.强化内部控制,充分监督

为了降低整个集团不同层级经营管理者的代理问题,中粮集团坚持放权与监管相配合,通过创新集团监督体系,推动实现由人监管转变为制度监管。在集团总部将"审计、风控、质检、法律"四个职能部门合并为新的审计部,据此实现各监督职能的高效协同,整合"审计直管、纪检专设、财务统一、董事专职"四条监督线,运用ERP系统实现监督系统化、智能化、可视化。

在集团总部的审计部由董事长直接领导,统筹实施监督职能,同时在18个专业化公司层面,做实监管部门和人员。对二、三级企业的审计进行集中垂直管理,目前已向 18 家公司委派了审计特派员,整个体系井然有序(见图 2-8)。

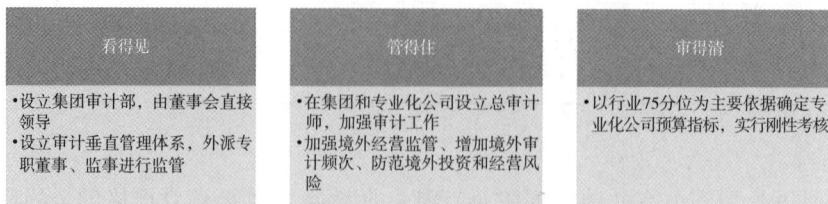

看得见	管得住	审得清
• 设立集团审计部,由董事会直接领导 • 设立审计垂直管理体系,外派专职董事、监事进行监管	• 在集团和专业化公司设立总审计师,加强审计工作 • 加强境外经营监管、增加境外审计频次、防范境外投资和经营风险	• 以行业 75 分位为主要依据确定专业化公司预算指标,实行刚性考核

图 2-8　中粮国有资本投资公司监督体系图

在整个审计队伍上,审计特派员由集团党组决策委派,这也能充分体现在企业经营中要注重充分发挥党组织的领导作用。在纪检队伍上,集团党组纪检组提名、考察、考核下级纪委书记,目前已向 17 家专业化公司委派了纪委书记。

(二)理论分析

控制层级的长短对企业代理成本有显著影响。基于管理学组织结构理论可知,组织扁平化可以让信息传递更加灵活,使企业决策更加贴近实际,最终有助于降低代理成本。基于经济学信息不对称理论可知,信息传递效率是逐层递减的,中间层级越多,那么基层对顶层的信息理解偏差越大,从而产生"洋葱效应"。因此,当企业控制层级越短,各层级管理者具备能力以及精力来保障企业高效率运行,从而减少节点之间的信息不对称程度,降低代理成本。另外,从监督的视角来看,控制层级的减少有助于提高大股东对企业的监督能力,从而降低监督成本和代理成本。综上,本书认为,国有企业集团法人层级与公司代理成本呈正相关关系。

控制幅度同样对企业代理成本具有显著影响。基于信息不对称理论可知,在每层级的上级管理者都是有限理性且精力有限的前提下,管理幅度越大,相应的控制力越弱,命令的执行效率越低,代理成本会相应增加。同时法人户数的增多,会使部分公司无法有效控制,甚至失控,从而造成管理效率低下,代理成本上升。因此,法人户数的减少,能够有效解决集团机构臃肿、管理效率低等问题,提高资源利用效率。基于现代组织结构理论可知,当管理层有效地命令和监管下一层级的数量越多,越能够帮助管理者进行更加全面的宏观把控,提高决策执行效率,还能够提高企业对市场事件的反应能力。综上,本书认为,国有企业集团控股法人户数与公司代理成本呈正相关关系,国有企业集团直接控股子公司比例与公司代理成本呈负相关关系。

考虑到中央企业和地方企业在所受约束、政府干预程度以及经营目标市场化程度等方面存在较大差异。同时考虑到2016年国资委出台的《关于中央企业开展压缩管理层级减少法人用户数工作的通知》(以下简称"压减"政策)文件。基于这一准自然实验,本书检验中央企业和地方企业在国有资本授权经营体制改革是否存在差异。一方面,从理论上来说,"压减"政策的实施,使国有企业集团内部的金字塔控制结构发生变化,纵向层级减少,横向减少企业法人户数,从两个维度增强了国有企业集团的控制力,让信息传递更加灵活,让决策更贴近实际,更有利于对企业集团的监督。因此,相对于地方国有企业,中央国有企业集团"压减"政策的实施能有效降低代理成本。另一方面,通过对政策进行梳理,发现各地方政府和地方国资委也相继出台了"压减"专项政策,因此,国务院国资委针对中央企业发布的"压减"政策的实施可能并不会降低代理成本。因此,相对于地方国有企业,中央国有企业集团"压减"政策的实施并不能有效降低代理成本。

(三)研究设计

为检验国有企业集团控制层级和控制幅度对公司代理成本的影响,构建回归模型(2-1)。

$$Agency_{i,t} = \beta_0 + \beta_1 \times CL_{i,t} / CR_{i,t} / DCR_{i,t} + Control_{i,t} + Industry + Year + \varepsilon_{i,t}$$
$$(2-1)$$

为检验"压减"政策在中央企业和地方企业区别,构建回归模型(2-2)。

$$Agency_{i,t} = \beta_0 + \beta_1 \times Post_{i,t} + \beta_2 \times Treat_{i,t} + \beta_3 \times Policy_{i,t}$$

$$+ Control_{i,t} + Industry + Year + \varepsilon_{i,t} \qquad (2-2)$$

参照李寿喜(2007)、武常岐等(2011)等的研究,采用管理费用率(管理费用与营业收入的比率)来衡量公司代理成本(Agency)。如前所述,模型(2-2)中利用"压减"政策这一准自然实验,当年份在2016年前,Post取0;反之取1;当为中央企业时,Treat取1;反之取0。其他控制变量见表2-10。

表2-10 变量符号及定义

变量名称	变量符号	定义
因变量	Agency	管理费用率=管理费用/营业总收入
自变量	Post	政策实施前(2016年之前),Post=0;政策实施后(2016年及之后),Post=1
	Treat	处理组(实施政策)为中央国有企业,Treat=1;对照组为省级及以下国有企业,Treat=0
	Policy	Post×Treat
	CL	控制层级:上市公司(最低层级)到实际控制人(最高层级)的层级数。Cls指最短链条层级,Cll指最长链条层级
	CR	控制幅度:ln(1+子公司数量)
	DCR	直接控股子公司数量/子公司总数
控制变量	Tl	总负债水平=负债合计/总资产
	Size	公司规模=ln(总资产)
	Sgrowth	营业收入年增长率高于行业营业收入年增长率,取1,否则取0
	Age	企业年龄,企业已上市时间
	Cflow	经营活动产生的现金流净额/总资产
	Loss	归母利润大于0,取1,否则取0
	Top1	第一大股东持股比例
	Hhi5	前五大股东持股比例的平方和
	Year	年度虚拟变量
	Industry	行业虚拟变量,依据2012年证监会的行业标准划分

（四）实证结果分析

表 2-11 报告了国有企业集团法人层级对公司代理成本影响的回归结果。其中,列（1）、列（3）报告了未加入其他控制变量的回归结果,回归系数均在 1% 的水平上显著。列（2）、列（4）为加入控制变量后的回归结果,可以看到,Cll 的回归系数为 0.001,在 5% 的水平上显著,稍显遗憾的是,Cls 的回归系数并不显著。从经济意义的视角来看,最长控制链条每增加一个层级,管理费用率对应增加 0.1%。国有企业控制层级的增加会使管理费用率升高,增加代理成本,在一定程度上降低了管理效率。回归结果说明国有企业集团法人层级压缩,有利于降低公司代理成本。

表 2-11 控制层级对代理成本的影响

变量	（1）	（2）	（3）	（4）
	$y = Agency$			
Cll	0.002***	0.001**		
	(3.54)	(1.98)		
Cls			0.003***	0.000
			(3.20)	(0.46)
Size		−0.014***		−0.014***
		(−23.74)		(−23.62)
Tl		−0.034***		−0.034***
		(−8.79)		(−8.87)
Sgrowth		−0.011***		−0.011***
		(−8.00)		(−7.98)
Cflow		−0.053***		0.053***
		(−5.82)		(−5.83)
Top1		−0.001***		−0.001***
		(−6.70)		(−6.86)

变量	（1）	（2）	（3）	（4）
	y = Agency			
Hhi5		0. 123 ***		0. 125 ***
		(6. 09)		(6. 20)
Age		0. 001 ***		0. 001 ***
		(5. 44)		(5. 39)
Loss		0. 021 ***		0. 021 ***
		(9. 31)		(9. 29)
Year	控制	控制	控制	控制
Industry	控制	控制	控制	控制
常数项	0. 106 ***	0. 429 ***	0. 105 ***	0. 431 ***
	(17. 01)	(31. 04)	(16. 76)	(30. 84)
样本数	7301	7301	7301	7301
Adj-R²	0. 14	0. 28	0. 14	0. 28

注:括号中为稳健标准误差;*** 、** 、* 分别表示在 1%、5%、10%的水平下显著,并在公司层面聚类调整,下同。

表 2-12 报告了国有企业集团控制幅度对公司代理成本影响的回归结果。其中,列(1)报告了子公司数量作为控制幅度替代变量的回归结果;列(2)报告了直接控股子公司比例作为控制幅度替代变量的回归结果。由列(1)可知,CR 的回归系数为 0.007,在 1%的水平下显著。从经济意义的视角来看,说明国有企业每减少 10 家子公司,公司代理成本将降低 0.07%。从列(2)可知,DCR 的回归系数为-0.021,在 1%的水平下显著。从经济意义的视角来看,国有企业直接控股的子公司占子公司总数的比例增加一个单位,企业代理成本对应降低 0.021 个单位。上述结论说明,国有企业集团控股法人户数越少,越有利于减少企业管理成本,从而降低企业代理成本。国有企业集团直接控股子公司比例越高,越有助于提高集团控制力,进而降低企业代理成本。

表 2-12 控制幅度对代理成本的影响

变量	（1）	（2）
	$y = Agency$	$y = Agency$
CR	0.007***	
	(8.38)	
DCR		−0.021***
		(−7.05)
Size	−0.017***	−0.015***
	(−24.96)	(−24.86)
Tl	−0.034***	−0.034***
	(−8.91)	(−8.93)
Sgrowth	−0.011***	−0.011***
	(−7.93)	(−7.97)
Cflow	−0.048***	−0.050***
	(−5.26)	(−5.43)
Top1	−0.001***	−0.001***
	(−7.10)	(−6.89)
Hhi5	0.133***	0.127***
	(6.62)	(6.33)
Age	0.001***	0.001***
	(4.17)	(4.56)
Loss	0.022***	0.021***
	(9.56)	(9.40)
Year	控制	控制
Industry	控制	控制
常数项	0.481***	0.463***
	(32.56)	(32.40)
样本数	7301	7301
Adj-R^2	0.29	0.28

表 2-13 以及表 2-14 报告了 2016 年"压减"政策的政策效应。首先检验了"压减"政策对中央企业和地方企业在控制层级和控制幅度方面的影响。由表 2-13 可知,变量 Policy 除第 131 列外均不显著,说明在国资委颁布对中央企业的"压减"政策外,各地方政府和地方国资委同时也出台了"压减"政策。在一定程度上说明了国资委针对中央企业发布的"压减"政策实施并不会降低代理成本。其次检验了"压减"政策对中央企业和地方企业在代理成本方面的影响。由表 2-14 可知,变量 Policy 的回归系数均在 5% 的水平下显著,说明相对于地方国有企业,中央国有企业集团压减政策的实施并不能有效降低代理成本。

表 2-13 "压减"政策对控制层级、控制幅度的影响

变量	（1）	（2）	（3）	（4）
	$y = Cll$	$y = Cls$	$y = CR$	$y = DCR$
Post	0.537***	0.216***	1.279***	-0.237***
	(11.64)	(5.78)	(30.12)	(-17.87)
Treat	0.644***	0.522***	-0.004	0.004
	(8.11)	(8.06)	(-0.06)	(0.26)
Policy	0.077	-0.013	-0.142**	0.016
	(1.25)	(-0.26)	(-2.55)	(1.18)
Control	控制	控制	控制	控制
Year	控制	控制	控制	控制
Industry	控制	控制	控制	控制
常数项	2.129***	2.003***	1.536***	0.317***
	(9.25)	(9.36)	(12.86)	(13.55)
样本数	7301	7301	7301	7301
Adj-R^2	0.14	0.12	0.33	0.21

表 2-14 "压减"政策对企业代理成本的影响

变量	（1）	（2）
	$y = Agency$	$y = Agency$
Post	0.003	0.006
	(1.33)	(1.02)
Treat	−0.001	0.001
	(−0.35)	(0.16)
Policy	0.009**	0.010***
	(2.32)	(2.62)
Control		控制
Year		控制
Industry		控制
常数项	0.077***	0.432***
	(30.75)	(11.11)
样本数	7301	7301
Adj-R^2	0.00	0.28

注:括号中为稳健标准误差; *** 、** 、* 分别表示在 1%、5%、10%的水平下显著。

上述研究表明,在党的十八届三中全会后,我国国有资本授权经营体制改革在国有资本投资运营公司设立、"瘦身健体"等方面明显提速,2013 年后新增国有资本投资运营公司 120 家。基于代理成本视角实证检验了国有资本授权经营体制的改革效果。国有企业法人层级越少,公司代理成本越低;国有企业控股法人户数越少,公司代理成本越低;国有企业直接控股子公司比例越高,公司代理成本越低; 2016 年"压减"政策的实施在精简国有企业法人户数方面确有成效。但相对于地方国有企业,中央国有企业集团"压减"政策的实施并不能有效降低代理成本,该政策对地方国有企业存在一定的溢出效应。

第五节　国有资本授权经营体制改革的
顶层设计与实施路径

一、国有资本授权经营体制改革的顶层设计

对商业类国有企业而言，实行"国有资产监管机构—国有资本运营、投资公司—国有企业"至少三层次国有资产监管架构。国资委履行"出资人"职责；国有资本投资、运营公司作为资本市场化运作平台，履行好国有资产保值增值的责任；国资企业负责开展具体生产经营活动。对公益类国有企业而言，实行"国有资产监管机构—国有企业"两层次国有资产监管架构。设计两层监督考核体系，按照资本的不同性质，明确分类监督考核的途径和方式。整合考核分配职能，突出业绩考核与薪酬分配的协同联动，进一步发挥考核分配对国有企业发展的导向作用。

二、国有资本授权经营体制改革的实施路径

国有资本授权经营体制改革的实施路径主要包括选择国有资本授权经营方式，组建投资运营公司，划入国有企业，机制建设与管理机构设置，对国有资本投资、运营公司的监督。

（一）国有资本授权经营方式选择

因国有资本无明确的实体自然人作为出资人，所以委托国有资产监管部门作为出资人代表行使出资人职责，并通过分级授权形成国有资产授权经营链条。国有资产监管机构作为政府的特设部门，既是行使股东权利的机构，又是类似行政管理的部门，这一双重职能决定了其不能施行完全的市场化管理和决策。在遵循市场化和现代企业制度的基础上，国有企业要真

正实现政企分开、政资分开,就要求不能由具有股东和行政管理双重职能的国有资产监管部门进行具体的经营与决策,需要市场化的非政府部门代理人——国有资本投资、运营公司来代理行使具体的经营权与决策权。按照中共中央和国务院的相关文件,国有资本投资公司集中于重要行业和关键领域,目标为保证国家战略、促进产业升级、优化国有资本结构;国有资本运营公司通过提高运营效率,实现国有资本保值增值的目标(见表2-15)。

表2-15　国有资本授权经营方式选择

国有资本授权经营方式选择	功能定位	公司类型
国有资本投资公司	发挥在某一个领域的专业性优势,专注于在重要行业、关键领域、重点基础设施等其中的某一个领域进行投资	产业型国有资本投资公司
	发挥国有资本投资公司的引导作用,专注于引导和培育前瞻性战略性产业	战略型国有资本投资公司
	发挥多元化产业投资的作用,综合对重要行业、关键领域、重点基础设施等其中的两个或多个领域进行投资	综合型国有资本投资公司
国有资本运营公司	开展市场化的股权投资,提高国有资本回报率,推动国有资本的保值增值	综合型国有资本运营公司、专业型国有资本运营公司
	完善上市公司治理、开展国有股权减持、进行资本运作	
	推进统一监管、开展重组整合和清理退出工作,如国投、诚通和国新公司	

（二）国有资本投资、运营公司的组建

国有资本投资、运营公司的组建主要通过新设组建、直接改组、合并组建三种方式。

新设组建是指设立一个全新的企业作为国有资本运营公司。例如,2010

年年底专门组建的中国国新控股有限责任公司。直接改组是指选择规模和盈利状况排名靠前、产业投资运营经验丰富、市场化程度较高的央企母公司直接改组为国有资本投资、运营公司,如中粮。合并组建包括新设合并组建和吸收合并组建。新设合并组建是指选择若干家国有企业(主要是集团公司)合并组建成一家投资、运营公司。吸收组建是指选择一家国有企业为主,吸收和整合其他一家或若干家国有企业。

总体来看,国企母公司(最终控股公司)直接改组或合并组建为国有资本投资、运营公司,是一种快速有效的方式。

(三)划入国有资本投资、运营公司的国有企业功能类别

划入国有资本投资、运营公司的国有企业主要分为四种类别:

第一类是将产业链相关(同类或上下游)的部分国有企业划入国有资本投资公司,以国有资本投资公司为平台,按照"强强联合、优势互补"的原则对划入的国有企业进行重组整合。重点发挥其产业集聚和转型升级的作用。

例如,可以考虑将国务院国资委管理的中国石油、中国石化、中国海油集团公司新设合并组建中国石油天然气资本投资公司。这样既可以通过国有资本投资公司进行专业化经营,也可以避免直接合并三家石油公司带来的巨大重组整合成本,同时也避免集团公司和上市公司董事会以及管理层高度重合带来的权责利不清晰的问题。改革前和改革后模式如图2-9所示。

第二类是将已上市的国有企业的部分(少数)股权划转给国有资本运营公司,由国有资本运营公司按照市场化的方式开展资本运作。重点是发挥两个方面的作用:一是推动上市公司国有股权的主体多元化;二是提高上市公司股权的流动性,为减持变现打好基础。

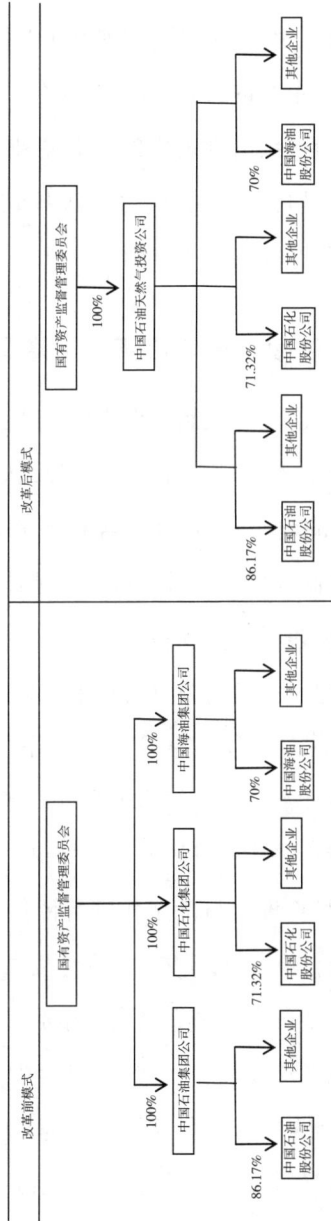

图2-9　国有资本投资公司改革前和改革后模式对比图

第三类是将新纳入统一监管体系的一批国有企业划入国有资本投资、运营公司。重点发挥其两方面作用：一是对这类国有企业统一行使所有权，并纳入统一监管；二是对这类国有企业进行集中清理、整合。

第四类是将拟开展重组整合、清理退出的国有企业群体划入国有资本投资、运营公司，在统一的平台进行统筹规划。重点发挥其承接央企的布局和结构调整、企业改制、主辅分离、产能退出的作用。

（四）国有资本投资、运营公司的治理机制建设与管理机构设置

国有资本投资、运营公司的治理机制建设主要包括：

第一，合理确定董事会比例。国有资本运营公司董事会人数应限定在7—9名为宜，由代表出资人的政府官员、代表经理层的企业领袖以及代表社会力量的知名专家三方面共同组成。这种安排较好地体现了出资人、企业、民间三方面权利的均衡，广泛代表了各方利益。

第二，加强专门委员会建设。专门委员会是董事会发挥作用的重要支撑。在国有资本投资、运营公司中，通常至少下设三个专门委员会，包括：战略决策委员会、薪酬考核委员会、审计委员会。战略委员会负责研究制定中长期发展战略、重大投融资项目及决策，并检查具体的落实情况。薪酬考核委员会负责推荐经理候选人，同时对高级管理人员的工作进行评估考核，制定外部董事、执行董事和高管层业绩考核标准与薪酬方案。审计委员会负责对高管层及公司财务的审计与监督。专门委员会由董事会成员组成，对董事会负责，提交议案供董事会审查决定。薪酬考核委员会、审计委员会中外部董事应占多数并担任召集人，审计委员会中至少应有一名外部董事是会计专业。

国有资本投资、运营公司的管理机构设置主要包括：法律事务、人力资源、财务预算、产权管理、外派董事、投资发展等部门。其中，外派董事部主要负责对下属国有企业董事的选派，通过董事会决策实现对国有企业的管理，通过职业董事贯彻出资人意志，由其对实体企业开展直接管控，其对企业的管理取决

于所持有股权比例,因此对于不同的出资企业,其管控模式及分权程度必然有所差别。

（五）健全对国有资本投资、运营公司的监督

国有资本授权经营体系及治理机制是以投资、运营公司为核心并围绕其设计。国有资本两权分离在塑造分层次的授权经营体系的同时治理问题随之而来,提升国有企业运营绩效的关键在于规范国资委与投资、运营公司的关系。一方面,在决策机制过程中,国资委应通过股权控制和战略性引导两个渠道(避免采用直接行政干预的方式)影响投资、运营公司;在监督激励机制方面,给予董事会和经理层一定比例的剩余索取权。另一方面,参照市场标准,在国有资本经营预算的范围内实施经营管理。例如,将每年实现的利润按照一定的百分比上缴作为预算收入,按照预算透明的要求,定期披露财务报表,接受终极所有人全体人民的监督。

第三章 国有企业法人治理结构完善

　　管资本背景下完善国有资产管理体制的中心环节是完善国有企业法人治理结构。明确国有资产监管机构职能定位,建立国有资本授权经营体制,是实现"政企分开"的内在要求。在此基础上,以有效推进混合所有制改革为基础,促进国有企业建立完备的现代企业制度、保证企业内部有效的协调运转及制衡的法人治理结构。

　　本部分梳理我国国有企业法人治理结构的历史演进,回顾有关国有企业法人治理结构相关理论,总结我国国有企业法人治理结构的实践探讨,提供我国国企法人治理结构效果分析,提出我国国有企业法人治理结构相对完善的顶层设计及实施路径。

第一节　国有企业法人治理结构的历史演进

　　我国国有企业法人治理结构随着国有企业的深化改革不断完善。党的十一届三中全会以来,我国开始对国有企业法人治理结构进行探索。经过四十多年的努力,先后陆续出台国有企业法人治理结构的相关法律及政策文件,旨在完善法人治理结构,规范股东大会、董事会、监事会和经理层职责,完善国有企业党建和信息披露。国有企业法人治理结构的构建大致分为四个阶段：

一、国有企业法人治理结构的初步探索阶段(1978—1992 年)

1978 年以前,我国实行的是计划经济体制,国有企业属于政府的附属物。彼时国营企业和集体企业是我国企业的主要形式,并实施党委领导下的厂长负责制。1978 年党的十一届三中全会提出扩大企业自主经营权等内容,指出党委拥有决定企业重大事项的权利,企业的一切重大问题须经过党委集体讨论决定。

1978 年经济体制改革后,国家逐渐放开了对企业的管制,使企业有了自主经营的权利。为了保障经营者的权益,企业的管理由党委领导下的厂长负责制转变为厂长负责制,明确厂长的职权,规定其收入分配标准。与此同时,中共中央颁布一系列决定文件,为国有企业法人治理结构的初步探索奠定了基础。

1981—1983 年,中央先后出台各项条例,这些条例赋予了党组织关于企业决策的各项重大权利,但这些条例颁布后却出现"厂长有责无权、党委有权无责"的现象,导致企业管理不畅。1984 年 10 月,党的十二届三中全会提出在全国开展厂长负责制,明确加强党组织在企业中的核心领导地位。1986 年,在我国国有大中型企业开始实施承包经营责任制,这一制度让企业具有自主经营和自负盈亏的决定权,实行工资总额与经济效益挂钩。同年,进一步强化党组织在我国的核心领导地位。1987 年 10 月,党的十三大报告重新指出党组织在企业中只是发挥监督作用,不享有绝对权利,应给予公司管理层各项事务的领导权。1988 年 2 月,国务院明确规定企业经理人收入金额及其界限,并提出管理层的收入应与公司业务的完成度挂钩,管理层要具备公司责任感与使命感。1988 年,《中华人民共和国全民所有制工业企业法》的颁布摆脱了"厂长有责无权,党委有权无责"的状态。

1992 年 8 月,我国确定了按劳分配的基本原则,实行承包经营责任制的全民所有制企业,其经营者收入水平应主要根据本企业完成承包经营合同的情况,生产经营的责任轻重、风险程度等因素合理确定,确定企业经营者收入原则。这些规定赋予了企业经理人更多的权利,对管理层起到极大的激励作用。1992 年 10 月,中国证券监督管理委员会正式成立。1993 年 6 月,证监会发布《公开发行股票公司信息披露实施细则(试行)》的通知,发布了关于上市公司信息披露的有关规定,同时开始关注上市公司的外部治理机制。

二、国有企业法人治理结构的初步建立阶段(1993—2004 年)

国有企业法人治理结构在 1993—2004 年进入初步建立阶段。这一时期法人治理结构由"老三会"过渡到"新三会",公司内设股东大会、董事会和监事会,对企业内的管理运营负责。同时,这一阶段提出建立健全国有企业经营者激励、约束机制,加强党组织在企业的核心领导地位,同时加大了对国有企业信息披露的要求。

1993 年 11 月党的十四届三中全会指出,社会主义市场经济体制要与社会主义基本制度相结合,要建立适应市场发展的现代企业制度。1994 年,我国进一步明确了党组织在企业中的重要作用,明确厂长(经理)经营权的同时,强调要重视工人的主人翁地位。

1994 年公司中出现新老三会并存现象,既有党委会、纪检会和职代会(老三会),又有股东大会、董事会、监事会(新三会)。自同年 7 月起,我国开始建立国有企业监事会制度。1998 年,中央政府明确了稽察特派员的权利职责、方式、程序及其监督的基本内容,并于同年 6 月通过《国务院稽察特派员条例》,对稽察特派员的派出、任职条件、职责、工作方式、工作纪律及稽察报告内容等进行具体规定。稽察特派员制度建立后,发现诸如"东方锅炉"等一系列国有企业违法违纪案件,有效地遏制了国有企业管理混乱的状况。与此同时,稽察特派员制度存在派出范围及工作性质不明确等问题。因此,进一步规范监督的内容与形式显得尤为重要,这为后来的外派监事会制度的建立做了铺垫。1999 年 9 月,党的十五大提出对国有大中型企业实行规范的公司制改革,发挥监事会对企业财务、董事和经营者行为的监督作用。国有企业稽察特派员制度进一步向规范的外派监事会制度过渡。此时公司治理强调规范经营管理者的报酬,增加透明度;少数企业试行经理(厂长)年薪制、持有股权等分配方式,加强和完善监督机制,把外部监督和内部监督结合起来。

1999 年 12 月,第九届全国人大常委会第 13 次会议明确提出要在国有独资公司建立监事会制度。2003 年,随着股东大会、董事会、监事会的设立,以及经理人职责及其业绩薪酬的规范,进一步推动了我国法人治理结构的完善。2004 年国务院第 38 次常务会议同意国资委在中央企业开展董事会试点工作。同年 6 月,我国选定 7 户中央企业进行董事会建设试点工作,同时提出董事及外部董事相关制度。自此,中央企业董事会治理开始进入实质性推进期。此外,国资委明确了中央企业负责人年度薪酬考核管理办法以及对央企党建的重视。

三、国有企业法人治理结构的逐步发展阶段(2005—2014 年)

国有企业法人治理结构在 2005—2014 年迈入了逐步发展阶段。新修订的公司法对国有独资公司法人治理结构进行了特殊规定,给予国有资产监督管理机构职权,外部董事、独立董事制度、上市公司股权激励机制也逐渐规范化。党的十八大以来,习近平总书记强调要坚定不移地把国有企业做强做优做大。在这一阶段,国有企业治理结构逐步发展成熟。

2005 年,我国明确指出国有独资公司可以不设股东会,经理可由董事会聘任或者解聘。监事会成员由国有资产监督管理机构委派等。2006 年,财政部、国资委等部门进一步规范了我国国有上市公司股权激励制度。2007 年 6 月,国家发展改革委发布《关于 2007 年深化经济体制改革工作的意见》,要求扩大国有独资、国有控股公司建立董事会试点范围,建立健全外部董事、独立董事制度。2009 年,国资委明确了信息公开职责,要求国有企业应向公众及时披露企业信息,进一步规范国有企业负责人薪酬制度改革办法,对国有企业负责人薪酬规定了最高金额限制。

2013年,我国进一步强调了党组织在国有企业中的核心领导作用,国有企业应坚持党的领导和完善现代企业公司治理相统一。

四、国有企业法人治理结构的进一步完善阶段(2015年至今)

国有企业法人治理结构在2015年之后迈入了进一步完善阶段。这一时期我国对国有企业实施分类改革,明确将国有企业划分为商业类国有企业和公益类国有企业,实施分类改革、分类发展、分类监管、分类定责、分类考核不同类型的国有企业。这一阶段从国有企业实际情况出发,建立健全权责明确、管理科学的现代企业制度,依法依规,根据功能分类,把握重点,国有企业法人各司其职,规范主体权责。同时,将国有企业领导干部经济责任审计职责和国有重点大型企业监事会职责划入审计署,不再保留监督一局(国有企业监事会工作办公室)。进一步强调要坚持党的领导,并加大国有企业信息披露规范、透明化。

2015年4月,国务院办公厅发布《2015年政府信息公开工作要点》,要求做好国有企业主要财务指标、整体运行情况、业绩考核结果等信息公开工作,加大国有资产保值增值、改革重组、负责人职务变动及招聘。2015年10月,进一步强化了我国董事会制度,强化董事会规范运作,推进外部董事制度的有效推进。

2016年,习近平总书记进一步强调新形势下加强和改进国有企业党建的重要性,系统阐述了国有企业坚持党的领导、加强党的建设的总体要求。2016年4月,国务院办公厅发布《2016年政务公开工作要点》,要求公开国有资本整体运营情况、企业国有资产保值增值及经济业绩考核有关情况、国有资产监管制度和监督检查情况等;公开国有企业改革重组、公司治理及管理架构、财务状况、重要人事变动、企业负责人薪酬等信息。

2017 年 3 月,国务院办公厅发布《2017 年政务公开工作要点》,要求做好国有产权交易、增资扩股项目公示工作,按月公开全国国有独资及国有控股企业主要经济效益指标、主要行业盈利、重大变化事项等情况。依法依规公开中央企业生产经营、业绩考核、国有资产保值增值情况、负责人重大变动、年度薪酬,以及履行社会责任重点工作情况。

2017 年 4 月,国务院发布《关于进一步完善国有企业法人治理结构的指导意见》,对实践中出现的现代企业制度仍不完善、部分企业尚未形成有效的法人治理结构、权责不清、约束不够、缺乏制衡等问题提出相关意见,要求坚持深化改革、党的领导、依法治企、权责对等的基本原则。到 2020 年,党组织在国有企业治理结构中的法定地位应更加牢固,党风廉政建设主体责任和监督责任全面落实。提出要加强董事队伍建设,建立完善外部董事选聘和管理制度。

国资委在 2017 年 6 月公布的政务公开工作要点中明确,要求全面从严加强国有企业党的建设,同时要做好国有企业国有资产运营监管信息公开工作。通过国资委网站、公告、年鉴等及时公布规章和规范性文件,定期公布所出资企业生产经营总体情况、国有资产相关信息统计以及企业营运业绩审查等状况。

2017 年 10 月,习近平总书记在党的十九大报告中首次提出"不断提高党的建设质量"。国有企业要毫不动摇地坚持党的领导,建立"1+N"党建工作制度体系,使其与公司法人治理结构工作规则有机融合。

2018 年 3 月,国务院发布机构改革方案,明确优化审计署职责。不再设立国有重点大型企业监事会。同年 7 月,提出国有资本投资、运营公司不设股东会,由政府或国有资产监管机构行使股东会职权,政府或国有资产监管机构可以授权国有资本投资、运营公司董事会行使股东会部分职权。同时明确了党组织的重要性作用。2018 年 9 月,规定不再设立国有重点大型企业监事会和国有重点大型企业监事会主席。

第二节 国有企业法人治理结构的理论研究

国内外关于国有企业法人治理结构的研究主要从"国有企业董事会治理""国有企业监事会治理""国有企业高管激励约束机制""国有企业信息披露"等方面展开。

一、国有企业股东会

国有独资公司不设立股东会,由国家授权的相关政府部门决定公司的重大事项,但公司的合并、分立、解散、增减资本和发行公司债券,必须由国家授权投资的机构或者国家授权的部门决定。对于绝对控股和相对控股的国有企业而言,国有资本处于控股状态,具有较强的国有经济色彩,其生产经营活动,往往由大股东,也就是国资委或者投资入股的国有独资企业进行控制。目前我国学者主要从股东资源角度对股东会进行研究。股东资源指股东拥有并投入公司用以提升公司竞争力的所有要素,包括股东财务资本、社会资本、人力资本、市场资源与技术资源等。长期以来,公司治理研究一直视股东为同质的"财务资本提供者",其控制权以财务持股比为基础。然而,股东(尤其大股东)不仅是单纯的财务资本提供者,更是公司资源的提供者。随着新时代的到来,公司内部实际控制权越来越难以用"财务持股比"衡量,股东所拥有的各种非财务资源在公司权力配置、公司价值创造中的作用越来越明显(祝继高等,2012;赵晶等,2014;梁上坤等,2015)。股东在向公司投入财务资本的同时,连带注入与其个体"不可分割"的其他非财务资源(如社会关系、管理能力等)。新股东引入成为公司获取互补性资源的重要手段(Park 和 Steensma,2012;Diestre 和 Rajagopalan,2012;葛永盛等,2013)。与此同时,股东资源(如社会资本)可以增强其对公司的控制权(关鑫等,2011;赵晶等,2014;梁上坤等,2015);股东实际控制权随股东拥有资源的情况、依赖性程度等改变而改变(朱国泓等,2010;崔森等,2013;张伟华等,2016)。相关研究还表明,资源拥有者与资源本身是不可分离的(周其仁,1996),资源拥有者具备干预公司资产使用的动机和能力(Zahra等,2009;葛永盛等,2013);股东作为资源的拥有者,以其资源的重要程度而在公司中拥有不同的话语权,进而影响公司治理与公司未来价值创造进程(Bromiley,2003;王斌,2021)。

二、国有企业董事会治理

董事会作为代理人、决策者、监督者和利益主体,如何履行职责避免外部因素对其进行干预和影响是学者关心的重要问题。董事会是企业公司治理的核心,具有最高决策权,其(代理人)与股东(委托人)是一种委托代理关系,国有资本和非公有资本作为股东履行出资人义务。改进国有企业董事会的质量是提高国有企业公司治理的基石(鲁桐,2018;高明华和刘波波,2022),学者主要从董事会结构特征和运行机制等角度进行分析讨论。现有文献发现,董事会试点改革有助于改善公司治理(李文贵等,2017;高瑜林等,2021;毛新述等,2022)。在董事会的人员构成上,要注重董事会成员的专业性和代表企业各利益相关者的利益。戚聿东等(2008)指出,目前中央企业董事(特别是外部董事)来源单一。刘慧龙等(2012)指出,董事会独立性对于国有企业改制效果具有重要影响。辛清泉等(2013)发现,非控股股东派驻董事可以加强董事会的监督效率。因此,董事会构成中应提高独立董事和中小股东董事比例。就运营机制而言,董事会激励机制意在探索与公司业绩直接挂钩的酬金制度等物质鼓励方式的激励机制。而目前我国国有企业董事薪酬结构单一,激励约束机制不完善(臧娜,2018),为此,有必要对董事同样采取以期权为代表的业绩挂钩酬金制度,使董事和股东的利益趋于一致,形成董事会成员(无论是外部还是内部)监督经营行为的激励机制。董事长和总经理二者权责不分,强调董事会独立的同时也应加强经理层的独立(高明华,2018)。此外,加强出资人机构与董事会的沟通制度化,建立健全外部董事独立报告、董事会述职并接受质询、董事会决策失误问责追责等制度(肖亚庆,2017)。

三、国有企业监事会治理

监事会是公司制国有企业的监督机构,发挥着不可替代的监督作用(李维安等,2006;冉光圭,2015),对于加快形成有效制衡的公司法人治理结构具有重要意义。王世权(2011)构建监事会治理指数并考察了监事会治理的有效性,研究发现监事会治理指数与公司财务安全系数、信息披露质量等显著正相关。虽然目前我国国有公司制企业董事会、监事会建制率已基本实现全覆盖,但监事会监督职能缺位、工作流于形式、作用发挥不明显、治理水平低下等问题依然存在,相对于董事会而言,部分国有企业对监事会功能作用重视程度不够,监督成果运用不充分,在人员配备、制度建设、工作保障等方面都存在不足(何孝星,2001;李维安等,2005;戚聿东等,2008;秦勇,2018;张静,2018)。高明华(2006)指出,独立董事和监事会存在明显的职权冲突。对此,有学者提出建议,国有企业应深化用人制度改革,由多头任命改为按章程选举,由分头监管改为统一监管,形成监事会队伍的职业化和多元化,完善监事会的组织结构,并建立有效的激励约束制度(戚聿东,2008;郑海航等,2008;高明华,2017)。此外,周泽将和雷玲(2020)认为,应发挥纪委在国有企业监事会中的治理作用。

四、国有企业高管激励约束机制

在管理层激励和评价方面,陈仕华等(2015)发现,国有企业高管为谋求晋升而实施的冒险性并购行为所取得的长期并购绩效显著较差。丁友刚和宋献中(2012)、刘青松和肖星(2015)发现,政治晋升会激励非经济目标,但薪酬只影响绩效。为实现政治升迁,高管倾向于"面子工程"的建设(郑志刚等,2012)。另外,受第二轮"限薪令"的影响,国有企业(特别是中央企业)高管薪酬呈明显下降趋势(杨青等,2018)。当市场化程度提高时,货币薪酬激励对在职消费的替代作用更显著(陈冬华等,2010)。非国有股东通过委派高管显著提高了国有企业高管的薪酬业绩敏感性(蔡贵龙等,2018)。因此,黄群慧等(2015、2017)指出,国有企业要做强做大,必须建立多轨制的高管薪酬激励制度体系以及高效的干部进出、进退机制。同时,在"分类改革"情形下,不同类别国有企业高管薪酬激励机制也应区别制定(陈霞等,2017)。

五、国有企业信息披露

綦好东等(2013)通过对105家非上市中央企业集团(总公司)的梳理发现,我国非上市国有企业信息披露存在社会责任披露多、财务数据披露少且有选择性、正负面重大事项区别对待、及时性明显不够等诸多问题。非上市国有企业透明度水平低且没有实质性改观,行业之间存有差异,企业间的个体差异巨大(綦好东等,2016)。高明华等(2018)基于国内信息披露相关法律法规,参照国际信息披露规范,立足于投资者权益保护,构建了包含治理结构、治理效率、利益相关者与风险控制4个一级指标、31个二级指标的中国上市公司自愿性信息披露评价体系,发现国有企业的自愿性披露水平显著低于民营企业。而且,政府控制层级对国有企业的信息披露存在一定影响(徐广成等,2016)。对此,学者提出一系列建议,无论国有企业上市与否都应在会计信息披露、合规性和审计等方面保持与上市公司同等的高标准,提高国有企业的财务和非财务绩效的透明度是强化国有企业董事会和管理层的问责制,促进国家作为所有权者知情权的关键所在(鲁桐,2018)。

六、国有企业法人治理结构研究剖析

国有企业法人治理结构是经济学、会计学领域重点关注的内容,学者们围绕经营者激励和约束机制、国有企业信息透明度等展开研究并不断拓展。整体来看,学者们针对国有企业改革法人治理结构提出各类"药方",但从内容实质看多是文件评论性质,理论研究多于经验研究,众多理论研究都是基于现有问题,从国有法人治理结构改善的必要性以及可行性的角度来探讨的,而在国有法人治理结构改善对策方面则涉及较少,需要关注具体操作层面的流程设计。而且,管资本对国有企业法人治理结构提出了新的要求,现有的研究尚未形成一个完整的体系,比较分散,需要进一步总结和完善。

党的十八届三中全会提出要积极发展混合所有制经济,党的十九大报告提到深化国有企业改革,发展混合所有制经济。然而,在此背景下,国有企业改革尚存在诸多问题需要解决。

第一,如何提高董事会治理水平。通过查阅南开大学公司治理研究中心推出的中国公司治理评价系统(CCGINK)、中国社科院发布的《中国上市公司100强公司治理评价报告》、《董事会》杂志联合南京大学企业家研究所披露的《中国上市公司董事会治理报告》等机构对董事会治理评价的指标,可以发现现有的董事会治理评价中尚未针对不同类别的国有企业进行分类评价。

第二,如何改善管理层考核评价体系。目前,在研究我国国有企业高管薪酬激励效果时,通常假定所有的国有企业都属于同一种类型,从而将其存在问题进行同质化研究,因此难以保证研究的科学性和针对性。国有企业因其特征不同,同质化研究难以得出有效结论,因此在研究中应对国有企业进行分类研究和评价,比如公共服务类和特定功能类国企因其功能定位不同在各方面存在较大差异。

第三,如何发挥党组织的治理功能。坚持党的领导是我国国有企业改革需要坚持的基本原则之一。而我国国有企业改革与发展也需要将企业党组织的建设融入现代企业制度当中,进而发挥党组织在国有企业中的政治核心作用。目前的相关研究仍然未能提出具体的治理体系和机制,这需要在未来的研究中进一步研究和探索。

长期以来,国有企业经常面临"一收就死、一放就乱"的问题,很大程度上在于未有效解决法人治理结构的设计、搭建和作用的发挥问题。本书探索管资本背景下,如何建立协调运转、有效制衡的法人治理结构,既避免出现把企业管得很死，抑制企业的积极性的问题，又避免对企业缺少必要的管控，导致内部人控制、"一把手"高度集权等问题，为监管机构和国有企业搭建合理治理架构，厘清治理边界。如何在国有企业改革背景下针对不同类型的企业相应地规范国有企业的法人治理结构，是实现国有企业改革成功的核心所在。

第三节　国有企业法人治理结构的实践探索

一、中央企业法人治理结构完善实践探索

（一）制度层面

1. 国有企业董事会治理

2004年6月，我国明确规定，一般情况下中央企业国有独资公司和国有独资企业均应建立董事会。2006年，在中央企业推动职工董事、职工监事制度。

2. 国有企业监事会治理

2003年，我国完善了外派监事会制度，对国有资产监督具有一定的作用。2006年，我国进一步规范了监事会在国有企业中的职能定位，完善了我国国有企业法人治理结构。

3. 国有企业高管激励约束机制

完善国有企业薪酬激励和约束机制的主要工作分以下五个方面：

一是完善业绩考核体系。2003年以来，国资委先后颁布了针对业绩考核的各项规定，重点是在总结第二任期经济增加值考核试点工作的基础上，从第三任期开始，对所有中央企业实施经济增加值考核。此后，2012年、2016年、2019年先后对其进行了修订。

二是规范中央企业负责人的薪酬。先后制定了各项薪酬职务等方面的管理办法，在实践中积极探索实践并不断改进完善。

三是发挥董事会的作用,落实薪酬激励约束机制的主体。2009年,国资委印发了《董事会试点中央企业高级管理人员薪酬管理指导意见(试行)》,初步建立了董事会决定高管人员薪酬的机制,要求董事会在决定薪酬事项时须与国资委事先沟通,并对高管人员薪酬水平增长幅度提出限制性要求。

四是探索实施中长期的激励。2006年,针对我国国有企业股权激励制度印发了相关办法条例,进一步规范了国有企业上市公司实行股权激励的管理制度。

五是建立职务消费制度。我国自2006年起制定了企业负责人职务消费的相关指导意见,2010年将拟订的《中央企业负责人公务用车管理暂行规定》印发各中央企业执行。同时研究拟订《中央企业负责人职务消费管理暂行规定》。

4. 党组织在国有企业治理中的作用

2004年,我国明确指出了党组织参与企业中层以上管理人员的选拔任用和管理监督工作,这是党管干部原则在企业中的具体体现。党组织的主要职责是确定用人标准,研究推荐人选,严格组织考察,完善评价体系,加强监督管理等。

5. 国有企业信息披露

根据《国务院国有资产监督管理委员会信息公开指南》,国资委的信息披露主要包括:所出资企业生产经营总体情况、所出资企业经营业绩考核总体情况、所出资企业数量变动及名称变更情况等。从2015年开始,公开披露所出资企业负责人的薪酬。例如,2019年中央企业累计实现营业收入30.8万亿元,同比增长5.6%,累计实现净利润1.3万亿元,同比增长10.8%。及时公开中央企业2018年度和2016—2018年任期中央企业负责人经营业绩考核结果为A级的企业信息。

（二）模式与试点

1. 国有企业董事会治理

2005 年 10 月 17 日,第一家董事会试点企业——宝钢集团有限公司董事会正式组建,并率先实现董事会成员中外部董事超过一半。截至 2019 年 3 月底,已有 83 家中央企业建立了以外部董事为主的董事会。

2. 国有企业高管激励约束机制

地方国有企业对经营者进行中长期激励的探索起步较早。上海、北京、济南、深圳等城市先后出台了具有不同地方特色的中长期激励政策,在部分国有控股企业以及许多非国有企业,特别是一些高新技术企业中进行尝试。具有代表性的模式有上海贝岭股份有限公司的"虚拟股票期权"、武汉国有资产控股公司设计的"武汉期股模式"、四通公司的"四通模式"和三毛派神采用的"股票增值权模式"。

二、地方国有企业法人治理结构完善实践探索

（一）制度层面

1. 国有企业董事会治理

2004 年 8 月,北京市国资委出台了《关于加快推进国有企业重组改制的指导意见》,提出要加快推进国有企业重组改制,力争用 3 年左右时间,基本完成国有企业的重组改制。

2015 年,江苏省研究起草《江苏省省属国有独资公司专职外部董事管理暂行办法（试行）》,根据中组部有关规定,选择符合条件的人员任命或聘任为省属国有独资公司专职外部董事。

2017 年,宁夏回族自治区国资委印发《自治区属国有企业外部董事管理办法（试行）》,对外部董事的任职条件、选聘、薪酬等方面作出详细的规定。

2017 年,广西壮族自治区党委组织部、自治区国资委联合出台《关于全面推行规范自治区直属企业董事会建设的指导意见(试行)》,该指导意见以近年来董事会建设的实践经验,并结合实际对加强自治区直属企业董事会建设做了全面具体的规定。

2. 国有企业监事会治理

2015 年,山东省出台 8 个监事会制度文件,下发了《山东省国资委关于进一步发挥省管企业监事会作用的意见》。

2016 年,贵州省国资委制定印发《贵州省国资委监管企业中长期人才发展规划工作指导意见》《贵州省国资委关于加强监管企业人才培养引进加快科技创新的实施意见》,将监事会主席及监事会办事处负责人纳入党委中心组(扩大)学习范围。进一步加强监事会干部培养,积极选送监事会主席和专职监事外出学习培训。

3. 国有企业高管激励约束机制

2015 年,福建省泉州市国资委将监管企业划分为实体竞争一类、实体竞争二类、实体竞争三类、投融资管理类、准金融类五大类,全面推进国有企业负责人薪酬改革。厦门市国资委 2016 年 6 月印发《厦门市国有企业负责人履职待遇和业务支出管理暂行办法》,首次将"履职待遇"明确为公务用车、办公用房、培训三项,"业务支出"明确为业务招待、国内差旅、因公临时出国(境)、通信等四项,严格规范中央企业负责人履职待遇、业务支出。2017 年福建省龙岩市国资委研究制定了《市国资委管理企业负责人履职待遇和业务支出管理暂行办法》,并于 2017 年 5 月 31 日起印发执行。严格规范了市国资委管理企业负责人的履职待遇、业务支出管理,明确了履职待遇内容和业务支出管理的相关标准,将企业负责人履职待遇和业务支出纳入预算管理。

2015 年 12 月,内蒙古自治区印发《自治区直属国有企业负责人履职待遇、业务支出管理办法(试行)》,从公务用车、办公用房、业务招待、国内差旅等方面,明确了企业负责人履职待遇、业务支出相关标准,提出了具体管理要求,进一步规范了内蒙古自治区属企业负责人在履职待遇、业务支出方面的行为。

2016 年,山西省国资委出台《企业管理人员兼职问题若干规定》,列出了企业管理人员兼职问题负面清单,针对兼职问题作出了七个方面的禁止性规定,要求各省属企业党委严格贯彻落实。

2018 年,宁夏回族自治区国资委党委出台《关于自治区属国有企业市场化选聘权属企业高级管理人员的指导意见》,明确市场化选聘的企业高级管理人员实行聘任制、任期制和契约化管理,企业与被聘用人员签订《聘用合同》。企业董事会制定考核评价办法,对选聘高级管理人员进行考核评价。评价结果与其薪酬、激励计划、是否续聘等直接挂钩,考核评价未达到要求的,根据《聘用合同》予以办理。

4.党组织在国有企业治理中的作用

新疆维吾尔自治区国资委于 2017 年研究制定《关于将党建工作写入国有独资或控股公司章程的指导文本》,在国资委直接监管企业全面推进党委书记、董事长由一人担任,进一步明确国有企业党组织在公司法人治理结构中的法定地位。

2018 年 4 月,江西省国资委党委印发《关于打造国企党建"升级版"的实施方案》,明确打造国有企业党建"升级版"的总体要求和"四个坚持"的基本原则。该方案重点从完善企业党组织工作机制,推进党的领导与公司治理有机统一;扎实开展"党建质量提升年"活动,夯实国有企业党建基层基础;强化"党建+"理念,推进党建与生产经营融入融合等方面明确了 22 条任务清单,对 2018 年党建工作进行全面部署。

5.国有企业信息披露

2015 年 2 月,山西省国资委起草《山西省省属国有企业财务等重大信息公开实施细则(试行)》。按照《山西省省属国有企业财务等重大信息公开办法(试行)》和《实施细则》要求,山西省国资委监管的 20 户省属企业及其二级企业将2014年度、2015年第一季度、上半年及第三季度财务等重大信息在国资委、集团公司及二级公司网站进行公开和链接;6月底、8月底、10月底分别在《山西日报》《山西经济日报》《山西新闻网》《山西国资》及新闻客户端上刊登各集团公司2014年度、2015年上半年、2015年第三季度财务等重大信息。

2015年11月浙江省国资委印发《浙江省省属企业重大信息公开暂行办法》和《浙江省国资委关于进一步规范省属企业资金存放等财务事项管理的意见》,推进省属企业重大信息公开工作,保障社会公众对国有资产运营的知情权和监督权。

2016年,内蒙古自治区国资委起草《出资监管企业财务等重大信息公开实施方案(征求意见稿)》,并召开出资监管企业财务等重大信息公开工作座谈会,会上各出资监管企业根据自身实际情况对信息公开的内容、范围、形式、标准、流程、时间等方面提出了具体的意见和建议。

2017年,青海省制定印发《关于推进省属出资企业信息公开的指导意见的通知》,要求各企业按照文件要求加快推进国有企业重大信息公开工作。

(二)模式与试点

1.国有企业董事会治理

2015年天津向城投、泰达控股、食品、水务、轨道交通、华泽等集团选派7名外部董事,为食品、泰达控股、旅游、北方国际、建工、利和等集团配备职工董事。在27家企业开展规范的董事会建设试点工作,先后累计选派外部董事40名。指导北方国际、长芦盐业、食品集团、城建集团、天保控股5家市管企业完成公司章程规范修订。

2015年,江苏省国资委为中江集团配备2名外部董事,有力加强中江集团董事会决策的专业性和科学性。江苏水源公司、省粮食集团、中江集团、省惠隆资产管理公司、金陵饭店集团5家企业按照规定程序先后配齐职工董事。

2015年,宁波市国资委选择宁波工业投资集团有限公司进行试点,明确出资人与董事会职责,将部分出资人职责授权给董事会,调动董事会积极性;修订公司章程,建立职责明确、事权清晰的董事会、经营层议事规则,改进董事会运作模式;建立外部董事制度及日常考核评价机制,引进两名民营企业家进入董事会,改善董事会人员结构,提升董事会的独立性。

2015 年,辽宁省 25 家省属企业建立董事会,本钢集团、华晨集团等 13 家省属企业董事会设立战略发展、战略投资、风险控制、审计、人力资源、薪酬管理等 42 个董事会专门委员会,进一步健全省属企业董事会组织机构及相关职能。

2017 年 4 月,湖北省国资委监管企业已全部建立了董事会,且在董事会中成立了各专业委员会,并完善了一系列规章制度。外部董事人才库数量增长,质量提升,省出资企业董事会实现了外部董事过半的初步目标。

重庆市市属国有重点企业基本设立了董事会办公室,部分企业结合自身发展需要设立了董事会专门委员会。

2. 国有企业监事会治理

地方国资委成立后,要求做到与董事会工作、财务总监监督、《公司法》规范、党建督察、市场化运作以及稽察的相互结合,积极探索适应地方国资委发展的工作模式。

2012 年浙江省杭州市向 16 家市属国有企业派驻监事会,在浙江省乃至全国范围内率先实现了监事会组织全覆盖,形成了富有"杭州特色"的国有企业监事会模式。至 2017 年,杭州市国资委共设立 6 个外派监事组,每组包括 1 名监事会主席和 2 名专职监事,按企业规模、功能等派驻 3 家企业,与职工监事共同组成监事会。在监事会人员的配备上,坚持角色互补原则,使监事会每一名成员都能发挥自身优势和特长。

2014 年 6 月,福建省国资委成立第一外派监事会,派驻福建华闽实业(集团)公司福建省招标采购集团有限公司等公司。2014 年 11 月,成立出资企业第二监事会。2014 年 12 月,增加省产权交易中心为派驻单位。

截至 2015 年年底,山东省设置 6 个监事会办事处,监事会主席 4 名,处级监事 11 名,向 20 家企业派出监事,实现省管企业全覆盖。首次面向社会公开选聘专职监事 8 名,并派驻到 16 家企业担任监事。云南省国资委于 2017 年通过监事会工作处关于外聘监事会工作人员的选聘方案。人员选聘从原来的 10 人增加到 15 人,包含会计、审计、工程造价、市政、投资管理等 10 多个专业,有效地解决了监事会人员在监督检查中专业力量不足的问题。

3. 国有企业高管激励约束机制

2014 年,山东省开展企业高管人员契约化管理试点工作,对职业经理人制度建设情况进行调研,指导山东重工、齐鲁证券、泰山财险和山东省再担保集团 4 家企业开展试点工作。合理增加山东省管企业经营管理人员市场化选聘比例,指导 4 家企业采取市场猎取等方式选聘 5 名高级管理人员。

2014 年,内蒙古自治区国资委审议通过《内蒙古自治区盐业公司企业负责人副职薪酬差异化管理暂行办法》《内蒙古自治区盐业公司职能部门绩效考核办法》,用薪酬的差异化分配实现激励与约束的统一。

2014 年,上海仪电控股(集团)公司、华虹(集团)有限公司下属 4 家企业试点张江国家自主创新示范区股权和分红激励政策。全系统基本形成 7 种中长期激励模式,其中,现金模式约占 72%,股权模式约占 15%。

2014 年,河南省国资委确定在郑煤机集团、中国平煤神马集团、河南航投公司、河南能源化工集团、河南国控集团 5 家企业开展试点。平煤神马集团、郑煤机集团按照试点要求分别市场化选聘 1 名副总经理、1 名子公司总经理。

2018 年,天津市国资委大力推进中环集团股份股权激励计划,激励公司需要的关键人才,每年激励人数不超过公司总人数的 10%。

4. 党组织在国有企业治理中的作用

2017 年,河北省 18 家监管企业已全部完成党建工作总体要求进章程。青海省国资委党委认真贯彻落实青海省委党建领导小组第四次会议精神,全力推动国有企业党的建设制度化、规范化和常态化。截至 2017 年年底,青海省属17家出资企业公司章程修订工作实现全覆盖完成。一是确定了企业党组织的法定地位;二是明确企业党组织的机构组成;三是明确企业党组织的权责边界。

根据我们的调研,山西省分别印发《关于在深化国有企业改革中坚持党的领导、加强党的建设的实施意见》《山西省国有企业党建工作责任制实施办法》,党建工作总体要求纳入了企业章程,企业党委会和董事会、经理层也建立完善了"双向进入、交叉任职"的体制机制,同时明确党组织研究讨论是董事会、经理层决策重大问题的前置程序。截至2018年,24家省属企业董事长、党委书记全部由一人担任,实现100%"一肩挑";20家企业已完成专职党委副书记配备工作,19家企业的党员总经理兼任副书记已到位。

5.国有企业信息披露

2014年,广东省国资委在省联合服务公司和省铁投集团开展省属国有企业财务预算公开试点,提升企业运营透明度。实行企业社会责任报告发布制度。截至2014年,广东省国资委所属的80%省属企业向社会发布企业社会责任报告。

根据《山西省省属国有企业财务等重大信息公开实施细则(试行)》,山西报社传媒集团、晋商银行等省属文化、金融类国有企业也在相关网站上公开2014年度及2015年第一季度、上半年以及第三季度财务等重大信息,并在山西省国资委网上建立了"省属国有企业信息公开"专栏,与各监管企业网站实行了同步互联。实现山西省省属国有企业财务等重大信息的全面公开。不仅山西省省属企业集团层面公开了信息,而且公开信息的企业级次也已经延伸拓展到了四级。

2016年,北京市国资委选取7家监管企业作为信息披露试点,通过试点工作发现企业内控方面的问题与不足,接着进一步将试点企业范围扩大到47家,并要求市属国有企业以定期和临时报告的形式,对财务、投资、重点任务建设进度等方面共计28类重大事项,通过出资人监管信息化平台向北京市国资委进行信息披露。

青海省西钢集团建立了"谁形成,谁公开;谁公开,谁负责"的公司信息公开责任制,西钢股份公司 2017 年编制和披露定期报告 4 个、临时公告 71 个,非公告上网文件百余份,做到了信息披露的公开、公平、公正、及时、完整、有效。

第四节　国有企业法人治理结构的效果分析

一、国有企业董事会设立及其效果评价

(一)国有企业董事会设立及特征

通过公开信息搜索,我们确定了 75 家中央企业开展董事会建设工作的时间及名单(见表 3-1)。在手工搜集整理董事会试点中央企业名单及实施年份时,我们发现中央企业董事会建设开展时间有两个相关节点:一是国资委公布纳入中央企业董事会试点的日期,二是经筹备后正式召开董事会试点工作会议的日期。如 2004 年确定纳入试点的 7 家国有企业中,有 6 家是在 2005 年正式组建。参照李文贵等(2017)的研究,使用正式召开董事会工作会议的时间作为政策实施日。

表 3-1　中央企业董事会建设年份分布情况

年份	中央总数	本年建立数	累计建立数
2005	169	6	6
2006	159	11	17
2008	151	2	18
2009	129	5	23
2010	122	2	23

续表

年份	中央总数	本年建立数	累计建立数
2011	117	10	33
2012	116	7	40
2013	113	4	44
2014	112	12	56
2015	106	12	65
2016	102	8	67
2017	98	6	68
2018	96	5	72
2019	96	5	75

我们进一步收集了中央企业董事会的主要特征变量,如董事会规模、外部董事比例、年龄、任期和团队稳定性(见表3-2)。

中央企业集团公司董事会特征的描述性统计见表3-3。从表3-3可以看出,中央企业董事会规模的均值为7.794,最小值为3,且外部董事占比的最小值为0,这是由于一些企业在开展董事会建设后仅有执行董事,如研科技、北京矿冶在2018年开展董事会建设会议,但集团尚未纳入外部董事。不过,近99%的试点企业在开展董事会建设会议后引入了外部董事,且外部董事占比均值为0.572,与上市公司一般均值(0.33—0.4)相比有明显特点。总体上看,符合相关文件中对董事会成员不超过13人、外部董事人数原则上应当超过董事会全体成员的半数的一般规定。董事会年龄均值为59岁,接近法定退休年龄,说明董事会年龄整体偏高,其中,执行内部董事的年龄均值为55.070岁,而外部董事的年龄均值为62.560岁,内外董事年龄相差较大。董事会任期均值为2.978,方差为1.14,其中内部董事的平均任期为3.140,外部董事的平均任期为2.884,略大于上市公司独董任期(陈冬华和相加凤,2017)。此外,外部董事平均任期的最大值为9,说明集团董事会任期可视企业自身情况相机抉择,任期不超过两届的规定并非完全强制。

表3-2　中央企业董事会的主要特征变量

变量名称	变量符号	变量定义
董事会规模	$Boardsize$	董事会成员人数
外部董事	Ind_pct	外部董事占比
年龄	Age	董事会成员平均年龄
	Age_in	内部董事成员平均年龄
	Age_out	外部董事成员平均年龄
任期	$Tenure$	董事会成员平均任期
	$Tenure\_in$	内部董事成员平均任期
	$Tenure\_out$	外部董事成员平均任期
团队稳定性	$Tenure\_sd$	外部董事成员任期的标准差

表3-3　中央企业董事会特征描述性统计

变量	样本数	均值	标准差	最小值	中位数	最大值
$Boardsize$	622	7.794	1.778	3	7	13
Ind_pct	622	0.572	0.115	0	0.571	0.857
Age	500	59.290	2.309	51.000	59.500	66.570
Age_in	500	55.070	2.944	42.400	55.500	62.000
Age_out	500	62.560	2.930	54.500	62.750	70.670
$Tenure$	622	2.978	1.372	1	3	8.400
$Tenure\_in$	622	3.140	1.799	1	3	12
$Tenure\_out$	618	2.884	1.421	1	3	9
$Tenure\_sd$	622	1.140	1.109	0.000	0.976	5.431

（二）国有企业董事会设立的效果评价——投资效率视角

1. 样本选择与数据来源

选用 2003—2019 年参与董事会试点的中央企业集团公司为研究对象。中央企业董事会试点数据通过国务院国资委及企业等官方网站手工收集。财务数据通过中国国有资产管理年鉴、中诚信（财新）、iFind 金融数据库获得。

2. 模型设计与变量定义

借鉴王克敏等（2017）的研究，以文献中广泛采用的方式衡量投资水平（Invsize），即：（购建固定资产、无形资产和其他长期资产支付的现金+取得子公司及其他营业单位支付的现金净额之和-处置固定资产、无形资产和其他长期资产收回的现金净额-处置子公司及其他营业单位收到的现金净额）/总资产。

以理查森（Richardson）模型衡量中央企业的投资效率（Absinv）。将企业按照回归模型计算出的正常新增投资水平减去公司实际值（回归残差）作为非效率投资的替代度量。当残差大于 0，代表新增投资过度（Overinv），残差小于 0 代表新增投资不足（Underinv）。原估计模型如下：

$$INV_t = a_0 + a_1 V/P_{t-1} + a_2 Lev_{t-1} + a_3 Size_{t-1} + a_4 INV_{t-1} + a_5 Age_{t-1}$$
$$+ a_6 Ret_{t-1} + a_7 Cash_{t-1} + \sum Industry + \sum Year + \varepsilon \tag{3-1}$$

其中，INV 代表新增投资，为上述投资水平与折旧摊销总额之差（王克敏等，2017）；V/P 用以捕获增长机会，这里借鉴刘慧龙等（2014）的研究，使用主营业务收入增长率代替；Lev 为资产负债率；Size 为公司规模的对数；Age 为上市年限；Ret 代表股票收益率，国有上市公司层面用上年 5 月到本年 4 月数据计算得出；Cash 代表现金及现金等价物；此外，还控制了年度和行业。需要说明的是，在计算集团层面的投资效率时并未涵盖上市年限，并用资产收益率替代股票收益率,这是由于,一方面,中央企业基本都属国有独资,在集团层面没有这两个变量,参考现有文献使用 ROA 替代股票收益率(翟胜宝等,2014),上市年限没有合理的替代值;另一方面,理查森(Richardson,2006)模型是基于"预期新增投资是增长机会的增函数"这一中心思想设计出的。主变量为增长机会 V/P,上市年限及股票收益率等属于其他影响新增投资的控制变量,加之其他如 FHP、Vogt、BHV 等投资效率模型都未将这两项指标纳入。因此,我们认为这种做法不会对集团层面投资效率的衡量有效性产生威胁。模型(3-1)计算出的残差取绝对值,用以衡量投资效率,正残差用于衡量投资过度,负残差取绝对值来度量投资不足,所有变量值越小说明投资效率水平越高。

借鉴李文贵等(2017)与白俊等(2019)的研究,选取以下控制变量:(1)公司特征:公司规模($Size$)、资本结构(LEV)、盈利水平(ROA)、现金流水平($CFOA$)、代理成本(ADM);(2)董事会特征:董事会规模($Boardsize$)、外部董事占比(Ind)。同时,根据《关于进一步提高中央企业国有资本收益收取比例的通知》的分类办法,对中央企业的行业进行分类,并对中央企业行业分类、年度效应进行了控制。主要变量定义见表3-4。

由于中央企业董事会试点工作具有分步扩容的特点,为了保证前后公司特征的可比,我们考察参与董事会试点的中央企业集团公司在政策前后的变化情况,见模型(3-2):

$$Y_{i,t} = \beta_0 + \beta_1 Post_{i,t} + \beta_2 Controls_{i,t} + \delta_t + \sigma_c + \varepsilon_{i,t} \qquad (3-2)$$

其中,因变量为投资效率系列指标。$Post$ 是我们主要关注的变量,其值在中央企业召开董事会试点工作会议当年及以后年度取1;反之为0,系数 β_1 指的是被纳入中央企业董事会建设的公司在纳入前后的差异情况。除常规控制变量外,δ_t 为时间效应,σ_c 为中央企业行业效应。若 β_1 的回归系数为负,说明中央企业董事会建设能够促进降低中央企业投资水平、促进企业投资效率提升,有效地抑制过度投资,降低投资不足。

表 3-4 变量定义

变量类型	变量名称	变量符号	变量定义
因变量	投资水平	Invsize	借鉴王克敏等(2017)的研究
	投资效率	Absinv	Richardson 模型估计残差的绝对值
	投资过度	Overinv	Richardson 模型估计的正残差
	投资不足	Underinv	Richardson 模型估计负残差的绝对值
自变量	是否建立	Post	建立董事会当年及以后年度取 1;反之为 0
控制变量	公司规模	Size	总资产的自然对数值
	资本结构	LEV	资产负债率,为总负债与总资产之比
	盈利水平	ROA	净资产收益率 = 净利润/总资产
	现金流水平	CFOA	经营活动产生的现金流量净额/总资产
	代理成本	ADM	管理费用/营业收入

3. 描述性统计

主要变量的描述性统计见表 3-5。从表 3-5 可以看出,中央企业集团层面的最终样本量为 845 个,投资水平的均值为 0.061%,与上市公司的一般研究相差不大(卢馨等,2014)。由于投资效率分年度和行业回归的客观因素导致最终样本量为 692 个,其中投资不足的观测值占一半以上;Post 的均值为 0.501,说明董事会建设前后的样本数大致持平;企业规模均值为 25.789,远大于控股上市公司的均值(李文贵等,2017),符合直觉;资产负债率均值为 0.650%,最大值为 0.897%,说明中央企业整体处于高杠杆地带,强调降杠杆有重要意义;资产收益率均值为 0.025%,最小值为-0.039%,同时,经营活动产生的净现金流存在负值,说明有中央企业存在亏损,且整体资产收益率偏低;管理费用率均值为 0.059%,整体偏高。

表 3-5　描述性统计

变量	样本数	均值	标准差	最小值	中位数	最大值
Invsize	845	0.061	0.045	0	0.049	0.208
Absinv	692	0.012	0.013	0	0.008	0.097
Overinv	322	0.013	0.015	0	0.008	0.097
Underinv	370	0.011	0.011	0	0.008	0.073
Post	845	0.501	0.5	0	1	1
Size	845	25.789	1.431	22.29	25.867	28.969
LEV	845	0.650	0.145	0.271	0.674	0.897
ROA	845	0.025	0.023	−0.039	0.021	0.115
CFOA	845	0.044	0.051	−0.119	0.043	0.183
ADM	845	0.059	0.04	0.005	0.052	0.252

4.统计分析

表 3-6 报告了中央企业董事会建设与投资效率的回归结果。单数列与双数列分别是普通 OLS 及控制了行业与年度效应的回归结果。前 6 列的检验结果显示,在以 *Invsize*、*Absinv*、*Overinv* 以因变量回归时,*Post* 双数列前的系数分别为−0.013、−0.003、−0.005,系数具有经济显著性,且统计上都在 1% 的水平上显著,这表明在整体上,中央企业在建立了董事会后,无论从决策科学、政企分开,还是从董事会职能的发挥上讲,确实能有效遏制不良投资,提升投资效率,特别是对于过度投资的情景。在 *Underinv* 为因变量的情况下,系数列(7)和列(8)*Post* 前的系数虽然不显著,但都为负值。总体而言,中央企业董事会建设,能有效降低投资水平、提升投资效率、抑制过度投资。

表 3-6　中央企业董事会建设与投资效率的影响

变量	(1)	(2)	(3)	(4)	(5)	(6)	(7)	(8)
	Invsize		*Absinv*		*Overinv*		*Underinv*	
Post	−0.031 ***	−0.013 ***	−0.003 ***	−0.003 ***	−0.004 **	−0.005 ***	−0.002	−0.001
	(−6.52)	(−2.79)	(−2.76)	(−2.77)	(−2.41)	(−3.28)	(−1.34)	(−0.42)

续表

变量	（1）	（2）	（3）	（4）	（5）	（6）	（7）	（8）
	Invsize		*Absinv*		*Overinv*		*Underinv*	
Size	0.007***	0.003	−0.002***	0.000	−0.002**	0.000	−0.001**	0.000
	(4.27)	(1.41)	(−3.22)	(0.84)	(−2.38)	(0.38)	(−2.61)	(0.84)
LEV	−0.019	0.010	0.014**	0.006	0.016**	0.004	0.012*	0.006
	(−1.11)	(0.66)	(2.64)	(1.65)	(2.29)	(0.77)	(1.93)	(1.12)
ROA	−0.044	−0.012	0.044*	0.016	0.033	0.023	0.047	0.010
	(−0.31)	(−0.12)	(1.79)	(0.79)	(0.87)	(0.68)	(1.46)	(0.36)
CFOA	0.293***	0.173***	−0.004	0.005	0.016	0.019	−0.025	−0.015
	(6.52)	(4.34)	(−0.28)	(0.38)	(0.73)	(0.91)	(−1.36)	(−0.76)
ADM	−0.053	0.033	−0.019	−0.002	−0.028	−0.011	−0.015	0.002
	(−0.80)	(0.62)	(−1.25)	(−0.18)	(−1.18)	(−0.49)	(−0.98)	(0.14)
_cons	−0.093**	−0.020	0.048***	−0.000	0.065**	0.003	0.037***	−0.003
	(−2.20)	(−0.39)	(3.17)	(−0.03)	(2.27)	(0.12)	(2.79)	(−0.20)
Ind		Yes		Yes		Yes		Yes
Year		Yes		Yes		Yes		Yes
N	845	845	692	692	322	322	370	370
Adj-R²	0.30	0.45	0.08	0.18	0.09	0.17	0.07	0.19
F	28.86***	4.97***	5.22***	3.05**	5.45***	3.65***	2.75**	0.56

注：括号中为稳健标准误差；***、**、*分别表示在1%、5%、10%的水平下显著，并在公司层面聚类调整，下同。

二、国有企业高管薪酬激励及其效果评价

（一）国有企业高管薪酬现状与薪酬业绩敏感性

1. 数据来源与样本选择

本书收集了2016—2018年的中央企业名录、中央企业负责人经营业绩考核A级企业名单、中央企业各项经济指标以及其负责人薪酬，根据2014年财政部公布的《中央企业应交利润收取比例分类表》划分中央企业类别为特定

功能类和商业竞争类,并分组进行研究。其中,中央企业名录来自中国国有资产管理年鉴;中央企业负责人经营业绩考核 A 级企业名单来自国资委官方网站;中央企业各项经济指标以财新数据为基础,根据同花顺 iFind 进行补充,然后合并国资年鉴数据;中央企业负责人薪酬来自国资委官方网站以及中央企业官方网站。由于各中央企业披露的高管任期及薪酬情况复杂,对中央企业负责人薪酬数据做了以下处理:(1)当某一负责人在某年度内前后担任职务不一样时,为保留数据的完整性,保留该人的两种职务;(2)剔除当年任职期少于 10 个月的央企负责人;(3)剔除在当年未任职的负责人。

2.实证模型与变量

为了检验中央企业是否具有薪酬业绩敏感性,采用模型(3-3)进行检验:

$$\ln salary = \alpha_0 + \alpha_1 performance + \beta \sum controls + \varepsilon \tag{3-3}$$

其中,被解释变量 lnsalary 表示中央企业负责人当年从本公司获得的税前报酬总额的对数,税前报酬总额包括应付年薪,社会保险、住房公积金、企业年金、补充医疗保险的单位缴存部分,以及其他货币性收入三个部分;对于业绩指标 *Performance*,借鉴已有文献(卢锐,2008;卢锐等,2011),选用净资产收益率 ROE 作为衡量中央企业绩效的指标。

同时,根据以往研究选取了控制变量,控制其他一些因素的影响,以 $\sum controls$ 来表示,包括公司规模(*Size*)、资产负债率(*Sev*)、董事长兼任总经理(*Dual*)、董事会规模(*Boardsize*)、独董比例(*Ind_pct*)以及年度虚拟变量(Year)。

为了检验评级与薪酬、薪酬业绩敏感性之间的关系,采用模型(3-4)与模型(3-5)进行检验:

$$\ln salary = \alpha_0 + \alpha_1 G + \beta \sum controls + \varepsilon \tag{3-4}$$

$$\ln salary = \alpha_0 + \alpha_1 performance + a_2 G(或 B) + a_3 performance \times G(或 B) +$$
$$\beta \sum controls + \varepsilon \tag{3-5}$$

其中,G 为中央企业经营业绩考核评级哑变量,如果企业当年评级为 A,则取值为 1,否则为 0。B 为中央企业分类哑变量,如果中央企业类型为"商业竞争类",则取值为1,若中央企业类型为"商业特定功能类",则取值为0,其他变量与模型(3-3)相同。变量及其定义如表3-7所示。

表3-7　变量及定义

变量分类	变量名称	变量符号	变量定义
因变量	高管薪酬总和(对数)	lnsalary	中央企业负责人当年从本公司获得的税前报酬总额的对数
自变量	评级是否为A	G	G为中央企业经营业绩考核评级哑变量,如果企业当年评级为A,则取值为1,否则为0
	中央企业类别	B	B为中央企业分类哑变量,如果中央企业类型为"商业竞争类",则取值为1,若中央企业类型为"商业特定功能类",则取值为0
	业绩指标	Performance	选用净资产收益率ROE作为衡量中央企业绩效的指标
控制变量	公司规模	Size	公司总资产的自然对数
	董事长兼任总经理	Dual	董事长与总经理二职合一
	资产负债率	Lev	公司负债总额与公司资产总额的比值
	董事会规模	Boardsize	董事会成员数
	独董比例	Ind_pct	独立董事占全部董事的比重
	年份	Year	控制年份的影响

3.描述性统计

表3-8对使用的高管薪酬样本进行详细的描述,并将高管进一步划分为董事长和总经理、除董事长和总经理外的其他高管。选取了2016—2018年中央企业集团企业281个样本数据进行分析,其中2016年96家、2017年92家以及2018年93家。表3-8中显示,2016—2018年,我国中央企业高管薪酬均值(中位数)分别为66.45(66.33)、70.2(72.69)、75.19(76.99),高管薪酬整体呈现上升趋势,标准差分别为13.3、11.82、13.16,可见,高管之间薪酬差距不大。董事长和总经理的薪酬总和高于其他高管,从均值来看,2016年相

差 7.22 万元、2017 年相差 7.51 万元、2018 年相差 8.56 万元,差距逐年拉大,但差距并不明显。

表 3-8　中央企业薪酬描述性统计

年份	统计量	薪酬总和(万元)		
		全部高管	董事长和总经理	其他高管
2016	公司数	96.0	92.00	96.00
	均值	66.45	72.29	65.07
	中位数	66.33	74.85	65.75
	标准差	13.30	13.91	13.01
	最小值	40.25	38.77	39.87
	最大值	116.78	125.75	114.53
2017	公司数	92.00	85.00	92.00
	均值	70.20	76.33	68.82
	中位数	72.69	78.80	70.68
	标准差	11.82	12.76	11.40
	最小值	28.61	26.93	28.61
	最大值	112.96	118.39	110.79
2018	公司数	93.00	80.00	92.00
	均值	75.19	82.23	73.67
	中位数	76.99	82.99	76.03
	标准差	13.16	12.21	13.20
	最小值	29.18	59.75	29.18
	最大值	113.19	121.51	111.80
总体	公司数	281.00	257.00	280.00
	均值	70.57	76.72	69.13
	中位数	72.50	78.84	70.80
	标准差	13.24	13.59	13.02
	最小值	28.61	26.93	28.61
	最大值	116.78	125.75	114.53

表 3-9 对评级为 A 类的企业与评级非 A 类的企业进行分类描述统计,从

表3-9的结果看,评级非 A 组高管薪酬(*Salary*)的均值为65.99,中位数为64.89,标准差为9.27,评级 A 类组企业负责人薪酬均值为77.94,中位数为77.03,标准差为6.86,可见,中央企业评级为 A 的企业相对于评级非 A 的企业高管薪酬整体偏高且相对集中,两组的业绩(*Roe*)与公司规模(*Size*)也呈现与薪酬相同的特点。同时,董事长和总经理两职合一在评级为 A 类的中央企业中更为多见,评级非 A 企业董事会人数更多。此外,两组之间资产负债率均值和中位数均相同,评级 A 类组标准差略低于评级非 A 组,资产负债率并无显著差别。

表3-9 评级样本描述性统计

分组	变量	样本量	均值	中位数	标准差	最小值	最大值
评级非 A 类	*Salary*	69.00	65.99	64.89	9.27	45.70	103.34
	Roe	69.00	0.03	0.03	0.04	-0.12	0.15
	Size	69.00	25.63	25.65	1.07	22.91	27.47
	Lev	69.00	0.64	0.67	0.13	0.27	0.84
	Dual	69.00	0.03	0.00	0.17	0.00	1.00
	Boardsize	69.00	5.96	7.00	3.34	0.00	13.00
	Ind_pct	69.00	0.45	0.57	0.25	0.00	0.78
评级 A 类	*Salary*	101.00	77.94	77.03	6.86	63.29	116.78
	*ROE*1	101.00	0.07	0.07	0.03	0.01	0.22
	Size	101.00	27.07	27.09	0.68	25.59	29.05
	Lev	101.00	0.64	0.67	0.12	0.40	0.82
	Dual	101.00	0.07	0.00	0.26	0.00	1.00
	Boardsize	101.00	5.75	7.00	3.24	0.00	13.00
	Ind_pct	101.00	0.46	0.57	0.25	0.00	0.71

续表

分组	变量	样本量	均值	中位数	标准差	最小值	最大值
全评级样本	*Salary*	170.00	73.09	74.11	9.85	45.70	116.78
	*ROE*1	170.00	0.05	0.05	0.04	−0.12	0.22
	Size	170.00	26.49	26.66	1.11	22.91	29.05
	Lev	170.00	0.64	0.67	0.12	0.27	0.84
	Dual	170.00	0.05	0.00	0.22	0.00	1.00
	Boardsize	170.00	5.84	7.00	3.27	0.00	13.00
	Ind_pct	170.00	0.46	0.57	0.25	0.00	0.78

4. 统计分析

中央企业是否具有薪酬业绩敏感性,以及业绩评级是否影响其薪酬业绩敏感性,检验结果见表3-10。

表3-10中列(1)展示了中央企业薪酬业绩敏感性,*Performance* 的系数显著为正,说明我国中央企业具有薪酬业绩敏感性。此外,央企企业规模与高管薪酬显著正相关,资产负债率水平与高管薪酬成反比与以往研究相符(董晓萌,2016)。列(2)中 *G* 的系数显著为正,说明评级与高管薪酬呈显著正相关,可以证明我国中央企业已实现高管薪酬与业绩评级挂钩。列(3)展示了业绩评级对中央企业薪酬业绩敏感性的影响,*Performance* 与 *G* 的交乘项并不显著,说明对于全样本而言,业绩评级为 A 的企业与非 A 的企业高管薪酬对业绩的敏感性并无显著差异。*Performance* 与 *B* 的交乘项显著为正,说明中央企业中商业竞争类企业相对于特定功能类企业薪酬业绩敏感性具有显著差异,中央企业商业竞争类企业相对于特定功能类企业的高管薪酬契约更加注重业绩。

表 3-10　中央企业薪酬业绩敏感性与评级之间关系的检验

变量	(1)	(2)	(3)	(4)
	ln*salary*	ln*salary*	ln*salary*	ln*salary*
G		0.101***	0.050*	−0.011
		(6.49)	(1.93)	(−0.59)
Performance	1.158***		1.012***	0.807***
	(6.68)		(2.67)	(3.52)
Performance×G			−0.133	
			(−0.33)	
Performance×B				0.610*
				(1.92)
Size	0.078***	0.052***	0.0656***	0.0869***
	(14.65)	(7.29)	(7.84)	(12.71)
Lev	−0.109**	−0.085*	−0.095**	−0.138***
	(−2.59)	(−1.94)	(−2.33)	(−2.75)
dual	0.022	−0.007	0.013	0.018
	(1.05)	(−0.38)	(0.65)	(0.73)
Boardsize	0.014***	0.012***	0.014***	0.005
	(3.69)	(3.38)	(3.59)	(1.27)
Ind_pct	−0.116***	−0.094**	−0.107**	0.001
	(−2.68)	(−2.36)	(−2.48)	(0.028)
Constant	2.142***	2.825***	2.452***	1.930***
	(16.43)	(16.16)	(11.82)	(11.88)
Year	控制	控制	控制	控制
Observations	170	170	170	142
R^2	0.703	0.654	0.712	0.775
F	59.77	39.93	49.73	52.23

注:括号中为稳健标准误差;***、**、*分别表示在1%、5%、10%的水平下显著。

（二）国有企业高管薪酬职务倒挂的影响

2014 年"限薪令"的主要对象并非全部国有企业高管。部分公司为了应对外部市场的人才竞争压力,防止人员外流,只能相应提升第二层级管理者薪酬,导致企业内部出现薪酬职务倒挂现象。据 2019 年德勤发布的《中国六大商业银行公司治理实践研究报告(2019)》指出,二元制薪酬体系下的中国六大国有商业银行薪酬职务倒挂现象较为严重,出现不限薪的分行高管薪酬远超总行限薪高管薪酬现象,如一些地方支行行长的年薪高达 200 万元,远高于总行行长年薪。受"限薪令"政策的影响,中央金融企业中干部的平均薪酬约为人民币 60 万元左右,明显低于不受政策影响的市场化选聘的其他职位高管薪酬。根据国泰安高管薪酬数据手工整理得出,我国出现薪酬职务倒挂现象的国有上市公司自 2007 年的 42 家上升至 2018 年的 127 家,且在 2014 年"限薪令"实施之后增长趋势更为明显,具体见图 3-1。

（单位：家）

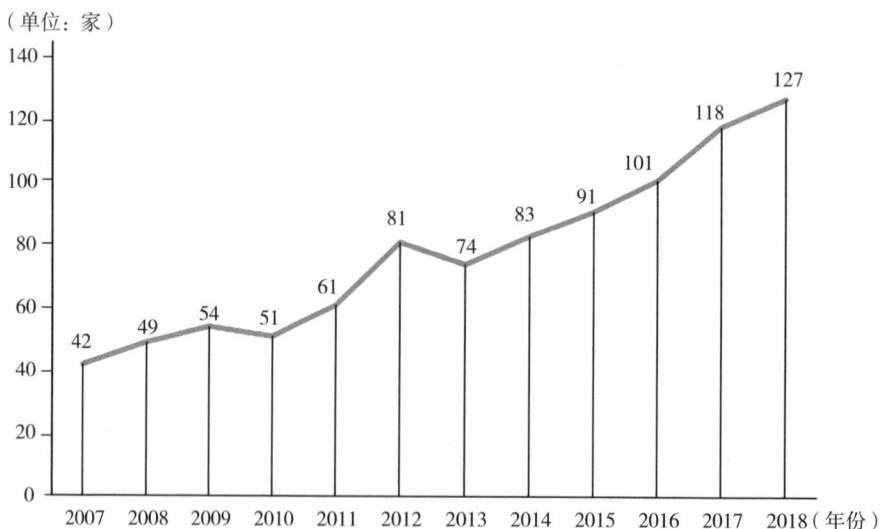

图 3-1 国有企业董事长或总经理薪酬职务倒挂的数量

薪酬职务倒挂具有明显的负面影响,已有研究表明会降低公司的投资效率。本部分选取的研究样本为 2007—2018 年 A 股上市公司,进一步研究薪酬职务倒挂对企业创新的影响。

研究样本选择只保留了在所研究的样本期间内有连续 3 年及以上存在薪酬职务倒挂的样本公司,此种处理方法也符合在我国国有企业中董事长和总经理聘期一般为 3 年的情况(周铭山和张倩倩,2016)。经过上述处理最终得到的符合条件的观测值为 336 个。借鉴现有文献,建立模型(3-6),具体变量定义见表 3-11。

$$Innovation_{it} = \beta_0 + \beta_1 Treat_{it} + \beta_2 ROA_{it} + \beta_3 Size_{it} + \beta_4 Lev_{it} + \beta_5 Growth_{it}$$
$$+ \beta_6 Age_{it} + \beta_7 Exsh_{it} + \beta_8 Board_{it} + \sum Ind_{it} + \sum Year_{it} + \varepsilon_{it}$$

$$(3-6)$$

表 3-11　变量定义

变量类型	变量名称	变量代码	变量定义
被解释变量	企业创新	RD	创新投入,公司研发投入占营业收入的比例
		$Patent$	创新产出,公司专利获得数量加 1 后取对数
解释变量	薪酬职务倒挂	$Treat$	公司其他高管年度平均薪酬大于董事长或总经理薪酬,是为 1,否为 0
控制变量	总资产收益率	Roa	净利润/总资产
	公司规模	$Size$	年末总资产的自然对数
	资产负债率	Lev	总负债/总资产
	营业收入增长率	$Growth$	(本期营业收入-上期营业收入)/上期营业收入
	公司年限	Age	样本公司观测年份与其上市年份之差
	高管持股比例	$Exsh$	高管持股数量与公司总股数的比值
	董事会规模	$Board$	董事成员人数
	行业	Ind	证监会行业分类
	年份	$Year$	年份

1. 主要变量的描述性统计

表 3-12 列示了主要变量的描述性统计结果。由表 3-12 可知,我国国有上市公司创新投入(RD)均值只占公司营业收入的 1.7%,研发投入相对不足。国有上市公司创新产出($Patent$)均值与中位数约为 2.303,最大值约为 6.522,说明大多数国有企业研发创新产出量偏低,专利数有待进一步提高。解释变量是否薪酬职务倒挂($Treat$)的均值为 0.551,说明我国国有企业薪酬职务倒挂样本占研究样本总数的 55%。同时,表 3-12 列示了其他控制变量的描述性统计结果,其中,样本公司总资产收益率(Roa)均值约为 0.037,公司规模($Size$)均值约为 22.482,公司资产负债率(Lev)均值约为 0.492,公司营业收入增长率($Growth$)均值约为 0.173,公司成立年限(Age)均值约为 13.423,高管持股比例($Exch$)均值约为 0.004,董事会规模($Board$)均值约为 9.068。

表 3-12 主要变量的描述性统计

变量名称	样本量	均值	标准差	中位数	最小值	最大值
RD	336	0.017	0.029	0.002	0	0.280
$Patent$	336	2.151	1.878	2.303	0	6.522
$Treat$	336	0.551	0.498	1	0	1
Roa	336	0.037	0.065	0.028	−0.407	0.195
$Size$	336	22.482	1.212	22.513	19.243	26.105
Lev	336	0.492	0.214	0.517	0.041	0.942
$Growth$	336	0.173	0.375	0.117	−0.723	3.705
Age	336	13.423	5.890	14	1	25
$Exsh$	336	0.004	0.018	0	0	0.149
$Board$	336	9.068	1.639	9	5	14

2. 回归结果

表 3-13 列示了薪酬职务倒挂与企业创新的回归结果。其中,薪酬职务

倒挂($Treat$)与企业创新投入(RD)在10%的水平下显著负相关,与企业创新产出($Patent$)在5%水平下显著负相关。结果表明,薪酬职务倒挂不仅会抑制企业创新投入水平,还不利于企业的创新产出。企业长期存在的薪酬职务倒挂现象会导致董事长或总经理产生不公心理,削弱工作积极性,减少参与企业创新活动的主动性,不利于企业创新发展。

表 3-13　薪酬职务倒挂与企业创新

变量	（1）	（2）
	RD	*Patent*
Treat	−0.003* (−1.72)	−0.538** (−2.42)
Roa	−0.046* (−1.71)	−1.106 (−0.56)
Size	−0.002*** (−2.68)	0.677*** (3.54)
Lev	−0.019* (−1.88)	−0.995 (−1.25)
Growth	0.003 (1.14)	−0.181 (−0.85)
Age	−0.001*** (−3.23)	0.023 (0.95)
Exsh	0.333*** (6.29)	4.173 (0.75)
Board	0.001 (0.86)	−0.059 (−0.60)
Constant	0.041** (2.47)	−13.148*** (−3.82)
行业	控制	控制
年度	控制	控制
样本数	336	336
Adj-R^2	0.788	0.578

注:括号中为稳健标准误差:*** 、** 、* 分别表示在1%、5%、10%的水平下显著。

三、国有企业信息披露的现状与评价

当前国资委相关规章要求国有企业披露企业经营计划等事前信息披露、重大经营事项等事中信息披露以及财务会计与业绩评价等事后信息三个方面。同时,部分国有企业集团公司因发债披露了财务报告,为利用财务会计等事后信息研究国有集团企业的信息质量提供了研究基础。

(一)国有企业集团公司信息披露基本情况

我国国有企业逐步形成了以集团公司为母公司和众多子公司为主要特征的企业集团(毛新述,2020),比较典型的控股结构见图3-2。从其控股的层级来看,通常至少存在一个层级,最大可达几十级。

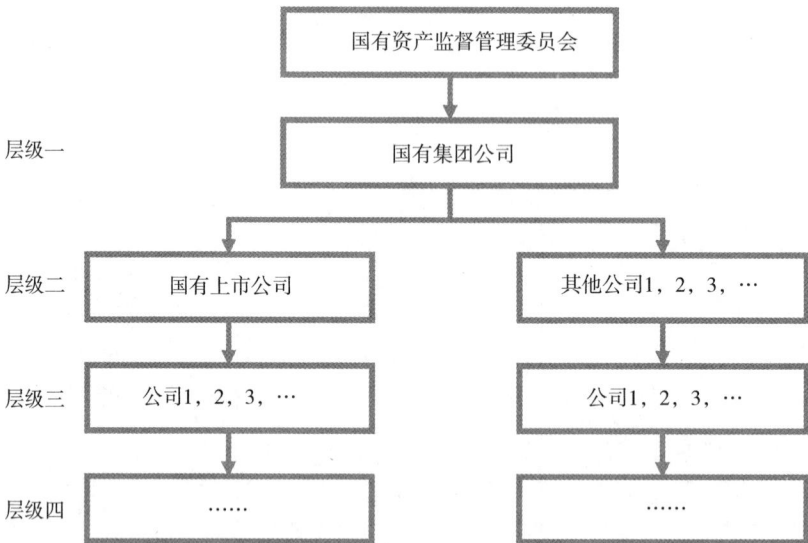

图3-2 国有企业典型控股结构图

1.国资委的信息披露

根据《国务院国有资产监督管理委员会信息公开指南》,国资委的信息披露主要包括:所出资企业生产经营总体情况;所出资企业经营业绩考核总体情况;所出资企业数量变动及名称变更情况等。从 2015 年开始,公开披露所出资企业负责人的薪酬。例如,2019 年中央企业累计实现营业收入 30.8 万亿元,同比增长 5.6%,累计实现净利润 1.3 万亿元,同比增长 10.8%。及时公开中央企业 2018 年度和 2016—2018 年任期中央企业负责人经营业绩考核结果为 A 级的企业信息。

尽管国资委负责收集所出资企业国有资产有关统计信息,包括财务报表,但并未公开披露各出资企业的具体信息,而是以汇总、概要的方式,通过其负责出版《中国国有资产监管管理年鉴》进行披露。该年鉴还会披露中央企业的主要经济指标,包括资产总额、所有者权益、营业收入、利润总额、净利润、归属于母公司所有者的净利润、技术开发投入、利税总额、应交税金总额、全员劳动生产率、净资产收益率、总资产报酬率、国有资本保值增值率。

2. 国有集团公司信息披露

国有企业集团公司是指由国家直接控制的国有企业,除整体上市的外,一般为国有独资企业(非上市公司)。尽管要求国有企业信息披露的呼声一直很高,但是,截至 2019 年年底,并未有制度强制要求国有企业披露包括财务报告在内的相关信息。国有集团公司也不例外,部分国有企业集团公司因整体上市或者公开发行债券披露了财务报告,为研究国有集团公司的信息披露提供了研究样本。表 3-14 列示了我国中央企业集团公司样本分布与信息披露情况,截至 2019 年年底,中央企业集团公司累计 2194 家,其中 1162 家公开发行过债券,这意味着仅 52.96% 的中央企业披露了其完整的财务报表信息。表 3-15 列示了省属企业集团公司样本分布与信息披露情况,4829 家省属企业集团公开发行过债券,仅 30.18% 的省属企业披露了其完整的财务报表信息。

表 3-14　2003—2019 年中央企业集团公司样本分布与信息披露情况

年份	全部集团公司			发行过债券的集团公司			国资委年鉴披露的集团公司		
	数量	频数	累计频数	数量	频数	累计频数	数量	频数	累计频数
2003	189	8.61	8.61	43	3.7	3.7	100	5.79	5.79

续表

年份	全部集团公司			发行过债券的集团公司			国资委年鉴披露的集团公司		
	数量	频数	累计频数	数量	频数	累计频数	数量	频数	累计频数
2004	178	8.11	16.73	53	4.56	8.26	102	5.91	11.7
2005	169	7.7	24.43	61	5.25	13.51	100	5.79	17.49
2006	159	7.25	31.68	69	5.94	19.45	113	6.54	24.03
2007	151	6.88	38.56	73	6.28	25.73	115	6.66	30.69
2008	142	6.47	45.03	76	6.54	32.27	117	6.77	37.46
2009	129	5.88	50.91	78	6.71	38.98	110	6.37	43.83
2010	122	5.56	56.47	79	6.8	45.78	112	6.49	50.32
2011	117	5.33	61.8	78	6.71	52.5	104	6.02	56.34
2012	116	5.29	67.09	77	6.63	59.12	108	6.25	62.59
2013	113	5.15	72.24	74	6.37	65.49	111	6.43	69.02
2014	112	5.1	77.35	75	6.45	71.94	108	6.25	75.28
2015	106	4.83	82.18	68	5.85	77.8	102	5.91	81.18
2016	102	4.65	86.83	67	5.77	83.56	97	5.62	86.8
2017	98	4.47	91.29	63	5.42	88.98	96	5.56	92.36
2018	96	4.38	95.67	66	5.68	94.66	68	3.94	96.29
2019	95	4.33	100	62	5.34	100	64	3.71	100
全部	2194	100		1162	100		1727	100	

表 3-15 2003—2019 年省属企业集团公司样本分布与信息披露情况

年份	全部省属公司数	发行债券的省属公司	频数	累计频数
2003	—	98	2.03	2.03
2004	—	115	2.38	4.41
2005	1203	146	3.02	7.43
2006	1144	187	3.87	11.31
2007	1136	239	4.95	16.26
2008	1161	280	5.8	22.05
2009	1117	310	6.42	28.47
2010	1161	339	7.02	35.49

年份	全部省属公司数	发行债券的省属公司	频数	累计频数
2011	1147	355	7.35	42.85
2012	1042	363	7.52	50.36
2013	983	357	7.39	57.76
2014	994	355	7.35	65.11
2015	1033	335	6.94	72.04
2016	971	358	7.41	79.46
2017	982	329	6.81	86.27
2018	964	342	7.08	93.35
2019	962	321	6.65	100
全部	16000	4829	100	

3.国有上市公司信息披露

国有上市公司的信息披露同非国有上市公司的信息披露没有区别,遵循证监会的要求公开披露定期报告和其他信息。目前,大多数关于国有企业的研究是基于国有上市公司,但是由于我国国有企业特有的分拆上市模式,集团公司往往将优质资产分拆出来单独上市,因此国有上市公司并不能代表国有企业整体。

4.其他国有企业的信息披露

其他国有企业的信息披露同国有集团公司较为类似。

(二)国有企业集团公司和上市公司主要财务指标比较

从表3-16中央企业集团公司和上市公司主要财务指标比较数据可以看出,中央企业集团公司总资产收益率 Roa、财务杠杆率 Lev、经营活动现金流量净额与净利润之比 Cfo_ni,高于中央企业上市公司。

表 3-16　2003—2019 年中央企业集团公司和上市公司主要财务指标比较

年份	中央企业集团公司						中央企业上市公司					
	Roa		Lev		Cfo_ni		Roa		Lev		Cfo_ni	
	公司数	均值	公司数	均值	公司数	均值	公司数	均值	公司数	均值	公司数	均值
2003	100	0.021	100	0.633	32	6.085	271	0.029	271	0.473	271	2.671
2004	96	0.038	72	0.663	47	5.942	271	0.027	271	0.511	271	2.253
2005	87	0.044	81	0.690	54	3.82	272	0.017	272	0.512	272	2.272
2006	106	0.041	78	0.679	66	2.302	293	0.029	293	0.552	293	2.127
2007	110	0.051	81	0.644	67	1.714	311	0.041	311	0.565	311	1.486
2008	115	0.041	109	0.622	70	3.672	312	0.019	312	0.539	312	1.634
2009	109	0.034	106	0.628	71	3.541	356	0.023	356	0.554	356	2.217
2010	110	0.056	108	0.628	70	0.779	376	0.040	376	0.534	376	1.264
2011	103	0.041	99	0.642	71	4.178	379	0.031	379	0.54	379	1.024
2012	107	0.033	106	0.642	73	1.297	376	0.026	376	0.541	376	1.182
2013	111	0.034	108	0.638	69	0.108	375	0.024	375	0.56	375	1.946
2014	107	0.035	107	0.637	73	2.808	368	0.024	368	0.541	368	1.516
2015	100	0.029	101	0.636	69	2.598	372	0.019	372	0.534	372	2.211
2016	97	0.028	96	0.629	65	2.508	383	0.026	383	0.525	383	2.374
2017	94	0.027	95	0.615	61	5.201	426	0.03	426	0.515	426	1.294
2018	68	0.031	68	0.630	68	5.363	447	0.027	447	0.514	447	1.774
2019	64	0.031	64	0.617	64	5.141	445	0.024	445	0.514	445	2.618
全部	1684	0.037	1579	0.639	1090	3.167	6033	0.027	6033	0.531	6033	1.852

　　如果利用中央企业集团公司所属的上市公司为样本进行检验,公司数为 6033,平均 Roa 为 0.027,Lev 为 0.531,Cfo_ni 为 1.852,结果基本一致。中央企业集团公司的 Roa 高于其上市公司的 Roa,与我国国有企业分拆上市的实际不符。可能的原因是:部分集团公司编制合并财务报表时不对内部交易进行抵销,而是直接相加。另外,为了满足国资委的考核要求,集团公司更有动机采用激进的会计政策,或者对其实施操纵。

　　从表 3-17 省属企业集团公司和上市公司主要财务指标比较数据可以看

出,省属企业集团公司总资产收益率(*Roa*)小于省属上市公司,财务杠杆(*Lev*)大于省属上市公司。

表 3-17　2003—2019 年省属企业集团公司和上市公司主要财务指标比较

年份	省属企业集团公司						省属企业上市公司					
	Roa		*Lev*		*Cfo_ni*		*Roa*		*Lev*		*Cfo_ni*	
	公司数	均值	公司数	均值	公司数	均值	公司数	均值	公司数	均值	公司数	均值
2003	96	0.019	97	0.557	78	2.137	162	0.025	162	0.549	162	2.382
2004	114	0.025	115	0.590	107	4.617	357	0.027	357	0.511	357	2.263
2005	143	0.024	146	0.618	136	3.642	358	0.019	358	0.557	358	2.727
2006	184	0.030	187	0.631	177	2.649	352	0.032	352	0.545	352	2.628
2007	237	0.040	238	0.617	231	2.066	369	0.043	369	0.534	369	1.944
2008	277	0.028	280	0.610	274	3.263	361	0.027	361	0.534	361	2.491
2009	309	0.027	309	0.618	306	3.380	360	0.032	360	0.524	361	3.038
2010	336	0.030	338	0.622	333	2.364	361	0.044	361	0.529	361	1.322
2011	352	0.028	354	0.629	347	0.663	378	0.039	378	0.538	378	1.252
2012	361	0.019	362	0.641	359	1.807	378	0.028	378	0.546	378	1.651
2013	356	0.016	357	0.656	356	1.428	379	0.029	379	0.541	379	1.595
2014	351	0.015	355	0.659	348	3.306	393	0.023	393	0.544	393	1.789
2015	329	0.010	335	0.660	324	2.150	379	0.014	379	0.537	379	2.279
2016	358	0.010	358	0.659	353	3.600	383	0.024	383	0.515	383	2.056
2017	328	0.013	329	0.653	324	4.032	423	0.031	423	0.511	423	1.122
2018	342	0.016	342	0.640	339	4.134	421	0.028	421	0.513	421	1.793
2019	316	0.008	321	0.642	312	4.530	421	0.028	421	0.515	421	2.402
全部	4789	0.020	4823	0.636	4704	2.858	6235	0.029	6235	0.531	6236	2.018

(三)基于国有集团公司和上市公司信息披露的比较

会计稳健性在一定程度上提高了企业信息披露质量,会计稳健性程度越低,会计信息质量越差。会计稳健性可以通过提高会计信息质量和增强投资者关注度两条路径缓解盈余惯性(杜妍和王生年,2020)。我们首先从会计稳健性角度进行检验。关于会计稳健性和产权性质的文献主要集中在国有企业与非国有企业方面,胡妙迪和邹能锋(2019)发现,会计稳健性对投资不足抑制效应在非国有企业中更为显著,表现出与国有企业不同的效果,同时也发现会计稳健性与信息披露质量两者在对投资不足的抑制作用上存在互补关系。周颖(2014)发现,非国有企业管理者的所有制权力、组织权力、专家权能和声望权能对会计稳健性的影响比国有企业的更显著。尚未有研究聚焦国有集团企业和上市公司会计稳健性方面是否存在差异,我们对此进行进一步分析。

根据巴苏(Basu,1997)等的研究,提出模型(3-7)检验国有集团公司和国有上市公司稳健性方面的差异。

$$\Delta X_{i,t} = \beta_0 + \beta_1 \times DX_{i,t-1} + \beta_2 \times \Delta X_{i,t-1} + \beta_3 \times DX_{i,t-1} \times \Delta X_{i,t-1} + \varepsilon_{i,t}$$

$$(3-7)$$

其中,$\Delta X_{i,t-1}$指 i 公司年度会计盈余之差;$DX_{i,t-1}$是虚拟变量,当$\Delta X_{i,t-1}$小于 0 时取 1,否则为 0。模型(3-7)中,β_2表示好消息下盈余变化额的持续性(反转倾向);$\beta_2 + \beta_3$表示坏消息下盈余变化额的持续性(反转倾向),β_3表示坏消息下盈余变化额的持续性(反转倾向)相对于好消息下盈余变化额的持续性(反转倾向)的增量变化。$\beta_3 < 0$表明坏消息下盈余变化额比好消息下盈余变化额在以后期间有更大转回倾向,即会计稳健性较强。

表3-18 列示了国有集团公司和上市公司盈余稳健性的检验结果。结果表明,中央企业中,集团公司交乘项系数 $DX_{i,t-1} \times \Delta X_{i,t-1}$ 在 10% 的水平上显著为正,说明表示坏消息下盈余变化额的持续性(反转倾向)相对于好消息下盈余变化额的持续性(反转倾向)更强(更弱),即不具有会计稳健性;上市公司交乘项系数在 1% 的水平下显著为负,表示坏消息下盈余变化额的持续性(反转倾向)相对于好消息下盈余变化额的持续性(反转倾向)更弱(更强),即会计稳健性较强。结合前面中央企业集团公司和上市公司的 Roa 比较,我们认为,中央企业集团公司可能实施了更激进的会计政策。在省属企业中,集团公司不

显著,上市公司交乘项在1%的水平下显著为负,说明集团公司盈余不具有稳健性,而上市公司盈余呈现出较强的会计稳健性。总的来说,无论是中央企业还是省属企业,与上市公司相比,集团公司的会计稳健性更低,信息披露质量更差。如果使用中央企业集团公司所属的上市公司为样本,结果基本一致。

表3-18　基于国有集团公司和上市公司信息披露的比较——以盈余稳健性为例

变量	中央企业		省属企业	
	集团公司	上市公司	集团公司	上市公司
	$\Delta X_{i,t}$	$\Delta X_{i,t}$	$\Delta X_{i,t}$	$\Delta X_{i,t}$
$\Delta X_{i,t-1}$	-0.656^{***}	-0.276^{***}	-0.160^{**}	-0.247^{***}
	(-3.92)	(-6.86)	(-2.40)	(-6.51)
$DX_{i,t-1}$	-0.007^{*}	-0.015^{***}	-0.001	-0.014^{***}
	(-1.83)	(-8.12)	(-0.53)	(-9.70)
$DX_{i,t-1} \times \Delta X_{i,t-1}$	0.385^{*}	-0.364^{***}	-0.050	-0.415^{***}
	(1.67)	(-5.95)	(-0.60)	(-6.25)
$Constant$	0.006^{**}	-0.001	-0.002	-0.001
	(2.41)	(-0.29)	(-1.39)	(-0.34)
行业	控制	控制	控制	控制
年度	控制	控制	控制	控制
样本数	1254	4688	3802	4654
$Adj-R^2$	0.080	0.169	0.011	0.176

注:括号中为稳健标准误差;***、**、*分别表示在1%、5%、10%的水平下显著。

第五节　国有企业法人治理结构完善的顶层设计与实施路径

一、国有企业法人治理结构完善的顶层设计

在按功能对国有企业进行分类的基础上完善国有企业法人治理结构,主

要包括明确国有企业混合所有制改革的规则,根据国有企业功能定位分类设置国有企业董事会、遴选董事并对董事会绩效进行考核,对国有企业高管的选聘和考核激励时考虑企业的功能定位,明确董事会负责高管的选聘和考核;参考上市公司信息披露制度,明确国有企业信息披露形式、披露内容,建立国有企业信息披露制度及披露框架;探索党组织在法人治理结构中发挥领导作用的有效机制。

国有企业法人治理结构完善的框架见图3-3。

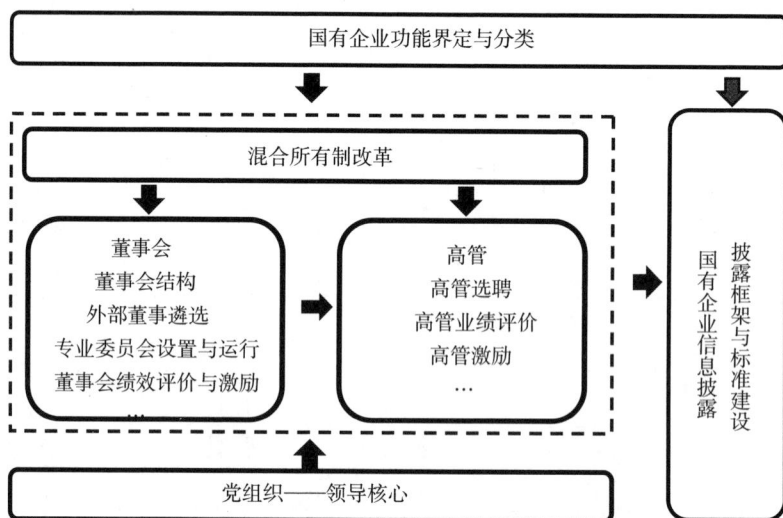

图3-3　国有企业法人治理结构完善框架

二、完善国有企业法人治理结构的实施路径

(一)明晰党组织在国有企业治理中发挥领导作用的机制

根据党的十九大及党的十八届三中全会精神,党组织在国有企业中发挥战斗堡垒作用,在职工群众中发挥领导作用,在企业发展中发挥领导作用。在企业经营中,按照"双向进入、交叉任职"的精神,原则上应安排党组织负责人进入董事会或经营班子,参与企业重大问题决策。在选人用人方面,将党组织

推荐和董事会选聘高管相结合,在企业风险防范方面,落实党委党风廉政建设主体责任和纪委监督责任。

在此基础上,基于分层分类推进混合所有制改革,完善国有企业法人治理结构的实施路径主要包括:分类推进国有企业董事会设置及外部董事遴选、持续推进高管的市场化选聘及考核激励、探索完善国有企业信息披露框架。

(二)分类推进国有企业董事会改革

按具体内容分类进行董事会功能定位及董事会绩效评价和激励。董事会受股东大会之托,对公司经营者团队履行其监督、咨询等职能。对于公益类企业的董事会职能,应在明确其"事权"前提下,侧重对经营团队的"监督职能";对于商业类企业董事会职能,应以市场为导向,强化其对经营团队"监督职能"的同时,重点强调"咨询职能"。

在董事会激励和绩效评价方面,对于公益类企业董事会及其成员,因其聚焦于监督职能应设置相对固定的激励机制——"固定津贴",并视参加董事会、经营者团队等情况给予适当补贴;对于商业类企业,应引入市场机制,采用"基于业绩的薪酬"机制或其他相对灵活的激励机制。

(三)建立高管选聘及激励约束机制

探讨管理层最优激励约束机制及其实现路径。中央企业薪酬对业绩和考核评级具有敏感性,业绩评级为 A 的企业与非 A 的企业高管薪酬对业绩的敏感性并无显著差异,以及国有上市公司薪酬职务倒挂现象及其负面效应的出现,表明我国中央企业薪酬激励的正面效应还未完全显现。因此,应进一步构建多层次激励体系,完善激励机制。

(四)加快推进国有企业信息披露制度

加强信息披露可以有效防止腐败和国有资产流失,同时可以进一步加强和完善国有企业公司治理。国际经验和我国的效果分析均表明,加快推进国有企业信息披露势在必行,因此应根据实践建立定期披露制度,推进包含企业财务报表、公司治理、重大事项、高管薪酬等事项的信息披露。

第四章　国有企业混合所有制改革

混合所有制改革是国资监管体制改革的重要抓手。本章梳理我国国有企业混合所有制改革的演进，回顾我国混合所有制改革的理论观点，总结我国混合所有制改革的实践探索，提供我国混合所有制改革的效果分析，提出推进混合所有制改革的顶层设计及其实施路径。

第一节　混合所有制改革的历史演进

混合所有制于 20 世纪 80 年代后期因国有企业股份制探索而初现雏形。1997 年党的十五大报告首次提出"混合所有制"概念。2013 年党的十八届三中全会指出，混合所有制经济是基本经济制度的重要实现形式。2017 年党的十九大指出，积极发展混合所有制经济，是培育具有全球竞争力的世界一流企业的重要途径。此后，国有企业混合所有制改革明显加速，在调动社会资本参与度、推动国有企业提质增效方面的积极效果更为社会各界所重视。总体来看，我国混合所有制经济发展的基本路径概括为争议讨论、探索发展、全面深化三个阶段。

一、混合所有制争议讨论阶段（1979—1992 年）

1979 年改革开放的总设计师邓小平提出社会主义可以搞市场经济的重要论断,计划经济体制开始"破冰",并开启了国有企业放权改革试点。随后,国有企业先后经历放权让利、承包制、利改税、承包经营责任制等一系列探索,其经营自主权不断扩大。然而,这些改革主要着眼于经营层面,并未触及所有权层面。20 世纪 80 年代后期,混合所有制因国有企业股份制的探索而初现雏形。

1992 年中央首次提出以"建立现代企业制度"作为国有企业改革的目标。这一阶段国有企业改革的主要形式包括兼并重组、主辅分离及债转股等,但由于股份制改革尚未大规模实施,因此混合所有制经济在整个国民经济中所占比重较小。虽然此阶段尚未明确提出混合所有制概念,但外部经济形势转变、国有企业改革探索以及思想解放,均为我国在国有企业改革中提出混合所有制这一重要举措奠定了基础。

总之,此阶段社会各界对混合所有制是否符合公有制要求这一问题争议较大,虽然国有企业改革极少触及所有权层面,但股份制改革产生了混合所有制的萌芽。

二、混合所有制概念的提出与探索（1993—2012 年）

"混合所有"这一提法始于 1993 年党的十四届三中全会通过的《中共中央关于建立社会主义市场经济体制若干问题的决定》文件,基于提出的产权流动和重组,开展财产混合所有的经营单位越来越多,新的财产所有权结构逐步形成。而"混合所有制"概念则于 1997 年党的十五大报告首次提出,报告指出公有制经济不仅包括国有经济和集体经济,还包括混合所有制经济中的国有成分和集体成分。至此,混合所有制概念形成,并成为日后国有企业改革的重要手段。

1999 年党的十五届四中全会通过《中共中央关于国有企业改革和发展若干重大问题的决定》,明确将混合所有制改革这一重要手段作为国有企业改革的实现路径。2002 年党的十六大报告要求除极少数由国家独资经营的企业外,积极推行股份制,发展混合所有制经济。2003 年党的十六届三中全会通过《中共中央关于完善社会主义市场经济体制若干问题的决定》,提出大力发展混合所有制经济。2007 年党的十七大报告指出"以现代产权制度为基础,发展混合所有制经济"。2012 年党的十八大指出:要全面深化经济体制改革,毫不动摇巩固和发展公有制经济,推行公有制多种实现形式,毫不动摇鼓励、支持、引导非公有制发展,保证各种所有制经济公平参与市场竞争。这是我国首次把"两个毫不动摇"与发展混合所有制经济联系起来,并明确提出发展混合所有制经济是所有制结构调整的战略目标。

在此阶段,我国国有企业股份制改革开始快速推进,混合所有制改革这一概念已经日趋成熟并多次在国有企业改革中提及,但关于混合所有制与基本经济制度的关系,混合所有制改革对国有资产国有企业做强做优做大的重要意义尚未明确。

三、混合所有制改革全面深化阶段(2013 年至今)

2013 年党的十八届三中全会通过《中共中央关于全面深化改革若干重大问题的决定》并指出积极发展混合所有制经济,至此混合所有制改革在我国全面启动。同时,党的十八届三中全会决定对混合所有制经济概念进行了创新与完善,制定了一系列服务于混合所有制经济发展的产权保护规定,这些行动都意味着对公有制经济和非公有制经济功能定位的重大历史性突破。2014年国务院政府工作报告中再次强调要优化国有经济布局和结构,推进发展混合所有制经济,建立健全现代企业制度和公司法人治理结构。党的十八届三中全会之后,虽然国有企业混合所有制改革进程提速,但部分地区出现混改"刮风"的现象,出于对国有资产流失担忧,后续混合所有制改革政策出现收紧。

2015 年国务院政府工作报告将混合所有制经济由此前的"加快推进"修改成为"有序推进"。2015 年 9 月,国务院发布的《关于国有企业发展混合所有制经济的意见》提出"政府引导、完善制度、严格程序、宜改则改"四项原则；国家发展和改革委员会颁布的《关于鼓励和规范国有企业投资项目引入非国有资本的指导意见》指出，国有企业投资项目引入非国有资本时应完善引资方式，规范决策程序，防止"暗箱操作"和国有资产流失。这一转折，使我国国有企业混合所有制改革步伐更加规范稳健。2016年8月，国资委出台《关于国有控股混合所有制企业开展员工持股试点的意见》提出，员工持股的混合所有制形式，为国有企业混合所有制改革提供了新的思路。2017年国务院政府工作报告提出在电力、石油、天然气、铁路、民航、电信、军工等领域迈出深化混合所有制改革实质性步伐。

2017年党的十九大报告指出要深化国有企业改革，发展混合所有制经济，培育具有全球竞争力的世界一流企业。2018年国务院政府工作报告指出要按照完善治理、强化激励、突出主业、提高效率的要求推进混改，不能为混而混，要在产业链中产业节点混合、市场化经营机制的混合、不同资源禀赋的混合，要发挥市场配置资源的决定性作用，不能用行政手段取代市场。随着《国企改革"双百行动"工作方案》的发布，我国国有企业混合所有制改革由广入深，由"怎么混"向"怎么改"转变，同时混合所有制改革机制进一步突破，与之相配套的参与机制、经营机制、退出机制、分配机制也不断完善。

这一阶段，混合所有制改革由之前的注重速度和数量转为数质融合，这标志着混合所有制改革从单纯的"快车道"向稳健高质量的方向发展。

第二节　混合所有制改革的理论研究

混合所有制改革的研究前提是界定其概念和内涵，何为混合所有制改革？何为混合所有制经济？何为混合经济？概念和内涵是理论研究的基础与前提，只有掌握概念和内涵后，才能根据其概念和内涵更好地为混合所有制改革提供理论指导。

一、混合所有制和混合所有制经济

（一）混合所有制

按生产资料和劳动产品是否由国家或集体最终所有，可以分为公有制和私有制。从目前世界范围来看，很少有国家或地区实行完全的公有制或私有制，大多是公有制和私有制的结合，即混合所有制。

混合所有制主要可以从宏观和微观两个层面来理解。宏观层面是指公有制和私有制的并存，微观层面是指企业的产权结构和资本构成中不仅包括公有资本也包括私有资本或外资资本（刘崇献，2014）。杨建君（2014）认为，混合所有制是由多种所有制成分构成、共同经营的所有制形式，包括宏观层面和微观层面。宏观上是指混合所有制经济，由国有、集体、民营、外资、个体组成的经济；微观上则是指混合所有制企业，由上述不同所有制成分组成的交叉、共融的所有制企业。

混合所有制不同于股份制。蔡继明（2014）认为，混合所有制不同于股份制，股份制企业不仅具有私有属性，也具有共有属性。王勇等（2018）则认为，混合所有制本质是关于所有制的制度安排，股份制可以视为混合所有制的一种具体表现形式，所有制与最终的所有权联系在一起，具有相同经营形式的企业可以拥有多种不同属性的所有制成分。同样，同一种所有制企业也可以由不同的经营形式实现，所有制的形式影响并决定着企业的具体经营形式，而企业的经营形式则反映并服务于特定的所有制形式。

（二）混合所有制经济

混合所有制经济的概念、内涵及其构建成为学术界共同关心的问题之一。学者对此进行深入的研究与探讨，取得了诸多较为重要的学术成果，但各方对此认识尚存在争议。

余菁(2014)认为,混合所有制经济是指国有资本、集体资本、非公有资本等不同所有制资本交叉与融合的经济形态。臧跃茹等(2018)认为,混合所有制经济主要是指各种不同所有制资本通过多元投资、相互融合而形成的产权配置结构和经济形式。

本书认为,混合所有制经济概念包含宏观和微观两个层面。宏观层面,混合所有制经济是指一个国家或地区经济结构的非单一性(见图4-1)。微观层面,混合所有制经济是指不同所有制性质的投资主体共同出资组建的经济实体,即混合所有制企业。新一轮国有企业混合所有制改革,更加强调微观层面建立融合国有资本、集体资本与其他资本的混合所有制企业,以此做强做优做大国有企业和国有资本。

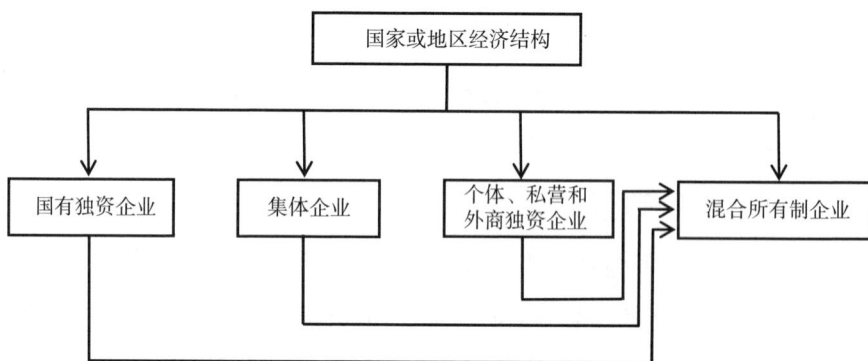

图4-1 混合所有制经济结构

混合所有制企业与股份制企业既有联系也存在区别。两者的区别在于:混合所有制企业是从投资主体的所有者性质(公司资本的所有制构成)来界定,而股份制企业是从投资主体(股东)对公司的责任形式来界定。因此,两者没有必然的对应关系。换言之,股份公司不一定是混合所有制企业,例如,全部由自然人或私营企业发起设立的股份公司。同样,混合所有制企业不一定是股份公司,例如,由国有资本和非公有资本共同设立的合伙企业或有限公司。两者的联系表现为国有上市的股份公司都属于混合所有制企业。

按照实际控制人的性质,企业可分为国有企业和非国有企业。若混合所有制企业的实际控制人为政府或国有企业,则混合所有制企业为国有企业,反之为非国有企业(集体企业、私营企业或外资企业等)。诚然混合所有制企业也可能没有实际控制人,例如万科。

二、混合所有制改革的理论基础和经济后果

(一)混合所有制改革的逻辑与理论基础

回顾和总结学术界基于国有企业混合所有制改革的研究文献,目前主要的理论观点有效率观和资源互补观两种。

1.效率观

基于政府对国有企业干预以及国有企业所有者长期缺位导致对管理层缺乏一套有效的监督和激励体系,效率观主要认为,通过混合所有制改革引进民营企业,改善政府干预过多的情形,并有效监督管理层。

理论界针对效率观的研究主要有两方面内容,一方面认为,国有企业的无效率主要源自政府对企业经营活动的干预(Shleifer 和 Vishny,1994)。政府基于特定政治目的分派企业偏离其经营目标的社会职能导致企业获利能力下降。林毅夫和李志赟(2004)认为,国有企业的生产经营进入"高投入、低产出"窘境的原因并不在于公有制经济本身相较非公有制经济处于劣势,而是社会职能的实现让国有企业背负沉重政策性负担,因而国有企业改革应以减少国有企业非经济责任为主。而从社会成本考虑,国有企业改制需妥善处理后续问题,尤其是影响社会稳定的裁员,以及改制后逃税等问题(白重恩,2006;易阳等,2021)。另一方面认为,缺乏对管理者的有效监督和激励,是造成国有企业效率低下的主要原因(Laffont 和 Tirole,1993)。吴敬琏(1993)认为,国有企业面临的绩效问题主要源于企业产权不清晰和公司内部治理结构不完善。与一般企业相同,国有企业同样存在两权分立产生的代理问题,且由

于所有者缺位导致这一问题较一般企业更为严重（李寿喜，2007；钱颖一，1995）。因此，通过混合所有制改革提升国有企业运行效率的逻辑在于引入外来股东帮助国有企业完善公司治理，解决所有者缺位问题（陈林，2018）。

2. 资源互补观

资源互补观强调各股东资源优势互补，共同实现创造价值。资源互补观突破了传统公司治理理论中侧重价值分配的窠臼，更加强调各股东资源互补合作和共同创造价值。由于股东资源是各股东所拥有或控制的财务资本、无形资源（含社会资本、独特资源）和组织能力等多种资源要素的复合体，具有异质性、互补性等特征（王斌，2020；王斌，2021），按照此逻辑，在国有股东与非国有股东股权融合的形式下，混改实质是对各股东资源的互相认可与双向选择，合作的最终目的统一于价值创造。党的十八届三中全会指出，混合所有制改革有利于国有资本放大功能、保值增值、提高竞争力，有利于各种所有制资本取长补短、相互促进、共同发展。通过混合所有制改革放大国有资本、提高经济效益和竞争力，这一逻辑体现了资源互补观。

在理论界，资源互补观的形成源于两方面理论的突破。一方面，在公司治理的理论研究中，以往基于"财务资本"比例划分股权结构与股东权利的观点越来越为学者所质疑，这一点既有理论上的观念突破，同时也有越来越多的实际案例可供印证，如上市公司在发行股票时采取同股不同权的"双层股权架构"。在传统公司治理理论下，公司股东结构的变化仅体现在股权比例变化上，未能揭示财务资本形式下实质是提供财务资本的股东将其各自拥有的异质性资源进行整合。引入拥有异质性资源的股东是公司获取该资源的重要途径（葛永盛和张鹏程，2013）。在此基础上，股东资源的异质性、互补性成为新股东引入的重要选择标准。与此同时，股东实际控制权并非按原有财务出资比例固定不变，而是随股东拥有资源的情况、依赖性程度等改变而改变（张伟华等，2016；朱国泓和杜兴强，2010）。另一方面，公司基于所拥有的资源通过良好管理进行价值创造也越来越强调非财务资源的重要性（Kraaijenbrink 等，

2010)。已有研究认为,资源拥有者具备干预公司资产使用的动机和能力(Zahra 等,2009);作为资源拥有者的股东,根据其掌握资源对公司价值创造的重要程度拥有相应的话语权。因此,按照股东资源观,股东之所以成为股东,并不是人们所看到的资本所有权与使用权的简单分离,也绝不是投入资本之后远远地做公司的旁观者,而更可能是公司的发起者和"治理—管理"活动的核心参与者(王斌和宋春霞,2015)。

因此,资源互补观下的混合所有制改革强调资本合作的本质是股东资本背后资源的合作,强调股东合作的基础是股东资源的互补和匹配(任广乾等,2021)。混合所有制改革实现的基础,首先依赖于混改各方所拥有资源的互补性;而参与混改的各方合作意愿的达成则依赖于对各自资源的甄别;混改预期效果最终达成的实质是互补性资源整合吸收后,通过良好的治理和管理进行价值创造。

需要指出的是,效率观和资源互补观的应用并不相互排斥,两者更多的是互为前提、同时体现。例如,通过混合所有制改革引进外部非国有股东,一方面,要实现资源的有效互补和整合,需要有效的公司治理机制,而有效公司治理机制的建立需要以政企、政资分开为前提。另一方面,随着新的股东和股东资源的引入,也必然会导致政府干预程度的逐步减少。当然,在国有企业改革不同阶段、不同类型中,两种理论所发挥的指导作用可能不同。例如,在政企不分、政资不分的阶段(尤其是国资委成立前)或者对非竞争性企业、政府直接控制的国有集团公司,更多可能是首先基于效率观来推进混合所有制改革。对竞争性企业,资源互补观将成为混合所有制改革的主要理论基础。

(二)混合所有制的经济后果和政策效应

混合所有制改革重塑了企业内部的股权结构和微观治理结构,对企业绩效、公司治理、企业创新和财务报告质量等都将带来一定影响。国内外学者对此开展了相关研究。

1.混合所有制改革与公司绩效

公司绩效是微观企业的重要指标。在早期关于股权结构的相关研究中,部分学者发现劳动生产率会随着国有股比重上升而下降,国有股转移至私有部门时企业生产效率会提升(Megginson 和 Netter,2001;Driffield 和 Du,2007)。刘小玄和李利英(2005)发现,国有股比例和企业效率之间存在显著负相关,而个人股和法人股的比例变化则与企业效率呈现显著的正相关关系,这说明产权变革取得了推动生产率提高的积极效果。徐晓东和陈小悦(2003)则在研究中发现,当非国有股东成为第一大股东时,公司的企业价值更高、盈利能力更强。李远勤和张祥建(2008)从盈利能力、产出水平和运营效率三个方面衡量上市公司的绩效表现,同样发现国有企业民营化会提高公司绩效。黄建山和李春米(2009)从作用机制研究,发现股权集中度与股权制衡度通过技术效率作用公司绩效机制显著,并且股权集中度、股权制衡度与技术效率之间呈显著负相关关系,且国有控股不利于改善公司绩效。而且,市场化改革后的国有企业比完全被政府控制的国有企业绩效更好(Kang 和 Kirn,2012)。以上研究表明,从公司股权结构看,过于集中的国有持股对公司绩效带来不利影响,相对分散和民营化的股权结构更有利于公司绩效提升,说明混合所有制改革是提升公司绩效的重要途径。近年来,相关研究文献普遍得出混合所有制改革可以有效提升公司绩效的结论。例如,张辉等(2016)得出,混合所有制改革可以提升企业绩效的结论,原因是混合所有制改革可以降低国有企业的政策负担,国有企业在经营方面可以获取更多自主权,有利于绩效的提升。张文魁(2017)发现,国有企业改制后绩效提高最明显的为民营企业成为第一大股东的企业,其次是民营企业成为第二大股东的企业。刘晔等(2016)研究发现,国有企业进行混合所有制改革后其全要素生产率(TFP)显著提高。张祥建等(2015)研究发现,国有企业混合所有制改革可以显著提升企业投资效率。另外,武常岐和张林(2014)、马连福等(2015)、郝阳和龚六堂(2017)等均得出混合所有制改革可以提升企业绩效的结论。政府将持有的国有企业的部分股权转让给个人、民营或外资等经济主体,降低国有股比例,使更关注盈利能力和经营效率的非国有股权进入,从而提升企业的经营绩效(任广乾等,2020)。总之,以上关于混合所有制改革与公司绩效的研究都表明混合所有制改革有利于公司绩效的提升。

2.混合所有制改革与公司治理

混合所有制改革由于改变了公司内部股权结构,对公司治理产生一定影响。逯东等(2019)研究发现,非实际控制人具有董事会权力可以提高企业的并购效率。刘运国等(2016)、曾诗韵等(2017)、蔡贵龙等(2018)、吴秋生和独正元(2019)、张仁之(2019)、孙姝等(2019)等从非国有股东治理视角验证了混合所有制改革可以提升国有企业内部控制质量和会计信息质量(曹越等,2020),缓解国有企业过度负债、抑制国有企业高管腐败和非效率投资行为,提高国有企业高管业绩薪酬敏感性(陈良银等,2021),非国有股东委派高层参与国有企业公司治理时,混合所有制改革的积极效应更显著,可以帮助企业"去僵尸化",提高高层次人才配置和税收贡献(马新啸等,2020、2021)。杨兴全和尹兴强(2018)从股权多样性、股权融合度和控制权转移三个角度对国有企业混合所有制改革如何影响公司现金持有这一问题进行了研究,研究发现股权融合度与企业现金持有水平正相关,股权融合度与控制权转移通过治理效应路径影响了企业的现金持有行为。朱磊等(2019)基于治理视角研究发现,混合所有制改革可以抑制股东资金侵占行为,提升国有企业的创新水平。黎文飞等(2020)则发现,混合所有制改革改善了公司治理水平,有助于提高国有企业分红水平。以上研究文献从公司治理角度对混合所有制改革产生的经济后果进行了探讨和研究,并得出混合所有制改革通过改变企业治理架构可以产生积极的治理效果。

3.混合所有制改革与公司创新

公司创新水平反映企业未来发展能力,国有企业混合所有制改革意在打破企业长久以来的僵化体制,激发企业活力,推动企业创新,提高企业发展能力。因此,混合所有制改革能否促进企业的创新成为衡量其改革是否有效的一个重要指标,许多学者对此展开了研究。吴延兵(2014)、余明强(2017)、徐柳波(2018)、许为宾(2019)、朱磊等(2019)、陈林等(2019)等对混合所有制改革与企业创新的关系进行了研究,证实混合所有制改革可以显著提升国有企业的创新能力。通过总结和梳理相关文献,可以发现混合所有制改革主要可以通过引入创新资源、制衡国有股东、改善监督激励等方面促进提升国有企业的技术创新能力(蔡贵龙等,2018;杨运杰等,2020)。李明敏等(2019)认为,在混合所有制改革中,首先依赖于混合所有制改革各方所拥有的创新资源的互补性;其次,混合所有制改革各方的合作将通过对各自互补性、异质性资源的搜寻和匹配而达成;最后,通过创新资源的互补、融合,如行业经验、销售渠道、生产技术、研发能力等战略性资源,从而切实提升企业技术创新能力。为了保证稳定就业和经济增长,政府通常倾向于干预国有企业对高风险创新投资的选择(Boubakri等,2011),李文贵等(2015)提出,一定的非国有股权比例有助于制衡国有股东,以降低政府对民营化企业投资决策的干预。因此,通过混合所有制改革引入非国有股东,非国有股东可以通过高层决策和股东大会来制约国有股东和政府的过度干预(蔡贵龙等,2018),从而推动创新活动的开展,提升企业创新能力。在改善监督激励方面,非国有股权可以改善对管理层的监督激励机制,有助于公司治理的完善及代理问题的缓解,调动管理层从事创新活动的积极性(李文贵和余明桂,2015)。如果没有足够有效的监督激励机制,国有企业的管理层会为了更多个人利益而倾向于选择更加稳健的投资策略,导致企业创新性投资减少(John等,2008)。通过混合所有制改革,个人或民营经济获得企业部分股权,使其有强烈的动机去完善管理层监督激励,降低管理者的机会主义或道德风险行为,更加积极地开展创新活动(Gupta,2005;任广乾等,2022)。鲁桐和党印(2014)在研究中也提出个人或民营经济完善公司治理机制的动机会随着股权比例的升高而增强,可以最大限度地调动管理者的积极性,从而推动企业创新活动的开展。

4.混合所有制改革与财务报告质量

财务报告质量是企业会计信息质量和治理状况的重要体现,国有企业进行混合所有制改革后可以缓解国有股"一股独大"的股权集中度,同时加强对国有大股东的股权制衡度,从而加强对国有大股东的监督效应,可以防范企业舞弊等行为,对其财务报告质量产生积极影响。李常青和管连云(2004)指出,影响企业会计行为和盈余管理的最主要也是最根本的原因是股权结构。从股权集中度角度看,股权高度集中的公司大股东往往会利用控制权来影响会计信息质量,而此时的会计行为并非代表所有股东的利益,从而侵害了中小股东其他相关人的利益(Shleifer 和 Vishny,1994)。王化成和佟岩(2006)通过实证研究也证明股权集中度越高,企业操纵会计盈余的程度水平也随之升高。简玉峰(2013)和黄晓波(2015)研究证实了股权制衡度同真实活动盈余管理的负相关关系。曾诗韵等(2017)从非国有股东治理角度出发,直接验证了混合所有制改革可以提升国有企业会计信息质量的结论。谷溪和乔嗣佳(2021)则发现,混合所有制改革有效降低了国有企业信息披露违规概率。

(三)混合所有制改革研究剖析

从上述文献梳理可知,目前关于混合所有制改革的相关研究从理论逻辑到经济后果,学者从理论和实证两个方面开展了诸多研究,混合所有制改革这一议题逐步趋于成熟,但关于这一话题的研究尚存在以下问题:

第一,目前关于混合所有制改革的研究文献主要从股权结构的研究视角出发,以西方经济学中的"产权理论"为依托,单纯地考虑不同所有权性质的股东对企业的影响,逐渐地落入"混合所有制改革即是不同所有权性质的股东持股比例的重新组合"的窠臼中,致使混合所有制改革相关研究与公司股权结构相关研究趋于一致,出现"新瓶装旧酒"的研究现象,表面套入"混合所有制改革",实际则是研究公司不同的股权结构对公司的影响,因此目前相关研究并未触及混合所有制改革实质,无法给出指导实践"为何混""怎么混"的答案。

第二,目前关于混合所有制改革的研究忽略了"和谁混"的问题,已有研究从宏观方面区分了股东所有权性质的差别,但是并没有从微观角度考虑不同企业的差别,如在国有企业混合所有制改革过程中,需要民营股权参与混合所有制改革,那么选择任何一家民营性质的企业参与进来都可以吗?显然不是,在这个过程中存在一个"双方互选"的过程,并非随机选择一家民营企业参与混合所有制改革,而是需要考虑诸多因素并参考许多标准筛选双方相互契合的企业推进混合所有制改革,在互选过程中需要考虑的因素和标准是什么呢?如何选择双方契合并且混合所有制改革效应最大化的目标企业?这是目前相关研究所忽略的地方。

第三,目前相关研究缺乏针对实践发展的先导作用,许多研究侧重于对经济后果的探究,使理论研究滞后于实践的发展,并且现有关于混合所有制改革经济后果的研究,主要以委托代理理论、两权分离理论、信息不对称理论为基础,侧重强调不同所有权性质股东间的相互制衡和互相监督以激发企业混合所有制改革后的积极效应,鲜有研究考虑企业混合所有制改革之后的融合发展效应。换言之,现有研究侧重对"混"的探究,忽视了对"合"的问题的探讨。

基于以上关于混合所有制改革相关研究所存在的问题,本部分从股东资源理论视角出发重新梳理和探究国有企业混合所有制改革相关问题,股东资源理论认为,股东并非单纯财务资本的提供者,更是股东资源的承载者,股东资源是大股东所拥有或控制的财务资本、无形资源(含社会资本、独特资源)和组织能力等多种资源要素的复合体,具有异质性、互补性等特征(王斌,2020)。因此,本部分跳出从股权结构角度研究混合所有制改革的窠臼,以股东资源理论为基础,从资源互补观探讨国有企业在混合所有制改革过程中与各类潜在外部股东的"双向选择问题"及其双方混合后的预期效应,资源互补观强调各股东资源进行优势互补,共同创造价值。以此视角作为混合所有制改革的研究基础,可以弥补现有研究文献的不足,一是引用股东资源跳出以股权结构和产权理论为基础研究混合所有制改革的窠臼;二是考虑不同企业拥有资源的差别,深入微观情境探讨"怎么混""和谁混"的问题;三是强调股东资源的优势互补,侧重于探究混合所有制改革后"合"的发展问题。

第三节　混合所有制改革的实践探索

自 2013 年 11 月党的十八届三中全会提出积极发展混合所有制经济以来,混合所有制改革成为全面深化改革的顶层框架,国有企业混合所有制改革进入新的发展阶段。作为国企改革的突破口,混合所有制改革持续向纵深探索,有序推进,并取得了新的进展。在混合所有制改革相关政策的推动下,中央和地方国有企业进行了实践探索。

一、中央企业发展混合所有制经济的探索

(一)中央企业混合所有制改革制度设计

为指导混合所有制改革实践,中央先后出台相关政策文件。自 2015 年 8 月起,中央连续出台《中共中央、国务院关于深化国有企业改革的指导意见》《关于国有企业发展混合所有制经济的意见》等文件,将国有企业混合所有制改革纳入"1+N"顶层设计体系。随后,国家发展改革委于 2015 年 10 月发布《关于鼓励和规范国有企业投资项目引入非国有资本的指导意见》,鼓励和规范国有企业投资项目引入非国有资本,促进各种所有制资本取长补短、相互促进、共同发展。中央企业混合所有制改革的主要制度设计见图 4-2。

(二)中央企业混合所有制改革试点

1. 开展首批混合所有制经济试点

为探索发展混合所有制经济的有效路径,2014 年开展首批"四项改革"试点,其中重要内容之一是探索混合所有制经济试点。中国医药集团总公司、中国建筑材料集团公司被列入首批混合所有制经济试点。

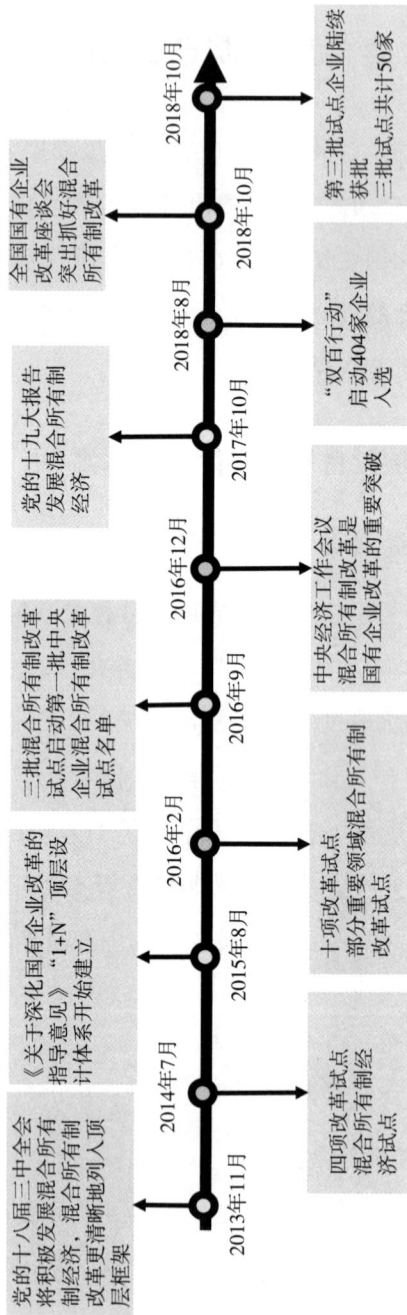

图4-2 中央企业混合所有制改革主要制度设计

2. 尝试部分重要领域的混合所有制改革试点

2016年,国资委开展国有企业改革深入推进"十项改革试点",力争对改革重点难点问题达成共识实现突破,以点带面形成经验、复制推广。"十项改革试点"之一是对部分重要领域混合所有制改革开展试点。

3. 发布三批混合所有制改革试点名单

2016年9月,国家发展改革委明确第一批中央企业混合所有制改革"6+1"试点名单,包括东方航空集团、联通集团、南方电网、哈电集团、中国核建集团、中国船舶集团及浙江省国资委。2017年4月,国家发展改革委介绍第一批9家混合所有制改革试点的方案已基本批复,有望年内取得实质性进展和突破;第二批10家试点企业名单已经由国务院国有企业改革领导小组审议确定。2018年10月,国家发展改革委介绍第三批31家试点企业(10家中央企业子公司+21家地方国有企业)的混合所有制改革实施方案陆续获批。其中,国家发展改革委批复8家中央企业子公司混合所有制改革试点方案,地方相关部门批复15家地方国有企业试点方案,其余试点方案履行批复程序。与前两批相比,推进混合所有制改革的范围逐步扩大,正在从垄断领域向非垄断领域延伸,从中央企业向地方国有企业扩展。

4. 2019年160家第四批混合所有制改革试点加速推进

第四批混合所有制改革试点企业共160家,其中,中央企业系统有107家、地方国有企业有53家,资产总量超2.5万亿元。具体而言,从行业领域看,第四批混合所有制改革试点企业涉及行业较为广泛。从试点选取看,第四批试点不仅涉及重要领域,还包括具有较强示范意义的其他领域。从企业层级看,中央企业主要集中于二、三级企业,地方企业则集中于一、二级企业。从资产规模看,中央企业资产规模约1.7万亿元、地方约0.8万亿元。其中,资产规模超过10亿元的企业共有99家,占比为61.8%。

5. 探索混合所有制企业员工持股试点

2016年7月,全国国有企业改革座谈会召开,习近平总书记作出重要指示,强调国有企业必须理直气壮做强做优做大,要求"尽快在国有企业改革重要领域和关键环节取得新成效"。

2016 年 8 月,国务院国资委印发《关于国有控股混合所有制企业开展员工持股试点的意见》,要求"从中央企业所属子企业中选择 10 家企业,开展首批试点"。2016 年年底,国资委发布的《关于中央企业所属 10 家子企业开展员工持股试点的通知》显示,宁夏神耀科技有限公司(筹)、中国电器科学研究院有限公司、欧冶云商股份有限公司、上海泛亚航运有限公司、中国茶叶有限公司、中外运化工国际物流有限公司、中节能大地环境修复有限公司、中材江西电瓷电气有限公司、建研软件有限公司(筹)、中铁工程设计咨询集团有限公司共 10 家试点企业将开展员工持股试点。

6. 实施"双百行动"

2018 年 8 月,国务院国有企业改革领导小组选取百余家中央企业子企业和百余家地方国有骨干企业,围绕"双百企业"逐步推进包括混合所有制改革、员工持股、完善现代企业制度、薪酬改革等多项改革。

《国企改革"双百行动"工作方案》正式确定了 404 家入选企业名单,其中 224 家中央企业及其子公司、180 家地方国资企业。这意味着国有企业综合改革已进入实施阶段,国有企业改革从"四项改革试点""十项改革试点""三批混改试点"等单项改革试点向成批国有企业综合改革的重大转变,具有里程碑式的意义。

截至 2019 年年末,"双百企业"中中央所属企业累计改革任务完成率达到 55.14%。41.55% 的"双百企业"和 62.65% 的"双百企业"分别在本层级层面和子企业层面开展了混合所有制改革。

7. 实施"科改示范行动"

"科改示范行动"确定了 204 家企业名单,包括 138 家中央企业子公司和 66 家地方国有企业。"科改示范行动"仍然以混合所有制改革为重要突破口。

8.国有企业改革三年行动

2020年6月,《国企改革三年行动方案(2020—2022年)》指出,混合所有制改革是国有企业改革的主要突破口,但要把握好"混"与"改"的力度与平衡。在三年内,要让民企参与分红,进一步推进重组效率,在推进产权平等、利益共享、参与经营管理、激发活力等微观深层次发力。

截至2018年年底,中央企业开展混合所有制改革动态见表4-1,中央企业开展员工持股改革动态见表4-2。

表4-1 中央企业开展混合所有制改革动态

混合所有制改革试点	混合所有制改革动态
中国医药集团	2003年,中国医药集团选择了药品流通板块进行重组,并引入民企上海复星医药(集团)股份有限公司作为战略投资者组建了国药控股; 2009年于香港上市后,中国医药集团和复星医药按照股权比例向国药控股委派董事,与独立董事共同组成董事会; 2013年入资民营企业——香港上市公司盈天医药(现已更名为"中国中药"),成为中国中药的控股股东; 2014年,集团对所属国药器材公司进行整体改制,选择与优秀民营企业进行战略合作,实现了企业产权主体多元化
中国建筑材料集团	2005年3月,中国建筑材料集团把所属2家A股公司北新建材、中国玻纤和集团仅有的几个有利润的企业打包,成立了中国建材股份; 2006年3月,公司在香港联交所挂牌上市; 2007年9月26日,组建成立了南方水泥有限公司,南方水泥成立后,在短短3年时间内就重组了近150家企业; 2009年,组建北方水泥,2011年成立西南水泥
联通集团	2016年,中国联通分别与互联网企业"BAT"签署战略合作协议,9月28日,被列入国家第一批混合所有制改革试点企业名单; 2017年4月5日,确定以联通A股为平台开展混合所有制改革; 2017年8月21日,发布关于混合所有制改革有关情况的专项公告; 2017年9月20日,非公开发行预案获股东大会通过

混合所有制改革试点	混合所有制改革动态
东航集团	2016 年 11 月 29 日,中国东方航空股份有限公司将其所持有的东航物流 100%的股权,以 24.3 亿元价格转让给控股股东东航集团下属全资子公司东方航空产业投资有限公司; 2017 年 4 月 18 日,上海联合产权交易所发布东航物流增资项目,称拟新增非国有战略投资人、财务投资人与员工持股平台对东航物流进行增资,新增注册资本人民币 2.788 亿元人民币,拟募集资金对应持股比例不超过 55%; 2017 年 6 月 19 日,东航集团与联想控股股份有限公司(以下简称"联想控股")、普洛斯投资(上海)有限公司(以下简称"普洛斯")、德邦物流股份有限公司(以下简称"德邦")、绿地金融投资控股集团(以下简称"绿地")有限公司等 4 家投资者,以及东航物流核心员工持股层代表,在上海正式签署增资协议、股东协议和公司章程
南方电网	2017 年 1 月 8 日,研究编制《南方电网公司关于 2017 年全面深化改革的指导意见(征求意见稿)》明确要积极做好深圳前海混合所有制改革试点项目;扎实推进职工持股企业改革
中国核建	2016 年 3 月,中国核建在集团公司内印发了《关于全面深化改革的实施方案》; 2017 年 2 月 16 日,中核新能源投资有限公司作为第一批混合所有制改革试点企业,拿出 66.6%的股权依托产权交易资本市场进行直接融资,与 6 家新的战略合作伙伴就增资扩股事项签署协议,募集资金达 12 亿元人民币,资金将主要用于 PPP 模式下环保水务项目的投资及产业链的延伸
哈电集团	—
中国船舶	资产证券化
中国兵器装备集团	—
中国兵器工业集团	2017 年 1 月 4 日,集团公司印发《中国兵器工业集团公司关于发展混合所有制经济的指导意见(试行)》
中国船舶重工集团	2012 年 3 月,全资子公司中船重工物资贸易集团有限公司和民营企业唐山新鑫特钢有限公司合资共建混合所有制的中船重工(唐山)船用材料制造有限公司,以"增量混改"推动国企整体改革。中船重工物资贸易集团有限公司持股 67%,唐山新鑫特钢有限公司持股 33%
中粮集团	2018 年 4 月,中粮旗下已有 14 家企业完成混改,计划 2018 年年底 18 家公司全部混改完成; 18 家专业化公司:中粮国际、中粮粮谷、中粮糖业、中粮酒业、中国茶叶、中粮包装、中粮贸易、中粮生化、中国纺织、中可饮料、蒙牛乳业、中粮资本、中粮油脂、中粮饲料、中粮工科、中粮肉食、我买网、中粮置地
中国电力建设集团	2018 年加快重组步伐,推动重点领域改革,推进资金和金融运作

混合所有制改革试点	混合所有制改革动态
中国电子信息产业集团	截至 2016 年年底,中国电子旗下企业已有 80% 进行混合所有制改革,混合所有制改革资产总额占比达 90%,员工持股占比也达 29%
中国机械工业集团	2017 年 8 月 15 日,中国机械工业集团与中国恒天集团重组大会召开
中国宝武钢铁集团	2015—2018 年年初,中国宝武实施了 23 个混合所有制改革项目,引入非公资本 17.3 亿元。目前,中国宝武共有混合所有制企业 115 户,占企业总数的 23%,集团营业收入和利润的 70% 来自混合所有制企业。 2017 年 5 月,欧冶云商实施了首轮股权开放和员工持股,引入了本钢集团、首钢基金、沙钢集团、建信信托、普洛斯和三井物产 6 家战略投资者,126 名员工成为股东,募集资金超过 10 亿元人民币
中国诚通控股集团	引入非公资本参与所出资企业进行混改; 以投资基金方式实现与社会资本的融合发展
中国电子科技集团	2018 年推进军工科研院所改制,对接资本市场,打造上市平台,推动资产资本化、证券化
中国石油	2018 年管理体制改革和重组整合
中国黄金集团	拟在 2018 年推进管理体制和制度改革
鞍钢集团	2018 年准备推动深化股权多元化

表 4-2　中央企业员工持股试点动态

员工持股试点	最新动态
宁夏神耀科技有限公司(筹)	—
中国电器科学研究院有限公司	2017 年 5 月 26 日,召开实施混合所有制员工持股改革首次股东会,通过本次改革,引进战略投资者 3 家,约 30% 骨干员工参与持股,引入增资资金 5.17 亿元
欧冶云商股份有限公司	2017 年 5 月,欧冶云商实施了首轮股权开放和员工持股,引进了本钢集团、首钢基金、沙钢集团、建信信托、普洛斯和三井物产 6 家战略投资者,126 名员工成为股东,募集资金超过 10 亿元人民币

员工持股试点	最新动态
上海泛亚航运有限公司	2017年4月,上海泛亚的母公司中远海控则在4月发布公告,称上海泛亚决定实施增资扩股及员工持股方案
中国茶叶有限公司	2017年8月3日,宣布完成混合所有制改革与员工持股,并于北京举行公司成立仪式
中外运化工国际物流有限公司	2017年5月31日,中外运化工国际物流有限公司(以下简称"中外运化工物流")顺利完成员工增资扩股后的公司工商变更登记,标志着作为国务院国资委首批十家央企员工持股试点单位之一,率先完成员工持股工作。选定公司部门经理及以上级别人员和"工匠"员工共167名,以现金方式增资扩股,持有公司20%的股份
中节能大地环境修复有限公司	2017年6月29日,中国节能环保集团下属中节能大地环境修复有限公司(以下简称"大地公司")实施混合所有制员工持股签约仪式在北京召开。会议上大地公司与员工持股代表签署《中节能大地环境修复有限公司财产份额授予协议》《股权投资合伙企业有限合伙协议》,标志着大地公司顺利完成混合所有制员工持股改革工作
中材江西电瓷电气有限公司	2017年7月,中国建材集团下属中材江西电瓷电气有限公司(以下简称"中材电瓷")完成了员工持股协议签署工作,并办理了员工增资扩股后的公司工商变更登记,标志着中材电瓷顺利完成员工持股改革工作。中材电瓷员工持股人数有86人,占整个中材电瓷职工总数的20.57%,合计持有构力科技6.23%。中材电瓷按照不同员工岗位将员工持股额度分为8档,分别为2万元、5万元、10万元、20万元、30万元、50万元、80万元、300万元
建研软件有限公司(筹)	—
中铁工程设计咨询集团有限公司	—
中粮集团	从2015年至今,中粮集团通过实施员工持股、增值扩股,把员工利益和企业发展联系起来,打造命运共同体

（三）中央企业发展混合所有制经济模式探索

1.中央企业发展混合所有制经济的主要模式

通过证券市场发展国有资本与非国有资本充分混合的公众公司,中央企业拥有较多的控股上市公司。一是具备条件的中央企业及其子企业通过改制上市、向控股上市公司注资、向资产管理平台剥离辅业资产等多种方式,实现整体上市。二是已上市公司综合运用股票发行、资产重组以及证券市场创新工具等多种方式进一步引入非国有资本。三是引入非国有资本参与国有企业改制上市、重组整合,积极使用投资基金去投资战略性新兴产业,开展境内外并购和国际化经营。

二级市场中,国有企业改革指数表现强劲,2019年上涨28.24%。中央企业和地方国有企业上市公司的并购重组事件共有327起,同比增长57.97%。民营企业入股国有企业32起,2018年全年为50起;国资入股民营企业共53起,同比增长82.76%。

此外,国资委还侧重在国家重点工程项目建设中引入非国有资本。国资委按照《国务院关于鼓励和引导民间投资健康发展的若干意见》有关精神,在多个领域,推动中央企业向非国有资本推出一批符合产业导向、有利于转型升级的项目。

2.中央企业发展混合所有制经济改革探索初步成效

根据《2019中国国有经济发展报告》,国有经济布局和结构调整取得重要进展,从产业领域看,多集中于第二、第三产业,且第二产业缓慢收缩,第三产业逐年递增。此外,国有企业与市场经济深度融合,大量中央企业引入社会资本,全面完成公司制改革。

另据国资委网站数据显示,中央企业混合所有制改革户数、资产大幅提高。与此同时,在公司治理、董事会职权、三项制度改革等方面取得丰富经验,混合所有制改革有效提高了企业效率。

二、地方国有企业发展混合所有制经济探索

(一)地方企业混合所有制改革制度设计

在相关中央政策出台后,各省(自治区、直辖市)陆续发布了各地方国有企业发展混合所有制经济的实施意见和相关规定,以推进各地方国有企业发展混合所有制经济。主要特点有:

1.混合所有制改革:比例和形式上更灵活

混合所有制改革是本轮地方国有企业改革被关注的重点。31个省(自治区、直辖市)均明确了发展混合所有制的时间表和目标。以上海、江苏、浙江、重庆为代表的地方国资委明确提出混合所有制改革形式上不设限,由市场决定国资进退。

2.员工持股情况各异

在本轮国有企业改革中,涉及人事方面的问题,选人用人与股权激励是关注的焦点。在选人用人机制方面,地方国有企业改革方案普遍呈现市场化、去行政化特点。在员工持股上,各地政府普遍支持有条件的企业实施股权激励或骨干持股,但对全员持股上态度总体持谨慎态度。

(二)地方国有企业混合所有制改革动态

地方国有企业混合所有制改革动态见表4-3。

表4-3　地方国有企业混合所有制改革动态

省(自治区、直辖市)	最新动态(总)	最新动态(具体)
北京	2018年3月28日,市属混合所有制企业已占到企业总数的近70%	1. 2018年5月4日,北京金隅集团股份有限公司收购天津建材集团55%的股权,成其控股股东; 2. 2018年8月16日,浙江蚂蚁小微金融服务集团股份有限公司和北京汽车集团产业投资有限公司入股北京环境交易所

省(自治区、直辖市)	最新动态(总)	最新动态(具体)
天津	2018年10月15日,全市已有12家市管企业在天津产权交易中心挂牌,目前成功签约建材集团、药研院、建工集团3个混合所有制改革项目	1. 2018年8月6日,招商局集团所属天津招商天合医药科技发展合伙企业受让天津药研院65%的股权; 2. 2018年8月14日,绿地控股14.859亿元受让天津建工集团65%的股权,下一步,绿地计划把其中10%的股权转让给天津建工集团经营团队,最终形成绿地持股55%、天津国资持股35%、经营团队持股10%的结构; 3. 2020年,天津医药集团拟将其不低于65%的股权转让给1—2家投资者,此次纳入医药集团混合所有制改革的企业共159户,合并口径的资产总额约317亿元
河北	2019年1月23日,省国资委进一步摸清了已实施混改企业、"僵尸企业"、低效无效资产、三级以下企业、上市公司等情况,逐一建档立卡,分类分批处置	1. 2018年3月29日,河北国有资产控股运营有限公司所属河北国控置业开发有限公司将其持有河北国控房地产开发有限公司50%的股权转让给石家庄万科; 2. 2018年9月14日,华北制药旗下控股子公司河北华北制药华恒药业有限公司采取同步增资的方式,引入员工持股
山西	2018年11月28日,山西省省属国有企业混合所有制改革项目公布108项目录清单,混合所有制改革方式包括:在集团层面通过增资扩股或股权转让等多种方式引进战略投资者以及财务投资者、新设参股、股权转让、增资扩股	2017年9月9日,晋煤集团宏圣公司以宏圣润晋园林绿化工程有限公司注册资金2230万元占股45%,蓝鲸控股集团及创美股份公司以注资形式,分别占股35%及20%,晋煤集团宏圣公司拥有相对控股权
内蒙古	2018年8月30日,包钢集团混合所有制资产已确定3家员工持股试点子企业	2018年9月11日,内蒙古盐业公司:引入资本,丰富销售网络,开发新市场
辽宁	2018年4月2日,辽宁省吸收各类资本积极推动混合所有制改革	1. 2017年6月5日,恒通控股公司沈阳禹冠科技公司和自然人组建本溪国丰优品仓储物流供应公司; 2. 2017年9月12日,粮农控股公司与本溪裕祥明农业开发公司组建了辽宁本农裕祥明菌业公司

续表

省(自治区、直辖市)	最新动态(总)	最新动态(具体)
吉林	2018 年 3 月 7 日,充分发挥吉林国有企业存量资源优势和北京国有企业的市场、资金、技术、管理等方面优势,通过无偿划转、兼并重组、股权收购、出资新设、委托经营等多种形式,推动北京国有企业全面参与吉林国有企业混合所有制改革和综合改革,促进吉林国有企业在体制、机制及管理等方面的改革、创新和提升	1. 2017 年 1 月 22 日,积极推动多家重点企业进行综合改革,推进引资重组、改制重组,推动上市; 2. 2017 年 1 月 22 日,选择 10—20 家省属及地市国有企业开展混改试点,选择 5—10 家企业开展员工持股试点,加快推进资产证券化
黑龙江	2018 年 4 月 2 日,省国资委在过去两年完成 33 户国有企业混合所有制改革任务的基础上,将继续积极推进出资企业二、三级子公司混合所有制改革	1. 2017 年 8 月 29 日,黑龙江省中国国际旅行社有限责任公司是旅游集团控股子公司,国有股权占 64.52%,职工和社会自然人占 35.48%,通过股权重组、增资扩股,达到放大国有资本功能、增强国有资本控制力的目的; 2. 2017 年 9 月 28 日,东北特钢集团北满特殊钢有限责任公司破产重整,山西建龙实业有限公司正式入主北满特钢,根据重整计划,建龙集团将现金出资 15 亿元
上海	2017 年 11 月 17 日,第一条路径是推进国有企业整体上市和核心资产上市,这轮改革先后 16 家企业实现了整体上市和核心资产上市;第二条路径是引入社会资本参与改革;第三条路径是实行员工持股的试点。之前在上港集团、上汽集团和上海建工试行了员工持股。2019 年,《上海市开展区域性国资国企综合改革试验的实施方案》正式公布,其中,扩大员工持股试点范围、上市公司股权激励是上海方案的主要亮点	1. 2017 年 1 月 8 日,在上海联合产权交易所,以鼎丰当家人沈仲华为首的 27 位股东,从 500 万元起步,与包括民资在内的众多竞买者激烈抗衡,经 148 拍,最终以 2000 万元价格,将鼎丰留在了鼎丰人自己手中。改制后,公司经营团队持股 60%,奉贤区供销社占股 40%; 2. 2015 年 8 月 28 日,丁义兴启动改革,由金山区供销社占股 36.99%,战略投资团队占股 55.5%,高管及核心员工持股 7.51%,由此在全国供销系统首个完成改制试点; 3. 2017 年 4 月 20 日,云赛智联购买信诺时代 100%的股权及上海佳育持有的仪电鑫森 49%股权,使信诺时代、仪电鑫森成为其全资子公司

省(自治区、直辖市)	最新动态(总)	最新动态(具体)
江苏	截至 2016 年年末,省级国有控股及实际控制的混合所有制企业(合并财务报表范围内)户数 1155 户,占企业总户数 1906 户的 60.6%。省国资委监管的 21 户省属一级企业中,汇鸿集团、华泰证券、江苏再担保 3 家企业完成了集团层面混合所有制改革。南京禄口机场、盐业集团 2 家企业完成集团层面股权多元化改革,江苏港口集团已新组建完成,国有资本投资运营公司也在组建改建过程中	1. 2016 年 4 月 13 日,由南京市属集团共同投资的南京国资混改基金有限公司(以下简称"混改基金")正式设立,本次组建的混改基金为母基金,采取国有投资主体多元化的公司制形式,母基金一期规模 10 亿元,由紫金集团等 7 个南京市属集团参与投资,委托紫金集团统一管理和运营。混改基金着力发挥资本运营功能,主要投向南京市国有控股上市公司定向增发、可转(换)债、并购重组和优质拟上市企业培育等项目,参与国有全资企业股权多元化改造、国有企业产(股)权转让、增资扩股、资产重组等股权投资类项目和购买国有企业发行的资产证券化(ABS)产品,通过股(债)权的投、融、管、退,实现资本合理流动、有效配置、保值增值; 2. 2016 年 5 月 19 日,光大环保能源(苏州)公司 55%,南京鼎业集团 30%,昆山水务集团 10%,张浦镇 5%以混合所有制形式,成立项目公司,以解决全市范围内的危废、污泥、生物质等废弃物处置问题; 3. 2018 年 1 月 2 日,江苏恒丰新能源有限公司由市产业投资集团控股,江苏双强工程有限公司、江苏开鑫分享绿色金融有限公司、江苏尚启新能源投资有限公司共同投资,成立股份合作制企业
浙江	到 2017 年年底,浙江省属混合所有制企业户数占比达到 70.7%,累计引进各类社会资本 1400 多亿元	1. 2018 年 1 月 15 日,杭州金投创新资产管理有限公司注册完成,正式取得营业执照,"金投创新"是杭州市金投集团产业金融板块新增的混改平台(集团公司持股 51%,员工持股 49%); 2. 2018 年 12 月 7 日,省国资委、省台办、省工商联联合主办,浙江产权交易所、浙江省国企改革发展基金、省海促会台商台企专委会联合承办浙江省国有企业混合所有制改革项目推介会,共推出了 40 个混改项目。包括了物产中大集团、安邦护卫集团、省盐业集团等省属企业本级和子公司的 21 个项目,还有来自杭州、湖州、金华、衢州、台州等各市属国企的 19 个项目,涉及交通、能源、环保、化工、机械、建筑、金融等多个领域,既有产业基金及 PPP 项目,也有上市公司再融资项目

续表

省（自治区、直辖市）	最新动态（总）	最新动态（具体）
安徽	2018 年 1 月 15 日，扎实推进整体上市与员工持股，并建立省级股权投资基金	2018 年 7 月 19 日，马钢诚兴金属资源有限公司举行签约仪式，此次合资设立采取"混合所有制"形式，充分发挥国有企业与民营企业的各自优势，马钢集团、诚兴集团、昕源集团分别占 51%、44% 和 5%
福建	截至 2017 年年底，股权多元化的企业 720 家，混改比例将近一半	1. 2017 年 12 月 28 日，龙岩水发赛达科技有限公司在龙岩经济技术开发区科技创业园揭牌，龙岩水发赛达科技有限公司由龙岩水发自来水有限责任公司、龙岩人才发展集团有限公司和江苏赛达电子科技有限公司三方共同出资组建，标志着龙岩水发集团国有企业混合所有制改革迈出了实质性步伐； 2. 2018 年 10 月 8 日，合力泰对外发布公告称，根据《股份转让协议》文开福及其确定的公司股东将其持有的公司股份 469246605 股，占公司股份总数的 15% 转让给福建省电子信息（集团）有限责任公司，本次股权转让及表决权委托完成后，电子信息集团未来拥有表决权的公司股份占比为 29.79%，公司的控股股东将由文开福变更为电子信息集团，公司的实际控制人将由文开福变更为福建省国有资产监督管理委员会
江西	2017 年，江西省出资监管企业整体混合所有制改革率达到 71.3%。省国资委将继续推进混合所有制改革，切实把引进社会资本与转换经营机制结合起来，稳妥推进企业集团层面混合所有制改革，力争到 2020 年年底混合所有制改革率达到 80%。2019 年，江西累计推出的混合所有制改革项目超过 200 个	1. 2016 年 5 月 5 日，作为试点单位，江盐集团混合所有制改革工作在 2015 年年底基本完成。江西省国资委保持相对控股，持股比例 46.92%。同时，公司核心骨干以现金出资，持股比例约 6%。截至 2016 年 5 月 5 日，混改引进资金 6.98 亿元已全部到位。 2. 2017 年 12 月 29 日，中国江西国际经济技术合作公司顺利完成公司制改制，公司名称变更为"中国江西国际经济技术合作有限公司"，本次增资扩股后，省国资委仍保持第一大股东的相对控股地位，将持有江西国际公司 45%—49% 的股权；将引进 2—3 家外部战略投资者，合计持股比例为 51%—55%

省（自治区、直辖市）	最新动态（总）	最新动态（具体）
山东	2018年10月13日，五年来，山东省属企业累计引入非公资本1120亿元，混改比例已达到58.25%，"国有体制、民营机制"结合的优势正在逐步显现。2019年，山东省向国内外推出市属国有企业混合所有制改革项目109个，主要集中在基础设施、公共服务领域	1.2017年9月22日，山东交运集团完成混改，山东国惠投资有限公司持股37%，多家战略投资者合计持股33%，员工持股平台持股30%； 2.2018年9月28日，山东省高规格举办了省属企业与各类资本对接会，93个项目集体亮相。现场签约的9个项目分别是:(1)蚂蚁金服集团与齐鲁交通集团电子收费分公司开展高速通行产业链"互联网+金融"合作；(2)洪泰资本与省商业集团开展资本优化提升项目合作；(3)建信金融资产投资公司以战投方式参与兖矿集团所属企业混合所有制改革；(4)青岛特锐德电气公司与山东国惠投资公司开展新能源产业资本合作；(5)中国燃气集团与鲁信集团所属山东石油天然气公司开展合作开发利用天然气项目；(6)惠洛斯投资公司以战投方式参与山东高速集团所属山东高速信联支付公司混合所有制改革；(7)阿里云计算公司与齐鲁交通集团开展行业智能化转型项目合作；(8)中国信达资产管理公司与兖矿集团合作在南美布局并购项目；(9)新奥能源投资公司、济南港华燃气公司与山东机场公司开展新能源综合开发项目合作
河南	2018年8月21日，河南省发布了2018年河南省省属国有企业拟实施混改项目表，共27个项目，拟混改方式有:增资、转让、引入战略投资者、增资扩股、改制重组、合资新设、并购重组、入股新建、股权转让、股权置换	1.2018年8月22日，平煤神马作为河南省率先开展混合所有制改革的企业，混改成果显著。截至目前，该集团控股119家混合所有制企业，占全部二、三级子公司的80%。 2.2019年1月11日，河南省公路工程局(河南交投集团全资子公司)根据股权转让协议，绿地控股旗下绿地城投集团以约8亿元价格成功受让河南省公路工程局集团70%股权。接下来，将推动公路工程局管理层和员工持股，最终达成三元股权架构:绿地持股51%、河南交投持股30%、公路工程局管理层及员工持股19%

省(自治区、直辖市)	最新动态(总)	最新动态(具体)
湖北	2016年,湖北省发展了一批混合所有制企业,在中南工程咨询设计集团整体推行了员工持股,促成了湖北盐业、广东盐业和新都化工的合作。还有大量的二、三级企业进行了混合所有制的改革,混合所有制改革的面达到了46%	1.2015年3月26日,湖北省政府与中国有色矿业集团签订了一份深化战略合作框架协议,此外,湖北省国资委实际控制的中国大冶有色金属集团控股有限公司也计划增资扩股。其中,湖北省国资委和另一股东中国有色集团均出资,待增资扩股完成后,大冶有色的控股权将正式转交给中国有色。除大冶有色外,湖北国资委旗下另一上市公司湖北能源集团股份有限公司也正在筹划将其控股权转让给中国长江三峡集团有限公司,实现地方国有企业与中央企业的联姻,这种做法在新一轮国有资产改革中还属于首批。 2.2018年1月5日,武汉国资公司在京认购中国物流增资股份1.8亿股,占增资后总股份7.2%,成为中国物流第四大股东。这也是武汉国企首次增资中央企业
湖南	2017年2月14日,湖南省印发国有企业发展混合所有制经济的实施意见。意见提出,重点推进商业类国有企业开展混合所有制改革	1.2015年9月18日,公告披露,湖南国资委同意海利集团通过增资扩股的方式引入投资者,认缴海利集团公司新增注册资本,其中:湖南湘投控股集团有限公司所属企业认缴新增注册资本后持有海利集团10%的股权;其他投资者认缴新增注册资本后持有海利集团49%的股权。增资扩股完成后,湖南省国资委持有海利集团41%的股权。 2.2018年4月15日,株洲天桥起重机股份有限公司将"牵手"中车集团,共同发展新能源汽车产业。根据公告,天桥起重控股股东——株洲市国有资产投资控股集团有限公司,与中车集团拟进行换股;换股后,中车集团旗下中车产业投资有限公司,将持有天桥起重10%股份;同时,中车产投将以新能源资产,认购天桥起重新发行的股份,获得公司的控股权,并保持公司的注册地点不变

省(自治区、直辖市)	最新动态(总)	最新动态(具体)
广东	截至 2017 年 12 月 31 日,在推进体制机制改革创新试点方面,各地市以体制机制创新改革为切入点,不断激发企业发展活力。完成股份制改造工作 15 家,实施员工持股 18 家,7 家试点企业成功挂牌新三板。完成增补调整试点企业工作,增补试点企业 17 家,同时将 9 家试点企业调整为后备培育企业,6 家试点企业放入调整优化培育试点企业	1. 2015 年 1 月 28 日,交通集团所属的广东粤运交通公司旗下的省汽运集团,于 1 月 28 日与汕尾市国资委签约,受让汕尾汽运公司 85% 的股权,组建汕尾市粤运汽车运输有限公司。股权交易后,新公司的股权结构将变为省汽运集团持股 51%、新公司管理人员及业务骨干持股 34%、汕尾市国资委持股 15%。 2. 2015 年 5 月 28 日,广新控股集团旗下广新电商公司通过南方联合产权交易中心公开征集方式实现混合所有制改造,成功引进海航云商等战略投资者和骨干员工持股。其中,广新控股集团和海航云商并列改制后广新电商公司第一大股东,分别持有 45% 股权。 3. 2018 年 12 月,广州国资委召开 2018 年混合所有制改革重点项目推介会,共推出 20 个项目,涉及总资产约 5000 亿元
广西	截至 2018 年 9 月,广西有 6 家自治区直属国有企业实施战略性重组	1. 2018 年 7 月 20 日,威宁市场公司与广西建凯物业服务公司、广西昌运投资公司签订投资合作协议,通过国有企业、民营企业的强强联手,成立南宁威凯物业服务有限公司,共同打造广西物业服务行业新品牌; 2. 2018 年 8 月 7 日,现在的"两国双园",在中马园区合作和马中园区合作的过程中,在中国和马来西亚国家的一个层面上的合作机制,做了两国双园。在钦州做了中马园区,在马来西亚的关丹做了马中园区,在马来西亚关丹这个马中园区,其中一个重要的支撑项目,就是国有企业北部湾港务集团,首先收购了马来西亚关丹港的 40% 多的股权,再组成混合所有制来发展关丹这个经济区
海南	2017 年 4 月 12 日,选择一批省属重点监管企业的二级以下子公司和农垦农场经营实体,"一企一策"发展混合所有制经济	2018 年 4 月 24 日,海航基础拟参与天津住宅集团混合所有制改革。天津住宅集团引入 2 家投资人,混合所有制改革完成后天津资本保留天津住宅集团 35% 的股权,海航将持有该公司 55% 的股权

续表

省(自治区、直辖市)	最新动态(总)	最新动态(具体)
重庆	2018年8月,国务院国资委公布了国企改革"双百行动"企业名单,重庆5家入选:重庆农村商业银行、渝富集团、商社集团、重庆化医集团旗下的重庆医药集团、市水务资产公司旗下的三峰环境产业集团	2018年10月19日,重庆联交所最新挂牌信息显示,商社集团此次拟征集到2家符合条件的最终投资方,公开拟募集资金总额不低于86.47亿元人民币,公开拟募集资金对应持股比例合计为55%。具体来说,未来2家投资方持有商社集团股份比例分别为45%和10%
四川	—	—
贵州	2018年11月27日,一是加大引入力度,集团混改取得实质性突破。二是多措并举,子公司混改竞争力增强。有267家子企业实现混合所有制改革,占959家子企业的27.8%,其中国有控股226家、国有参股41家。三是分步实施,统筹推进员工持股试点。四是挖掘后备资源,梯次推进企业上市	1. 2015年6月28日,绿地集团与贵州省国资委签署协议并正式参与贵州建工混合所有制改革。绿地通过增资扩股、员工持股两个步骤,优化贵州建工股权结构,形成了绿地集团持股51%,贵州省国资委持股30%,管理层及核心员工持股19%。 2. 2018年10月18日,贵州百灵公司与云南省工业投资控股集团有限责任公司、云南医药工业股份有限公司,就贵州百灵对云南植物药业有限公司进行增资扩股各项事宜达成协议。此次增资前,云南工投和云南医工分别持有植物药业44.07%、55.93%的股权;增资后,云南工投、云南医工和贵州百灵分别持股26.44%、33.56%、40%
云南	2018年1月26日,云南省国资委正在推动城投集团、能投集团、工投集团、诚泰保险和贵金属集团等5家企业集团层面的混合所有制改革工作; 2018年2月2日,云南省政府发布《关于促进经济持续健康较快发展22条措施的意见》,明确力争到2018年年底,省属企业混合所有制改革面达到80%以上	丽江市开发投资公司涉及混合所有制改革的下属企业5家,即丽江金川花卉园艺有限公司个人参股40%;丽江市旅游大数据产业有限责任公司民营企业参股49%;丽江铭品源商贸有限公司民营企业参股49%;云南城建丽江市设计有限公司、丽江瑞锦大数据产业发展有限公司中,市开发投资公司分别参股30%
西藏	—	—

续表

省（自治区、直辖市）	最新动态（总）	最新动态（具体）
陕西	2018年，下半年，全省重点项目改革全面推进。全省积极探索集团层面混合所有制改革，鼓励二级及以下企业，以股权投资、资产收购、债务重组、项目合作的方式引入非国有资本，2018年年底省属企业整体混改面达到45%以上；支持人才资本和技术要素贡献占比较高的企业推行团队持股、员工持股，2018年年底前形成可复制推广的经验。2019年，陕西省推出23家省属国企集团的59个国有企业混合所有制改革项目，加速了陕西省地区国有企业混合所有制改革的步伐	截至2017年年底，陕旅集团结合总体发展战略要求和各子公司的功能定位，完成了陕西海外旅游汽车有限公司、陕西中国旅行社有限责任公司、陕西旅游集团海外贸易有限责任公司和陕西云尚精品酒店管理有限公司等4家企业的混合所有制改革工作。同时，陕西旅游设计院有限公司、陕西文物总店有限公司和陕西旅游集团投资管理有限公司等3家企业的"混改"方案已通过审批，进入股权交易前的筹备阶段
甘肃	—	—
青海	—	—
宁夏	2019年1月7日，全区拟混合所有制改革国有企业信息公布如下：一、宁夏众联启航供应链管理服务有限公司；二、宁夏农垦勘测设计院；三、宁夏金沙湾国际葡萄酒庄有限公司；四、宁夏观光夜市文化旅游股份有限公司；五、宁夏科立诚工程监理有限公司；六、宁夏国投生态枸杞产业有限公司；七、宁夏恒大典当有限公司；八、固原市水利勘测设计院；九、宁夏银川公交旅游有限公司；十、吴忠市保安服务总公司	1. 2017年5月18日，德坤集团是宁夏建设投资集团公司全资子公司，于2016年8月启动混合所有制改革试点。通过公开进场增资扩股方式，2017年3月吸收增量非公资本入股发展混合所有制经济。混合所有制改革完成后，宁夏建设投资集团公司将持有德坤集团51%的股权，宁夏然尔特实业集团公司将持有49%的股权。2. 2017年9月22日，宁夏神耀科技有限责任公司由神华宁夏煤业集团有限责任公司、上海齐耀科技集团有限公司、中国五环工程有限公司、中科合成油技术有限公司、宁夏天健丰融股权投资合伙企业（有限合伙）共同出资组建，是2016年国务院批准的首批10家"员工持股试点"企业之一

省(自治区、直辖市)	最新动态(总)	最新动态(具体)
宁夏	混合所有制改革方式:采用增资扩股或股权转让等方式进行混合所有制改革(同步实施员工持股)	3. 2019 年 1 月 24 日,近日,区属混合所有制改革试点企业宁夏国际招标咨询集团有限公司,通过在宁夏科技资源与产权交易所,以公开进场产权转让方式成功征集到战略合作方——国信招标集团股份有限公司,转让价格 1963 万元。混合所有制改革完成后,国信招标集团股份有限公司将持有宁夏国际招标 66% 的股权,宁夏国有资本运营集团公司将持有宁夏国际招标 34% 的股权
新疆	2018 年 1 月 31 日,混合所有制、兼并重组等 9 项改革试点工作梯次展开,迈出实质性步伐。通过典型引路、以点带面,直管企业及各级子企业混合所有制改革率达 53%,现代企业制度不断完善,产业布局结构继续调整,历史遗留问题有效解决,企业运行效率明显提升	1. 2017 年 1 月,新疆广电网络股份有限公司成立了北京未来媒体科技股份有限公司,探索混合所有制企业发展模式。在混合所有制企业发展模式的探索过程中,北京未来引入了民营企业成分,创新股权预留吸引人才的方式,实施了管理层持股。目前,新疆广电持股 70%,控股北京未来,15 位核心管理人员与科技骨干持股 15%,其余 10% 的股权预留,用于未来引进人才。 2. 2017 年 5 月,中泰集团出资 20 亿元,以增资扩股的方式持有美克化工 52.63% 的股权,成为美克化工的控股股东,延伸发展精细化工。同期,美克化工完成工商变更

(三)地方国有企业发展混合所有制经济的成效

从产权层面看,截至 2017 年年底,省级国有企业混合所有制户数占比达到 56%。从行业领域看,充分竞争领域国有企业混合程度更高。开展混合所有制改革的省属国有企业中,商业一类企业占比达到 88%,二至四级企业占比超过 90%。上市公司已成为国有企业混改的重要载体。目前,国有企业主要优质资产已进入上市公司。截至 2017 年年底,省级国有企业约 40% 的资产进入了上市公司,其中上海、重庆、安徽等地均超过了 50%。

从地方国有企业发展混合所有制经济的情况看,地方国有企业 11 万家,其中国有独资和国有全资企业户数占比为 60.17%,资本占比 54.04%;混合所有制企业户数占比为 39.85%,资本占比为 45.96%。从不同省份国有企业来看,混合所有制程度差别较大。上海、江苏、北京、湖北、安徽等地国有企业混合所有制程度最高,混合所有制企业户数占比分别为 59.54%、56.54%、53.92%、49.00% 和 48.91%;海南、黑龙江、贵州、宁夏、新疆等地国有企业混合所有制程度较低,混合所有制企业户数占比分别为 18.179%、19.07%、20.49%、22.389% 和 25.81%。北京知本咨询的数据显示,截至 2019 年年底,各地推出混合所有制改革 26 次,合计推出的混合所有制改革项目超过 2000 个。其中,2019年,批量推出 14 次,合计推出的混合所有制改革项目 1162 个。

根据调研,山西省国资委在推进混合所有制改革方面成效较显著。2017年 6 月,山西省印发《省属国有企业发展混合所有制经济的实施意见》,对省属国有企业发展混合所有制经济作出了若干细化规定,涵盖改革范围、股权比例边界、改革方式、操作规则等具体内容,基本明确了省属国有企业开展混合所有制改革的总体要求、路径选择和实现方式。

1.混合所有制改革范围

山西省国资委监管的企业相对特殊,主业基本处于充分竞争行业和领域,因而未对企业分类,规定在集团公司和子公司层面均可以推进混合所有制改革。

2.混合所有制改革方案报批要求

山西省属国有企业集团公司混合所有制改革方案报省级国有资产监管机构批准,其中,省属国有企业集团公司混合所有制改革后国有资本不再控股的,报省政府批准;省属国有企业二级及以下子公司混合所有制改革方案,根据省级国有资产监管机构对省属国有企业的授权情况,按程序履行报批手续。

3.混合所有制改革股权比例边界

山西省属国有企业进行混合所有制改革,在集团公司层面,原则上省级国有股东继续保持绝对控股地位,持股比例 51% 以上。不再保持绝对控股地位的,应报省政府批准。在二级及以下子公司层面,可以根据企业发展的实际需要,灵活确定国有股权比例。

4.混合所有制改革方式

山西省设定了6种改革方式:一是利用好上市公司平台。主要是通过持续不断将国有资产注入上市公司,实现国有资本证券化、股份化,不断激发企业活力。例如,同煤集团下属的上市公司漳泽电力。

二是推动有条件的省属国有企业集团公司实现整体上市。例如,作为集团层面混合所有制改革试点之一的汾酒集团,主要通过两方面的措施来推动整体上市:一方面,加快资产注入,白玉酒厂、汾青酒厂、汾酒大厦、国贸公司为这些优质资产陆续注入上市公司;另一方面,汾酒篮球俱乐部、汾酒文化商务中心资产转让工作有序进行。

三是引进战略投资者。创造条件吸引社会优良资本投资,引进具有增量价值的战略投资者。支持省属国有企业同技术领先、管理科学、市场协同发展的国内外行业领军企业,从股权层面加强战略合作,带动省属国有企业提质增效,加快发展。鼓励省属国有企业上下游产业相互持股,构建产业链利益共同体,增强抗风险能力。例如,汾酒集团引进华润集团作为战略投资者,转让所持上市公司山西汾酒11.45%的股份,收回资金51.6亿元。

四是鼓励各类资本参与省属国有企业混合所有制改革。非公有资本投资主体可通过出资入股、收购股权、认购可转债、股权置换等多种方式,参与省属国有企业改制重组、省属国有控股上市公司增资扩股、省属国有企业经营管理。比如潞安集团与美国AP公司合作,引进投资54亿元,是近年来引进的最大一笔国际投资。苏晋能源控股有限公司正式签约,引进江苏国信30亿元。

五是鼓励省属国有资本以多种方式入股非国有企业。在公共服务、高新技术、生态环境保护和战略性新兴产业等重点领域,充分发挥省属国有资本投资运营公司的平台作用,对发展潜力大、成长性强的非国有企业进行股权投资。

六是探索实行省属混合所有制企业员工持股。按照国务院国资委、财政部、中国证监会《关于国有控股混合所有制企业开展员工持股试点的意见》文件要求,省国资委选择主业处于充分竞争行业和领域的企业开展员工持股试点,截至 2020 年年底,经省国资委、省财政厅、省发改委对选定的试点企业审核,批复了同煤集团所属的大同煤矿集团朔州煤电怀仁宏腾陶瓷建材开发有限公司开展员工持股试点工作,其他企业正在进一步完善相关资料。

5. 二级及二级以下企业混合所有制改革

2007 年 4 月,经国家商务部批准,山西国际能源集团(省国资委监管的一级企业)和韩国电力公社、德意志银行两个世界 500 强企业,共同创立了格盟国际能源有限公司,注册资本金 100 亿元。国际能源相对控股,持股47%,韩国电力公社持股 34%、德意志银行持股 19%。2009—2014 年,德意志银行将所持 19% 的股份分别转让给日本电源开发 7%、日本中国电力3%、韩电—友利—斯普罗特国际私募基金8%,作为财务投资人,自留了 1%的股份,格盟股东方成为四国六方。格盟是全国能源类最大的中外合资企业。

近年来,格盟国际创新体制机制,引进先进技术、管理经验和国际资本,建立了相对完善的管理体制和经营机制,是山西开放合作发展理念的成功实践。为此,山西省国资委组建专门研究团队,深入挖掘格盟国际先进经验,印发《关于学习推广格盟国际能源有限公司先进管理经验的通知》文件,将格盟国际"1+7"先进经验调研材料汇编成册传达给了各省属企业,并要求各企业结合自身实际,认真学习借鉴,形成良好效果。据统计,在子公司层面,山西省属国有二级及以下企业实行混合所有制的企业已达 65%以上。

第四节　混合所有制改革的效果分析

国有企业混合所有制改革在中央企业和地方国有企业有序推进。根据中央企业产权登记数据显示,近年来混合所有制企业户数呈上升趋势。

2013—2016 年,中央企业及各级子企业中混合所有制企业户数占比由 65.7%提高至 68.9%,2017 年增加超 700 户后,占比为 69%,同年省属企业为 56%。不过,中央企业、省属企业等的集团公司几乎都是国有独资企业(整体上市除外)。而国有上市公司均属于混合所有制企业,只是混合程度不同而已。因此,目前开展的混合所有制改革试点主要是在国有集团公司以外的国有非上市公司。2016—2019 年,发改委一共公布了四批试点企业名单,总计 210 家。国家发展改革委并未公布具体企业名单。考虑到数据的可获得性,本书以 2003—2018 年国有上市公司为例,并进一步按参与竞争的程度分为市场竞争类和非市场竞争类两类,股东按其层级分为中央、省级和市级三层,通过分析其第一大股东和前十大股东中国有股股东合计持股的变化,展示我国国有上市公司的混合所有制改革取得的进展,相关数据见表 4-4。

表 4-4　国有上市公司第一大股东和前十大股东持股比例变化

(单位:%)

年份	第一大股东						前十大股东					
	全部公司	分类		分层			全部公司	分类		分层		
		市场竞争类	非市场竞争类	市级	省级	中央		市场竞争类	非市场竞争类	市级	省级	中央
2003	45.12	43.25	48.13	41.60	47.58	46.75	51.73	49.19	55.78	27.95	20.71	28.67
2004	45.51	43.64	48.44	43.08	48.07	46.55	52.36	49.77	56.38	30.77	26.58	22.97
2005	44.11	42.54	46.53	41.84	46.19	45.36	51.87	49.58	55.37	30.12	26.41	23.47
2006	39.25	37.16	42.29	35.85	41.81	40.37	47.33	44.70	51.16	24.74	24.73	21.88
2007	38.82	35.86	43.00	34.20	41.50	41.17	46.97	43.49	51.84	25.01	24.69	21.75
2008	38.86	35.61	43.23	34.57	41.78	40.77	47.01	43.58	51.60	25.02	25.50	22.28
2009	39.50	36.31	43.85	35.13	41.88	41.10	47.89	44.31	52.76	25.33	24.05	23.28
2010	39.37	35.97	44.27	34.46	42.41	40.44	48.01	44.76	52.67	24.28	23.34	22.73
2011	39.25	35.91	44.03	33.63	42.62	40.28	47.74	44.25	52.71	23.08	23.95	22.05
2012	39.85	36.72	44.26	34.96	42.53	40.79	48.38	45.01	53.09	24.57	23.87	22.09

| 年份 | 第一大股东 | | | | | | 前十大股东 | | | | | |
| | 全部公司 | 分类 | | 分层 | | | 全部公司 | 分类 | | 分层 | | |
		市场竞争类	非市场竞争类	市级	省级	中央		市场竞争类	非市场竞争类	市级	省级	中央
2013	39.78	36.52	44.25	35.35	42.57	40.38	48.46	45.09	53.07	25.27	24.79	22.87
2014	39.55	36.37	43.89	34.80	42.73	39.98	48.24	44.62	53.18	25.93	25.16	21.30
2015	39.02	35.69	43.60	35.35	41.80	39.27	48.87	45.34	53.72	26.17	24.18	22.08
2016	38.46	35.09	43.05	35.37	40.65	39.04	48.93	45.14	54.09	26.00	24.55	22.73
2017	38.32	35.01	43.09	35.92	39.95	39.31	48.72	44.63	54.62	24.88	25.58	23.55
2018	38.17	34.99	42.99	36.03	39.97	38.85	48.70	44.69	54.69	26.33	26.19	23.96

从表4-4可以看出,国有上市公司第一大股东从2003年的平均45.12%下降到了2018年的38.17%,下降了6.95%。其中下降幅度最大的是2006年度,下降了4.86%,这主要是股权分置改革中国有股对非国有流通股的补偿导致的,随后第一大股东持股比例总体稳定。区分市场竞争类和非市场竞争类企业来看,尽管非市场竞争类行业第一大股东的持股比例较市场竞争类而言高出4—8个百分点,但其变化趋势基本一致。区分第一大股东层级来看,无论股东是中央、省级还是市级政府或企业,第一股东持股比例其变化趋势基本一致;相对而言,中央企业和省属企业控股的上市公司,第一股东持股比例下降更多。

从前十大股东来看,国有股股东合计持股比例从2003年的平均51.73%下降到了2018年的48.70%,下降了3.03%。同样,由于股权分置改革的影响,2006年度下降幅度最大,为4.54%,随后前十大股东中国有股股东合计持股比例总体稳定,并略有上升。结合第一大股东的变化趋势,可以看出,尽管第一股东下降比例幅度较大,但减少的部分可能并没有被非国有股股东购买,而是由其他国有企业购买,即并未发生产权性质的转移,这种股权变化属于股权分散化,而不是混合所有制改革。区分市场竞争类和非市场竞争类企业来看,相对第一大股东而言,非市场竞争类企业前十大股东中国有股股东合计持股比例较市场竞争类企业而言更高,高出 6—10 个百分点;并且自 2006 年以后,非市场竞争类企业前十大股东中国有股股东合计持股比例总体呈增长趋势。区分股东层级来看,无论股东是中央、省级还是市级政府或企业,前十大股东中国有股股东合计持股比例其变化趋势基本一致。

进一步将国有上市公司前十大股东分为国有、集体、民营、外资和其他五类,2003—2018 年其持股比例趋势见图 4-3。可以看出,在前十大股东中,除国有股股东外,其他类型股东的平均持股比例在 16 年间均十分稳定。

（单位：%）

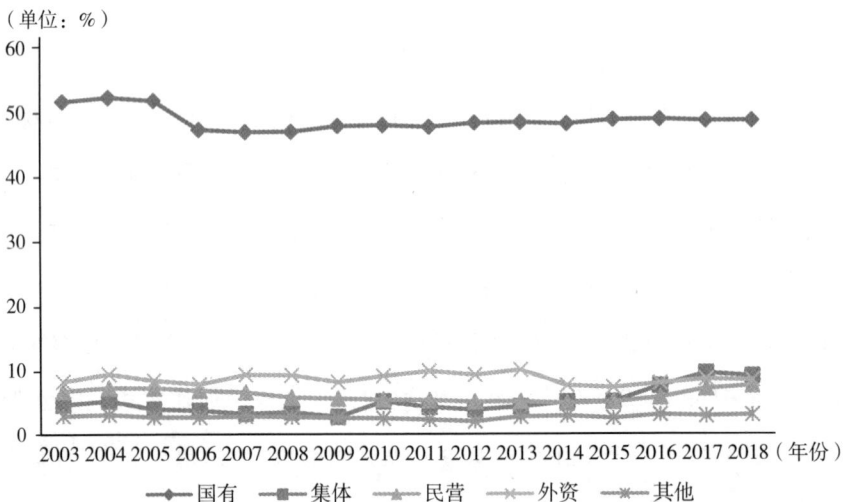

图 4-3 2003—2018 年国有上市公司前十大股东国有、集体、民营、外资等持股比例

从上述效果分析可以看出,尽管混合所有制改革作为新一轮国有企业改革的重要抓手,但中央企业和省属企业的集团公司的混合所有制改革尚未破冰,国有上市公司的混合所有制改革程度并未有实质性变化。在电力、石油、天然气、铁路、民航、电信、军工等领域的国有股权有所增加,试点混合所有制改革企业数量十分有限。目前,混合所有制改革的推进相对缓慢。主要原

因是：

（1）从国有企业集团公司看，其资产规模大，分拆上市和公司制改造尚未完全完成前导致的股权定价困难，以及产权和人事关系尚未理顺等导致混合所有制改革难以推进。

（2）国有上市公司作为整个集团的优质资产，尤其对非竞争性行业的上市公司，其盈利能力强，国有集团公司通常更愿意增持而不是出售其股权，除非政府采用行政方式强制实现股权主体多元化。这在一定程度上解释了尽管国有上市公司第一大股东持股比例有所下降，但前十大股东中国有股持股比例并未下降的状况。

（3）混合所有制改革配套机制尚不完善，特别是国有企业的信息披露不透明，由此导致国有资产流失风险。

第五节　混合所有制改革的顶层设计与实施路径

一、混合所有制改革的顶层设计

党的十八届三中全会指出，混合所有制改革有利于国有资本放大功能、保值增值、提高竞争力，有利于各种所有制资本取长补短、相互促进、共同发展。事实上，混合所有制改革在本质上是通过吸附资源型股东实现资源互补以重塑大股东结构，进而促进国有资本保值增值，做强做优做大国有资本和国有企业。因此，应基于股东资源理论，明辨自身所需资源，判断"和谁混"、解决"如何合"，分类分层推进混改，并且不断完善混合所有制改革的配套制度。

二、混合所有制改革的实施路径

（一）分类推动国有企业混合所有制改革

国有企业的性质和功能不同，其混合所有制改革的政策和程度也应有所不同。按国有企业参与市场竞争的程度,可将国有企业划分为市场竞争类和非市场竞争类两大类。其中,市场竞争类国有企业是指以市场为导向,以企业经济效益最大化为主要目标的国有企业。如《关于深化国有企业改革的指导意见》(2015)中的商业一类、财政部 2014 年《关于进一步提高中央企业国有资本收益收取比例的通知》的分类中的第三类国有企业、地方国资委所定义的竞争类或市场竞争类,如地产企业、建筑企业等。对于此类国有企业,从效率观的角度看,应当尽量减少政府干预,充分发挥市场在资源配置中的决定性作用,混合所有制改革的力度可以更大。从资源互补观的角度看,即使国有企业不存在财务资本稀缺的情况,也应当积极引入拥有企业所需非财务资本,如市场资源、技术资源、管理资源的股东,混合所有制改革后一般实现国有股东相对控股或参股即可,这样一方面可以通过相对控股的杠杆效应充分放大现有国有资产,另一方面可以通过引入股东和资源不断提高国有企业的活力和竞争力。非市场竞争类国有企业是指除市场竞争类以外的其他国有企业。按照设立目标,非市场竞争类可以进一步划分为特定功能类和公共服务类。其中,特定功能类国有企业是指承担了资源保障、国家安全等战略或专项任务等特定功能,需要同时兼顾经济效益和社会效益的国有企业。如关系国家经济命脉的重要行业和关键领域,包括涉及国家安全的行业、自然垄断的行业,《关于深化国有企业改革的指导意见》(2015)中的商业二类,财政部 2014 年《关于进一步提高中央企业国有资本收益收取比例的通知》的分类中第一类、第二类中央国有企业等。这类企业不能单纯依赖市场手段或行政手段,而应当将两者有效结合起来,混合所有制改革后一般仍需要保持国有股绝对控制。如果能将此类企业中竞争性业务和功能性业务设置不同的主体分别运营,则竞争性业务可以参照市场竞争类企业来推进混合所有制改革。公共服务类国有企业是指以确保国家和地方城市正常运行和稳定,实现社会效益为主要目标的国有企业。如《关于深化国有企业改革的指导意见》(2015)的公益类。此类国有企业的混合所有制改革一般需要谨慎推进。

根据上述分析,不同类型国有企业的混合所有制改革见表4-5。

表4-5　国有企业分类与混合所有制改革

分类		主要目标	是否去行政化	混合所有制改革
市场竞争类		经济效益	是,发挥市场在资源配置中决定性作用	实施混合所有制改革,减持国有股份,最终实现国有股控制或参股
非市场竞争类	特定功能类	兼顾经济效益与社会效益	市场调节与行政手段调节相结合	独资或控制,如果可以分离竞争性业务和功能性业务,则竞争性业务可以参照市场竞争类企业推进
	公共服务类	社会效益	否,行政手段调整为主	独资,谨慎推进

(二)分层推动国有企业混合所有制改革

国有企业按代表国家履行出资人职责的政府层级可分为:中央国有企业(中央企业)、省属国有企业(省属企业)和其他国有企业(市属或县属企业)。除整体上市外,由国家直接控制的国有企业一般为国有独资企业(非上市公司),通常称为国有集团公司(集团公司),国有上市公司(上市公司)一般由国家间接控制,国有集团公司通常是国有上市公司的控股股东(有些也为间接控制)。我国国有企业通过多年的改革和发展,逐步形成了以集团公司为母公司和众多子公司为主要特征的企业集团,比较典型的控制关系见图4-4。从其控股的层级来看,通常至少存在一个层级,最大可达几十级。

首先,从集团公司层面看,除整体上市外,国有企业集团公司的混合所有制改革尚未破冰。一方面,国有集团公司,特别是中央企业,大多是超大型企业,其资产规模巨大,在集团层面进行混合所有制改革引入其他资本往往较为困难。另一方面,由于我国国有企业特有的分拆上市模式,集团公司往往将优质资产分拆出来单独上市,这时集团公司要么成为空壳公司(仅持有上市公司股权),要么成为承载各种低效、辅业资产、各种历史包袱的实体公司,混合

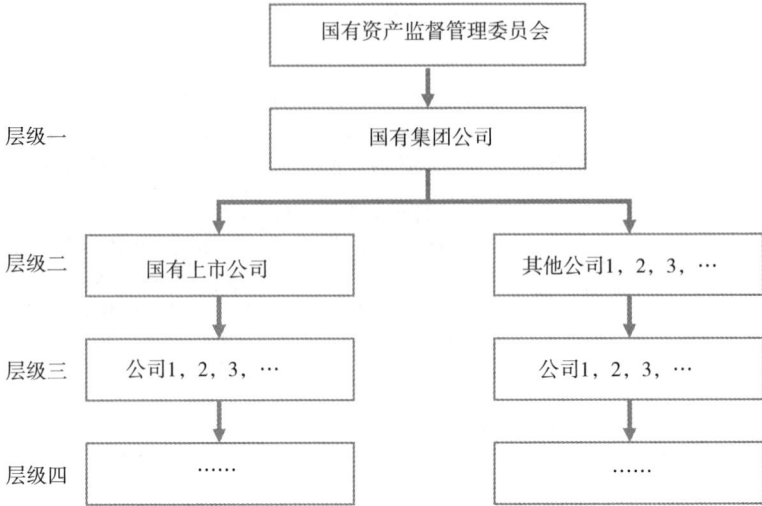

图4-4　国有企业典型控股结构图

所有制改革吸引力不大。然而,如果不推进国有集团公司的混合所有制改革,那么国有集团公司,尤其市场竞争类国有集团公司的市场主体地位难以确定,势必影响包括现代企业制度在内的一系列制度的建立和完善。国有集团公司混合所有制改革的理论依据应当主要基于效率观,目的是减少政府对国有企业的过度干预。对市场竞争类国有企业,当设立国有资本投资运营公司为依托,借助资产证券化(如整体上市)、兼并重组(包括国有上市公司反向并购)、引入战略投资者等形式,实现从"管资产"到"管资本"的转变,形成灵活有效的经营管理机制,最终实现放大国有资本的目的。具体而言:(1)符合整体上市条件的国有企业,应尽快推动集团整体上市;(2)具有多元化投资性质的控股集团公司,可以转化为纯粹的国有资本投资或运营公司;(3)对于没有达到上市条件的国有企业,可以通过在大股东层面进行重构,引入非国有资本来达到混合所有制改革的效果;(4)长期经营困难、发展前途以及可持续堪忧的公司,应该寻求新的发展机会,或者逐步退出。

其次,对集团公司层面以下的国有企业,应当按照资源互补观的要求,积极推进投资主体多元化,在总结目前混合所有制改革试点的经验上,逐步改变目前这种混合所有制改革试点推进的思路,出台混合所有制改革"负面清单",即凡是没有禁止的领域和行业,都可以有序推进。

在分层分类推进国有企业混合所有制改革的过程中,由于最大的担忧仍是可能引发的国有资产流失问题,尽管建立健全的国有产权交易制度和市场对解决这一问题十分必要,但是强化国有企业的信息披露,特别是财务报告信息披露刻不容缓。国有企业是最大的公众受托企业,然而,截至目前,我国仍未强制要求国有企业定期公开披露财务报告。显然,在这一背景下社会公众无法对混合所有制改革过程中转让股权估价的合理性、混合所有制改革后经济后果进行评价和监督,这反过来又会阻碍我国混合所有制改革过程的推进。因此,加强国有企业信息披露已成为推进混合所有制改革的重要前提和基础。

（三）在目标、治理、文化融合上发力

推进国有企业混合所有制改革,需要促进不同类型资本在改革中实现企业经营目标、公司治理、企业文化等方面的融合,形成企业发展的强大合力,提升混合所有制企业竞争力。

目标融合。目标融合是要求企业在进行混合所有制改革后,首先要形成各持股股东均接受的发展战略和目标。在混合所有制改革过程中,国有资本与非国有资本双方目标并不完全一致,在双方资本聚集之后,如何融合双方目标使其达成一致成为推进混合所有制改革过程中的关键一点。国有资本希望借力非国有资本的活力和创造力,打破国有企业内部现有僵局,提高国有资本投资、运营效率和经济效益;放大国有资本功能,做强做优做大国有资本。非国有资本则更关注经济效益,并在其所投资国有企业所处的行业和领域中谋求部分或更大的话语权,打破国有资本的垄断地位,不断扩大其行业和市场影响力。在这种情况下,若要达到目标融合,首先需要保障双方的共同利益和核心利益,其次,谋求双方利益的最大公约数,在企业经营中使双方逐渐找到目标更加统一的发展方向,实现双方利益的最大化。

治理融合。治理融合是在达成目标融合的基础上实现企业决策与执行上的一致与统一,是混合所有制改革中国有资本与非国有资本有效融合的最重要一环,形成治理融合也是实现目标融合的重要保障,只有达到治理融合,国有企业在混合所有制改革后才能充分借力国有资本与非国有资本双方优势,聚集力量在市场中充分提高企业竞争力,向一流企业迈进,否则企业依然是"形混"而"神不合",难以发挥混合所有制改革的优势和作用。股东大会和董事会是企业的权力和决策机构,企业管理层是具体执行机构。根据股权比例合理安排各持股股东董事会席位,充分保证以及平等对待和尊重各持股股东话语权,加强股东间沟通交流,以提升决策效率和实现股东之间的有效制衡。在执行层面上,可通过市场化方式选聘企业部分管理层,同时加强对管理层的薪酬激励,促使企业执行过程与决策相统一。同时,要积极发挥企业监事会对董事会和管理层的监督,防止产生较高的代理成本。

文化融合。国有企业在吸引非国有资本投入企业进行混合所有制改革的同时,非国有资本持有者所携带的企业文化属性也会随之引入,进行混合所有制改革的国有企业也有其既定的企业文化,如何融合协调这些多元文化,对企业未来发展以及在市场中保持长久的竞争力具有重要作用。企业文化包括企业愿景、文化观念、价值观念、企业精神、道德规范、制度准则等各个方面,是一个企业特有的文化形象。企业文化的形成来自长时间的积累和凝练总结,短时间内一般很难改变,因此对于在混合所有制改革过程中引入的多种企业文化,需要平等对待、互相尊重、求同存异,在长时间的治理融合过程中,取各自精华,消解矛盾点,逐渐形成混合所有制改革企业新的独特和先进文化。在混合所有制改革中,只有实现了文化层面的融合,才真正完成了企业之间的融合。

第五章　管资本背景下完善企业国有资产管理体制的反思与展望

一、管资本背景下完善企业国有资产管理体制的反思

本书主要研究以"管资本"为主完善国有资产管理体制,通过梳理回顾我国企业国有资产管理体制的演进,归纳有关国有资产管理体制的理论观点,总结我国国有资产管理体制具体实践,为现有国有资产管理体制提供效果分析,并对国有资产管理体制的顶层设计和实施路径作出规划。

(一)明确国有资产监管机构职能定位

从历史演进看,我国国有资产监管机构职能定位可以大致分为三个阶段,分别是计划经济条件下政府作为国有资产监管机构直接运营国有资产阶段,简政放权背景下多头监管国有资产的过渡阶段,以及国资委成立以后的统一监管国有资产阶段。根据我国国有资产监督机构职能定位的历史演进,我国逐步实现了从政府或国有资产监管机构直接运营国有资产到履行出资人职能的转变,在一定程度上实现了"政资分离""政企分离"。但国有资产监管机构仍然承担着一定社会公共管理职能和具有较强的行政色彩,如承担起草国有资产管理的法律、行政法规,制定有关规章制度等行政与法律职能;对企业的

经营管理介入过深、在项目管理和投资管理方面实施许可性审批等。

关于国有资产管理机构职能定位改革的理论讨论主要包括以下三方面的观点:"干净的出资人"观、"纯粹的监管者"观、"国资委兼做出资人和监督人"观。"干净的出资人"观强调了国资委的出资人属性,忽视了需要国资委承担的基础职能,将出资人职能和其他职能截然分开,未完全考虑中国目前的实际;"纯粹的监管者"观忽视了国资委作为履行出资人职能的特设机构的首要属性;"国资委兼做出资人和监督人"观将国资委出资人职能和监督职能两者并列,没有进行主次区分,没有体现作为出资人的主要职能。这些关于国有资产管理机构职能定位的不同观点表明当前对于国有资产管理机构的职能定位仍存在理论上的争议,既凸显了这一问题理论上的复杂性,也显示了不同利益方博弈的现实局面,并不完全符合以管资本为主加强国有资产监管的精神。

通过对《公司法》《企业国有资产法》《国有资产监督管理暂行条例》等法律法规对比,本书发现上述法律对国有资产监管机构权利义务的规定并不完全一致,国资委出台的《国有资产监督管理暂行条例》所赋予的权限最大。

党的十八届三中全会以来,国务院国资委和地方国资委都在积极实施国有资产管理机构职能定位改革,纷纷出台了出资人权力和责任清单,为实现以管资本为主的国有资产监管体制迈出了坚实的一步。

效果分析显示,自统一监管设立国资委以来,国有资产管理成绩非常显著,2003—2020年,全国国有企业资产规模平均增长率为16.15%,全国国有资本平均增长率为14.34%,远远大于GDP的增速。根据国有企业改革目标任务,国有资本布局经历了两个不同的阶段:以国务院国资委成立为起点,以减少直接监管数量为主的减量阶段(2003—2013年);以党的十八届三中全会为新一轮国有企业改革起点,以管资本为主的国有资本质量提升阶段(2014年至今)。研究支持国有资本对地区经济发展的影响在新一轮国有企业改革后更能发挥促进效应。

（二）推进国有资本授权经营体制改革

从历史演进看,我国国有资本授权经营体制改革大致可以分为三个阶段,分别是探索起步阶段(1989—2002 年)、国资委成立以后的深入推进阶段(2003—2012 年)以及党的十八届三中全会之后的全面深化阶段(2013 年至今)。根据我国国有资本授权经营体制改革的历史沿革,我国逐渐实现了从政府直接管理企业到成立出资人代表特设机构以及政府授权国有资产经营公司经营的转变。但在改革过程中也暴露出一些亟待解决的问题,如不同层级国有资本授权经营企业的权、责、利界定并不清晰;选择什么样的国有资本授权经营模式;国有资本投资、运营公司如何组建、组织与管理等问题。

关于我国国有资本授权经营体制改革的理论讨论,主要集中于对国资委是否应该将监管者与出资人的职能集于一身这一问题,对国有资本授权经营机构的具体构建措施等方面的讨论较少涉及。已有关于如何开展国有资本授权经营体制改革的文献,基本上都是通过理论分析,给出相应的改革建议,缺乏数据分析、经验研究。

党的十八届三中全会以来,国务院国资委和地方国资委相继出台推进对国有资本授权经营体制改革的政策文件,积极推动在中央企业和地方国有企业开展国有资本投资运营公司试点。各级国资委在试体制、试机制、试模式等方面进行了大量探索实践,在授权放权、组织架构、运营模式、经营机制、党的建设等方面取得了积极成效,积累了宝贵经验。

效果分析显示,在党的十八届三中全会后,我国国有资本授权经营体制改革在国有资本投资运营公司设立、"瘦身健体"等方面明显提速,如 2013 年后新增国有资本投资运营公司 120 家。另外,利用 2007—2018 年沪深国有上市公司,基于代理成本视角实证检验了国有资本授权经营体制的改革效果。研究发现,国有企业法人层级越少,公司代理成本越低;国有企业控股法人户数越少,公司代理成本越低;国有企业直接控股子公司比例越高,公司代理成本越低;2016年"压减"政策的实施在精简国有企业法人户数方面确有成效。但相对于地方国有企业,中央国有企业集团"压减"政策的实施并不能有效降低代理成本,该政策对地方国有企业存在一定的溢出效应。

(三)完善国有企业法人治理结构

我国国有企业法人治理结构随着我国企业的深化改革不断发展完善,党的十一届三中全会以来,我国开始对国有企业法人治理结构进行初步探索,经过40多年努力,我国陆续出台国有企业法人治理结构的相关法律及政策文件,意在完善法人治理结构,规范股东大会、董事会、监事会和经理层职责,完善国有企业党建和信息披露。它的构建大致分为以下四个阶段:国有企业法人治理结构的初步探索阶段(1978—1992年)、国有企业法人治理结构的初步建立阶段(1993—2004年)、国有企业法人治理结构的逐步发展阶段(2005—2014年)、国有企业法人治理结构的进一步完善阶段(2015年至今)。

尽管已有的大量研究探讨了国有企业法人治理结构的完善,但截至目前尚未形成一套有效的理论体系,尤其是管资本背景下如何完善国有企业的法人治理结构。因此,治理的核心点在于在分类推进国有企业混合所有制改革的基础上分类完善其法人治理结构,尤其是加快推进董事会建设、完善高管薪酬激励机制和推行信息公开披露等方面。

效果分析支持上述观点。截至2019年年底,已有75家中央企业试点建立了董事会,占全部中央企业的78.125%。中央企业董事会建设能够促进企业投资效率提升,有效地抑制过度投资,降低投资不足。尽管我国国有企业的绝对薪酬并不高,但效果分析表明,中央企业薪酬对业绩和考核评级具有敏感性,但业绩评级为A的企业与非A的企业高管薪酬对业绩的敏感性并无显著差异。由于限薪令导致的薪酬管制,会导致股份公司董事长和总经理的薪酬低于其他高管,从而出现薪酬职务倒挂现象。效果分析表明,薪酬职务倒挂不仅会抑制企业创新投入水平,还不利于企业的创新产出。企业长期存在的薪酬职务倒挂现象会导致董事长或总经理产生不公心理,削弱工作积极性,减少参与企业创新活动的主动性,不利于企业创新发展。

国有企业作为全民所有制企业,是最大的公众受托责任企业,有必要参照上市公司的信息披露规则向其终极所有者提供及时、充分的信息,尤其是反映其财务状况、经营成果和现金流量的财务报表信息。这也是加强国有企业社会监督的必要条件。然而,我国目前尚缺乏此类强制性信息披露的要求。我国目前仅52.96%的中央企业和20%的省属企业披露了其完整的财务报表信息,且披露质量不高。例如,中央企业集团公司的 ROA 高于其上市公司的 ROA,与我国国有企业分拆上市的实际不符。我们认为,部分集团公司编制合并财务报表时不对内部交易进行抵销,以及为了满足国资委的考核要求,集团公司采用了更激进的会计政策是导致这一情况出现的主要原因。从盈余信息质量角度来说,无论是中央企业还是省属企业,集团公司不具有稳健性。而其上市公司盈余都具有显著的稳健性。这在一定程度上也表明,没有信息的公开披露机制,公司更可能采用激进的会计政策。

(四)深化国有企业混合所有制改革

从历史演进看,我国国有企业混合所有制改革可以分为争议讨论、提出与探索、全面深化三个阶段。在争议讨论阶段,国有企业改革极少触及所有权层面,混合所有是否符合公有制的要求,争议比较大,但股份制改革产生了混合所有制的萌芽。在提出与探索阶段,我国国有企业股份制改革开始快速推进,混合所有制改革这一概念已经日趋成熟并被国有企业改革进程所接纳,但关于混合所有制与基本经济制度的关系尚未明确。在全面深化阶段,混合所有制改革从之前的注重速度和数量开始向"相互融合"的方向发展,这标志着混合所有制改革从单纯的"快车道"向更加理智稳健的方向发展。

效率观和资源互补观是我国国有企业混合所有制改革的逻辑和理论基础。效率观主要基于政府对国有企业干预过多以及国有企业所有者长期缺位,对管理层缺乏一套有效的监督和激励体系,认为通过混合所有制改革,能够引进民营企业来改善政府干预过多的情况,并有效监督管理层。资源互补观强调各股东资源进行优势互补,共同创造价值。效率观和资源互补观的应用并不相互排斥,更多的时候互为前提、同时体现。在国有企业改革不同阶段、不同类型中,两种理论所发挥的指导作用可能不同。例如,在政企不分、政资不分的阶段(尤其是国资委成立前),或者对于非竞争性企业、政府直接控制的国有集团公司,更多可能是基于效率观来推进混合所有制改革。而对竞争性企业而言,资源互补观将成为混合所有制改革的主要理论基础。

效果分析显示,目前对有关混合所有制改革的推进仍比较谨慎和缓慢。国有企业集团公司资产规模大、股权定价困难;国有股东更愿意增持而不是出售盈利能力强的上市公司股份,以及混合所有制改革的配套制度还不完善,特别是国有企业的信息披露不透明,是混合所有制改革推进缓慢的主要原因。

二、未来改革展望

(一)关于国有资产监管机构的职能定位

本书认为,明确国有资产监管机构的职能定位是管资本背景下完善企业国有资产管理体制的首要环节,是实现"政企分开、政资分开"的关键,是推进其他各项改革的前提条件。

国有资产监管机构的职能定位应当以管资本为主,考虑目前的实际,同时承担国务院赋予的其他部分职能,如国有资产统计等。世界各国的实践表明,国有资产必须有专门的机构来监管。2003年,我国设立企业国有资产专门的监管机构(国有资产监督管理委员会)以来,企业国有资产规模实现了巨大的增长(增长了10倍),因此,问题不在于要不要取消"国资委",而是如何完善其职能。基本的思路是保留其与"管资本"相关的职能,而尽量取消与"管资本"无关的职能。

在顶层设计上,对于管资本的职能,主要按公司法的要求,履行出资人职能,依法享有资本收益、重大决策和选聘经营管理者等权利。国资委代表国家履行出资人职能,从本质上讲,与其他出资人的权利和义务并无本质区别。即主要扮演好以下四个角色:国有资本战略布局与规划的主导者,国有资本投资、运营公司的管理者,国有资本经营预算的编制者,国有资本安全的维护者。由于国资委不是纯粹的市场主体,因此,国资委作为国有资本战略布局与规划的主导者,应当重点放在非竞争类国有资本方面,而对竞争类国有资本,应当充分发挥市场的功能,由负责设立的国有资本投资、运营公司进行管理。

在实施路径上,首先,应明确出台出资人权力和责任清单,逐步剥离其他职能。对承担的一些安全生产、信访维稳、环境治理等社会公共管理职能,这些原则上要逐步移交相关政府部门。其次,分类组建国有资本投资、运营公司,国务院国资委可以依托直接监管的国有集团公司,分行业、分领域组建30家左右的国有资本投资、运营公司来控股旗下的98家国有企业集团,然后通过国有资本投资、运营公司逐步进行整合重组。这样既可以使国务院国资委保留恰当的监管幅度,也可以实现国有资本投资、运营公司的市场化专业化经营。最后,明确对国有资本投资、运营公司的授权等,真正做到"政资分离"和"政企分离"。对竞争类的国有资本投资、运营公司,应当赋予其完全市场主体地位,与其他主体同等参与竞争。

(二)关于国有资本授权经营体制改革

在顶层设计上,应该区分国有企业功能,分类选择国有资本授权经营模式,对公益类和某些战略性国有企业,采用"国资委—国有企业"两层次授权经营模式,对商业类或市场竞争类采取"国资委—国有资本投资、运营公司—国有企业"至少三层次授权经营模式,并且区分不同行业、领域国有企业,分类组建国有资本投资、运营公司,构建控股幅度和控股层级适度的国有资本授权经营链条,整合考核分配职能,突出业绩考核与薪酬分配的协同联动,进一步发挥考核分配对国有企业发展的导向作用。

在实施路径上,第一,应明确国有资本授权经营方式选择。国有资本投资公司集中于重要行业和关键领域,目标为保证国家战略、促进产业升级、优化国有资本结构;国有资本运营公司通过提高运营效率,实现国有资本保值增值的目标

第二,明确国有资本投资运营公司组建方式。组建主要通过新设组建、直接改组、合并组建三种方式。区分不同的情形选择不同的组建方式,但总体来看,国有企业母公司(最终控股公司)直接改组或合并组建为国有资本投资、运营公司,是一种快速有效的方式。

第三,明确国有资本投资运营公司的国有企业的功能类别。划入的国有企业主要有四种类别:第一类是将产业链相关(同类或上下游)的部分国有企业划入国有资本投资公司,以国有资本投资公司为平台,按照"强强联合、优势互补"的原则对划入的国有企业进行重组整合。重点发挥其产业集聚和转型升级的作用。例如,可以考虑将国务院国资委管理的中国石油、中国石化、中国海油集团公司新设合并组建中国石油天然气资本投资公司。这样既可以通过国有资本投资公司进行专业化经营,也可以避免直接合并三家石油公司带来的巨大重组整合成本,同时也避免集团公司和上市公司董事会和管理层高度重合带来的权、责、利不清晰的问题。第二类是将已上市的国有企业的部分(少数)股权划转给国有资本运营公司。第三类是将新纳入统一监管体系的一批国有企业划入国有资本投资、运营公司。第四类是将拟开展重组整合、清理退出的国有企业群体划入国有资本投资、运营公司,在统一的平台进行统筹规划。

第四,设立合理的国有资本投资运营公司的治理机制与管理机构。首先,合理确定董事会比例。国有资本运营公司董事会人数应限定在7—9名为宜,由代表出资人的政府官员、代表经理层的企业领袖以及代表社会力量的知名

专家三方面共同组成。其次,加强专门委员会建设。专门委员会是董事会发挥作用的重要支撑。在国有资本投资、运营公司中,通常至少下设三个非常设委员会,包括战略决策委员会、薪酬考核委员会、审计委员会。国有资本投资、运营公司的管理机构设置主要包括:法律事务、人力资源、财务预算、产权管理、外派董事、投资发展等部门。

第五,健全对国有资本投资、运营公司的监督。首先,在决策机制过程中,国资委应通过股权控制和战略性引导两个渠道(避免采用直接行政干预的方式)影响投资、运营公司;在监督激励机制方面,给予董事会和经理层一定比例的剩余索取权。其次,参照市场标准,在国有资本经营预算的范围内实施经营管理。具体为:将每年实现的利润按照一定的百分比上缴作为预算收入的一部分;按照预算透明的要求,定期披露财务报表,接受终极所有人全体人民的监督。

(三)关于国有企业法人治理结构完善

在顶层设计上,应当在按功能对国有企业进行分类的基础上完善国有企业法人治理结构,包括:明确国有企业混合所有制改革的规则,根据国有企业功能定位分类设置国有企业董事会、遴选董事并对董事会绩效进行考核,对国有企业高管的选聘和考核激励时考虑企业的功能定位,明确董事会负责高管的选聘和考核;参考上市公司信息披露制度,明确国有企业信息披露形式、披露内容,建立国有企业信息披露制度及披露框架;探索党组织在法人治理结构中发挥领导作用的有效机制。

在实施路径上,第一,明晰党组织在国有企业治理中发挥领导作用的机制。包括在企业经营中,按照"双向进入、交叉任职"的精神,原则上应安排党组织负责人进入董事会或经营班子,参与企业重大问题决策。在选人用人方面,将党组织推荐和董事会选聘高管相结合,在企业风险防范方面,落实党委党风廉政建设主体责任和纪委监督责任。第二,分类推进国有企业董事会改革。按具体内容分类进行董事会功能定位及董事会绩效评价和激励,对公益类企业的董事会职能,应当在明确其"事权"的前提下,侧重其对经营团队的"监督职能";对商业类企业的董事会职能,则以市场为导向,在强化其对经营团队的"监督职能"的同时,重点强调其对公司价值提升的"咨询职能"。第三,建立高管选聘及激励约束机制,包括提高竞争类国有企业业绩考核与薪酬激励挂钩程度,以及内部的薪酬差距。第四,加快推进国有企业信息披露制度。国际经验和我国的效果分析都表明,加快推进国有企业信息披露已经刻不容缓。可以采取建立定期披露制度措施推进企业进行信息披露,包括企业财务报表、公司治理、重大事项、高管薪酬等事项的披露。

(四)关于国有企业混合所有制改革

在顶层设计上,推进国有企业混合所有制改革,除了需要股权融合这一外在形式外,更需要促进不同类型资本在改革中实现企业经营目标、公司治理、企业文化等方面的融合,形成企业发展的强大合力,提升混合所有制企业竞争力。

在实施路径上,考虑到国有企业性质、功能和层级的不同,未来国有企业混合所有制改革,应当基于效率观、资源互补观来分类、分层推进。首先对市场竞争类国有企业,无论从效率观还是资源互补观的角度看,都应当尽量减少政府干预,充分发挥市场在资源配置中的决定性作用,混合所有制改革的力度可以更大。非市场竞争类企业中,特定功能类国有企业不能单纯依赖市场手段或行政手段,而应当将两者有效结合起来,混合所有制改革后一般仍需要保持国有股绝对控制;公共服务类国有企业混合所有制改革一般需要谨慎推进。其次,从集团公司层面看,混合所有制改革的理论依据应当主要基于效率观,目的是减少政府对国有企业的过度干预。对集团公司层面以下的国有企业,应当按照资源互补观的要求,积极推进投资主体多元化,在总结目前混合所有制改革试点的经验上,逐步改变目前这种混合所有制改革试点推进的思路,出台混合所有制改革"负面清单",即凡是没有禁止的领域和行业,都可以有序推进。并且不断完善混合所有制改革的配套披露制度,是加快混合所有制改革的重要制度基础。

附　录　中央和地方国有资本投资、运营公司设立情况

年份	类型	集团公司	变化
2014	中央	中粮集团	国有资本投资公司试点
2014	中央	国投公司	国有资本投资公司试点
2015	中央	诚通集团	国有资本运营公司试点
2015	中央	中国国新	国有资本运营公司试点
2016	中央	神华集团	国有资本投资公司试点
2016	中央	宝武集团	国有资本投资公司试点
2016	中央	中国五矿	国有资本投资公司试点
2016	中央	招商局集团	国有资本投资公司试点
2016	中央	保利集团	国有资本投资公司试点
2016	中央	中交集团	国有资本投资公司试点
2018	中央	航空工业集团	国有资本投资公司试点
2018	中央	国家电投	国有资本投资公司试点
2018	中央	国机集团	国有资本投资公司试点
2018	中央	中铝集团	国有资本投资公司试点
2018	中央	中国远洋海运	国有资本投资公司试点
2018	中央	通用技术集团	国有资本投资公司试点
2018	中央	华润集团	国有资本投资公司试点
2018	中央	中国建材	国有资本投资公司试点

续表

年份	类型	集团公司	变化
2018	中央	新兴际华集团	国有资本投资公司试点
2018	中央	中广核	国有资本投资公司试点
2018	中央	南光集团	国有资本投资公司试点
2016	安徽	安徽省投资集团控股有限公司	国有资本投资运营公司
2018	安徽	安徽省国有资本运营控股集团有限公司	国有资本投资运营公司试点
2001	北京	北京市国有资产经营有限责任公司	国有资本运营公司
2005	北京	北京控股集团有限公司	国有资本投资运营公司
2008	北京	北京国有资本经营管理中心	国有资本投资运营公司
2011	北京	北京市海淀区国有资产投资经营有限公司	国有资本投资运营公司
2014	北京	京津冀城际铁路投资公司	国有资本投资运营公司
2016	北京	北京市大兴区国有资本投资运营有限公司	国有资本投资运营公司
2017	北京	北京静态交通投资运营公司	国有资本投资运营公司
2017	北京	北京金朝阳商贸国有资本运营公司	国有资本运营公司
2017	北京	北京市西城区国有资产经营公司	国有资本运营公司
2018	北京	北京市延庆区国有资本投资运营中心	国有资本投资运营公司
2019	北京	北京市通州区国有资本运营有限公司	国有资本运营公司
2018	大连	大连市国有资产投资经营集团有限公司	国有资本投资运营公司
2016	福建	福建省国有资产管理有限公司	国有资本运营公司试点
2017	福建	福建省投资开发集团有限责任公司	国有资本投资公司试点
2017	福建	南安市国有资本投资运营有限责任公司	国有资本投资运营公司
2017	福建	泉州市泉港区国有资本投资运营有限公司	国有资本投资运营公司
2011	甘肃	甘肃省公路航空旅游投资集团有限公司	国有资本投资公司

续表

年份	类型	集团公司	变化
2014	甘肃	甘肃省国有资产投资集团有限公司	国有资本运营公司试点
2016	甘肃	甘肃金融控股集团有限公司	国有资本投资经营公司
2014	广东	广东恒健投资控股有限公司	国有资本投资公司试点
2014	广东	广东粤海控股集团有限公司	国有资本投资运营公司
2015	广东	广州国资发展控股有限公司	国有资本投资运营公司
2017	广东	广州开发区产业基金投资集团有限公司	国有资本投资运营公司
2017	广东	广州天河投资管理有限公司	国有资本投资运营公司
2018	广东	广州凯得控股有限公司	国有资本投资运营公司
2016	广西	广西宏桂资本运营集团有限公司	国有资本运营公司试点
2017	广西	广西投资集团有限公司	国有资本运营公司试点
2018	广西	广西来宾国有资本投资运营集团有限公司	国有资本投资运营公司
2011	贵州	贵州产业投资（集团）有限责任公司	国有资本运营公司试点
2014	贵州	贵州盘江国有资本运营有限公司	国有资本运营公司
2016	贵州	贵州省黔晟国有资产经营有限责任公司	国有资本投资公司试点
2015	海南	海南省农垦投资控股集团有限公司	国有资本运营公司试点
2018	海南	海南发展控股有限公司	国有资本投资公司试点
2006	河北	河北省国有资产控股运营有限公司	国有资本投资公司试点
2009	河北	河北建设投资集团有限责任公司	国有资本投资运营公司
2014	河北	河北省国控投资管理有限公司	国有资本运营公司试点
2017	河南	河南省国有资产控股运营集团有限公司	国有资本投资公司试点
2017	河南	河南投资集团有限公司	国有资本投资公司试点
2018	河南	河南省国有资产经营集团有限公司	国有资本经营公司
2019	河南	河南能源化工集团	国有资本投资公司试点
2017	黑龙江	黑龙江省投资集团有限公司	国有资本投资公司

年份	类型	集团公司	变化
2017	黑龙江	黑龙江省建设投资集团有限公司	国有资本投资运营公司
2018	黑龙江	黑龙江大正投资集团有限责任公司	国有资本投资公司
2019	黑龙江	黑龙江省金融控股集团	国有资本投资运营公司
2015	湖北	湖北省宏泰国有资本投资运营集团有限公司	国有资本投资公司试点
2016	湖北	宏泰国有资本投资运营集团有限公司	国有资本运营公司
2016	吉林	吉林省投资集团有限公司	国有资本投资公司试点
2016	吉林	吉林省国有资本运营有限责任公司	国有资本运营公司
2017	吉林	吉林市国有资本发展控股集团有限公司	国有资本运营公司
2018	江苏	江苏省国信集团	国有资本投资公司试点
2014	江西	江西大成国有资产经营管理有限责任公司	国有资本运营公司
2017	江西	江西省省属国有企业资产经营（控股）有限公司	国有资本投资公司
2015	辽宁	辽宁省国有资产经营有限公司	国有资本运营公司
2016	辽宁	辽宁省投资集团有限公司"	国有资本投资运营公司
2016	内蒙古	内蒙古国有资本运营公司	国有资本投资公司
2016	宁波	宁波城建投资控股有限公司	国有资本运营公司
2018	宁波	中顿（宁波）实业有限公司	国有资本投资运营公司
2019	宁波	宁波开发投资集团有限公司	国有资本运营公司
2014	宁夏	宁夏国有资本运营集团公司	国有资本投资公司试点
2016	宁夏	宁夏国有资产投资控股集团公司	国有资本投资公司试点
2016	宁夏	宁夏建设投资集团有限公司	国有资本投资公司试点
2018	宁夏	宁夏建材集团股份有限公司	国有资本投资公司试点
2013	青岛	青岛国际投资有限公司	国有资本投资运营公司
2016	青岛	青岛华通国有资本运营（集团）有限责任公司	国有资本运营公司
2016	青岛	青岛融海国有资本投资运营（集团）有限公司	国有资本投资公司试点

续表

年份	类型	集团公司	变化
2018	青岛	青岛国信发展(集团)有限责任公司	国有资本投资公司
2005	青海	青海省国有资产投资管理有限公司	国有资本投资公司试点
2016	青海	青海省三江集团有限责任公司	国有资本投资公司试点
2012	厦门	厦门市思明国有资产投资有限公司	国有资本运营公司
2014	厦门	厦门市政集团有限公司	国有资本运营公司
2016	厦门	厦门同安国有资产投资集团有限公司	国有资本运营公司
2016	厦门	厦门信息集团资本运营有限公司	国有资本运营公司
2019	厦门	厦门市开元国有资产投资有限公司	国有资本运营公司
2015	山东	山东省鲁信投资控股集团有限公司	国有资本投资公司试点
2015	山东	山东省国有资产投资控股有限公司	国有资本投资公司试点
2015	山东	兖矿集团有限公司	国有资本投资公司试点
2015	山东	山东能源集团有限公司	国有资本投资运营公司
2015	山东	华鲁控股集团有限公司	国有资本运营公司
2015	山东	山东黄金集团有限公司	国有资本投资公司
2015	山东	齐鲁交通发展集团有限公司	国有资本投资运营公司
2015	山东	山东发展投资控股集团有限公司	国有资本投资运营公司试点
2015	山东	山东省土地发展集团有限公司	国有资本投资运营公司试点
2016	山东	山东钢铁集团有限公司	国有资本运营公司
2016	山东	山东省商业集团有限公司	国有资本投资公司
2016	山东	山东省财金投资集团有限公司	国有资本投资运营公司
2017	山东	山东高速集团有限公司	国有资本投资公司试点
2017	山西	山西省国有资本投资运营有限公司	国有资本运营公司
2016	陕西	金控集团国有资本投资运营公司	国有资本投资公司试点
2017	陕西	陕西有色集团国有资本投资运营公司	国有资本运营公司试点

续表

年份	类型	集团公司	变化
2017	陕西	陕西投资集团有限公司	国有资本运营公司试点
2017	陕西	陕西粮农集团有限责任公司	国有资本投资运营公司试点
1999	上海	上海国有资产经营有限公司	国有资本投资公司
2000	上海	上海国际集团有限公司	国有资本投资运营公司
2007	上海	上海国盛(集团)有限公司	国有资本投资运营公司
2016	深圳	深圳远致投资有限公司	国有资本投资运营公司
2016	深圳	深圳市鲲鹏股权投资管理公司	国有资本投资运营公司
2018	深圳	深圳市投资控股有限公司	国有资本投资公司
2015	四川	四川省国有资产经营投资管理有限责任公司	国有资本投资运营公司
2016	四川	四川省商业投资集团有限责任公司	国有资本投资公司试点
2017	四川	四川省旅游投资集团有限责任公司	国有资本投资公司试点
2017	四川	四川发展(控股)有限责任公司	国有资本投资运营公司试点
2017	四川	自贡市国有资本投资运营集团有限公司	国有资本投资公司试点
2017	四川	成都工业投资集团有限公司	国有资本投资运营公司
2010	天津	天津津联投资控股有限公司	国有资本投资运营公司
2013	天津	天津能源投资集团	国有资本投资运营公司
2017	天津	天津国有资本投资运营有限公司	国有资本运营公司
2017	天津	天津津诚国有资本投资运营有限公司	国有资本运营公司试点
2005	新疆	新疆建设兵团阿拉尔统众国资经营公司	国有资本投资运营公司
2016	新疆	新疆金融投资有限公司	国有资本运营公司试点
2001	新疆建设兵团	新疆生产建设兵团国有资产经营公司	国有资本投资公司试点
2012	新疆建设兵团	新疆生产建设兵团第九师一六六团国有资产投资经营有限公司	国有资本投资运营公司
2012	新疆建设兵团	新疆建设兵团城市建设投资集团有限责任公司	国有资本投资运营公司

续表

年份	类型	集团公司	变化
2018	新疆建设兵团	新疆生产建设兵团投资有限责任公司	国有资本投资运营公司
2011	云南	云南省国有资本运营有限公司	国有资本投资公司试点
2017	浙江	浙江省国有资本运营有限公司	国有资本运营公司
2017	浙江	浙江富浙资本管理有限公司	国有资本投资运营公司
2018	浙江	浙江省能源集团	国有资本投资公司
2018	浙江	浙江省交通集团	国有资本投资运营公司
2018	浙江	杭州市国有资本投资运营有限公司	国有资本投资运营公司
2000	重庆	重庆市农业投资集团有限公司	国有资本投资公司
2000	重庆	重庆机电控股(集团)公司	国有资本运营公司
2000	重庆	重庆化医控股(集团)公司	国有资本投资公司
2003	重庆	重庆市地产集团	国有资本运营公司试点
2007	重庆	重庆水务资产公司	国有资本投资公司试点
2016	重庆	重庆商社(集团)有限公司	国有资本投资公司试点
2016	重庆	重庆渝富资产经营管理集团有限公司	国有资本运营公司

参 考 文 献

1. 艾新波、张仲义:《组织扁平化的熵模型分析》,《科技管理研究》2005 年第 3 期。

2. 白重恩、路江涌、陶志刚:《国有企业改制效果的实证研究》,《经济研究》2006 年第 8 期。

3. 蔡贵龙、柳建华、马新啸:《非国有股东治理与国企高管薪酬激励》,《管理世界》2018 年第 5 期。

4. 蔡继明:《中国发展混合所有制的理论基础是什么》,《人民论坛·学术前沿》2014 年第 7 期。

5. 曹宏伟、田玉庆:《济宁国资委:优化监管职能,增强国企活力》,《山东国资》2018 年第 8 期。

6. 曹骏、魏珂、栗洁、凌莉、吴鸣:《湖北省国有资产监管模式的研究——以"管资本"为主,提升湖北省国有资产管理效能》,《武汉冶金管理干部学院学报》2018 年第 2 期。

7. 曹越、孙丽、郭天枭、蒋华玲:《"国企混改"与内部控制质量:来自上市国企的经验证据》,《会计研究》2020 年第 8 期。

8. 常辉:《20 世纪西方大国资本主义国有经济研究》,人民出版社 2016 年版。

9. 陈冬华、陈信元、万华林:《国有企业中的薪酬管制与在职消费》,《经济研究》2005 年第 2 期。

10. 陈冬华、梁上坤、蒋德权:《不同市场化进程下高管激励契约的成本与选择:货币薪酬与在职消费》,《会计研究》2010 年第 11 期。

11. 陈冬华、相加凤:《独立董事只能连任 6 年合理吗?——基于我国 A 股上市公司的实证研究》,《管理世界》2017 年第 5 期。

12. 陈良银、黄俊、陈信元:《混合所有制改革提高了国有企业内部薪酬差距吗》,《南开管理评论》2021 年第 5 期。

13. 陈林:《自然垄断与混合所有制改革——基于自然实验与成本函数的分析》,《经济研究》2018 年第 1 期。

14. 陈林、万攀兵、许莹盈:《混合所有制企业的股权结构与创新行为——基于自然实验与断点回归的实证检验》,《管理世界》2019 年第 10 期。

15. 陈清泰:《资产资本化是深化国企改革的突破口》,《中国经济导报》2013 年 2 月 2 日。

16. 陈清泰:《处于基础地位的管资本改革》,《现代国企研究》2018 年第 11 期。

17. 陈清泰、吴敬琏、谢伏瞻:《国企改革攻坚 15 题》,中国经济出版社 1999 年版。

18. 陈仕华、卢昌崇:《国有企业党组织的治理参与能够有效抑制并购中的"国有资产流失"吗?》,《管理世界》2014 年第 5 期。

19. 陈仕华、卢昌崇、姜广省、王雅茹:《国企高管政治晋升对企业并购行为的影响——基于企业成长压力理论的实证研究》,《管理世界》2015 年第 9 期。

20. 陈文磊:《国有资产管理体制改革与国企创新投入——基于"管资本"的视角》,《财经问题研究》2021 年第 9 期。

21. 陈霞、马连福、丁振松:《国企分类治理、政府控制与高管薪酬激励——基于中国上市公司的实证研究》,《管理评论》2017 年第 3 期。

22. 程恩富:《国有资产管理机构及其职能的研究》,《外国经济与管理》1994 年第 11 期。

23. 楚序平、俞立峰、张佳慧:《中国国有资本投资运营公司改革模式探析》,《清华金融评论》2017 年第 7 期。

24. 崔淼、欧阳桃花、徐志:《基于资源演化的跨国公司在华合资企业控制权的动态配置——科隆公司的案例研究》,《管理世界》2013 年第 6 期。

25. 戴安娜:《加拿大的国有企业——皇家公司》,《人大建设》2010 年第 1 期。

26. 翟胜宝、易旱琴、郑洁、唐玮、曹学勤:《银企关系与企业投资效率——基于我国民营上市公司的经验证据》,《会计研究》2014 年第 4 期。

27. 翟胜宝、张胜、谢露、郑洁:《银行关联与企业风险——基于我国上市公司的经验证据》,《管理世界》2014 年第 4 期。

28. 丁友刚、宋献中:《政府控制、高管更换与公司业绩》,《会计研究》2011 年第 6 期。

29. 董金鹏、安林:《国资委或成"中国企监会"》,《中外管理》2014 年第 2 期。

30. 杜天佳:《土耳其国有企业改革及经验》,《国企》2014 年第 11 期。

31. 范小虎、刘震伟、洪梅初:《对上海区县国资委职能定位的思考》,《华东经济管理》2008 年第 4 期。

32. 高明华:《国有资产监督目标模式与外派监事会监督机制创新》,《天津社会科学》2017 年第 5 期。

33. 高明华:《中国企业董事会实践中存在的问题——在中国产权协会董事分会成立大会上的讲话》,《产权导刊》2018 年第 7 期。

34. 高明华、刘波波:《董事会治理是否促进了国有企业混合所有制改革?》,《上海经济研究》2022 年第 5 期。

35. 高明华、刘金玲:《独立董事和监事会的职权冲突及制度选择》,《中国社会科学院研究生院学报》2006 年第 6 期。

36. 高明华、苏然、曾诚:《自愿性信息披露评价及市场有效性检验》,《经济与管理研究》2018 年第 4 期。

37. 高明华、杨丹、杜雯翠、焦豪、谭玥宁、苏然、方芳、黄晓丰:《国有企业分类改革与分类治理——基于七家国有企业的调研》,《经济社会体制比较》2014 年第 2 期。

38. 高惺惟:《俄罗斯国企改革对我国的启示》,《当代经济》2016 年第 29 期。

39. 高瑜彬、毛聚、毛新述:《中央企业董事会试点与上市公司审计质量》,《审计研究》2021 年第 4 期。

40. 葛永盛、张鹏程:《家族企业资源约束、外部投资者与合同剩余》,《南开管理评论》2013 年第 3 期。

41. 顾功耘、罗培新:《国有资产授权经营法律问题研究》,《公司法律评论》2005 年第 0 期。

42. 谷溪、乔嗣佳:《国企混改治理效果的资本市场证据——基于信息披露违规事件的实证检验》,《财经科学》2021 年第 9 期。

43. 关鑫、高闯:《我国上市公司终极股东的剥夺机理研究:基于"股权控制链"与"社会资本控制链"的比较》,《南开管理评论》2011 年第 6 期。

44. 郭春丽:《国有资产管理体制改革的总体思路和实现路径》,《宏观经济管理》2014 年第 10 期。

45. 郭春丽:《组建国资投资运营公司、加快完善国有资本管理体制》,《经济纵横》2014 年第 10 期。

46. 郭檬楠、吴秋生:《国家审计全覆盖、国资委职能转变与国有企业资产保值增值》,《审计研究》2018 年第 6 期。

47. 郭元增:《巴西国营企业非国有化进程》,《拉丁美洲研究》1992 年第 4 期。

48. 国家发展改革委体管所课题组、张林山:《国资管理体制改革典型设计思路评析》,《中国经贸导刊》2015 年第 9 期。

49. 国务院国有资产监督管理委员会研究局:《探索与研究:国有资产监管和国有企业改革研究报告(2013)》,中国经济出版社 2014 年版。

50. 国务院国有资产监督管理委员会研究局:《探索与研究:国有资产监管和国有企业改革研究报告(2014—2015)》,中国经济出版社 2017 年版。

51. 国务院国资委改革办:《国企改革若干问题研究》,中国经济出版社 2017 年版。

52. 国务院国资委研究中心 G20 课题组、王志钢、杜天佳、王佳佳:《G20 国家国资管理启示》,《国企》2015 年第 1 期。

53. 郝书辰、蒋震:《国有资本产业分布问题研究述评及其理论含义》,《山东经济》2010 年第 1 期。

54. 郝阳、龚六堂:《国有、民营混合参股与公司绩效改进》,《经济研究》2017 年第 3 期。

55. 郝颖、谢光华、石锐:《外部监管、在职消费与企业绩效》,《会计研究》2018 年第 8 期。

56. 郝云宏、马帅:《分类改革背景下国有企业党组织治理效果研究——兼论国有企业党组织嵌入公司治理模式选择》,《当代财经》2018 年第 6 期。

57. 何威风:《政府控股、控制层级与代理问题的实证研究》,《中国软科学》2009 年第 2 期。

58. 何孝星:《关于独立董事制度与监事会制度的优劣比较及其制度安排》,《经济学动态》2001 年第 8 期。

59. 侯君然:《试论英国的国有企业改革》,《河北大学学报(哲学社会科学版)》1999 年第 4 期。

60. 胡迟:《改革国有资本授权经营体制扩大深化两类公司改组组建》,《现代国企研究》2018 年第 11 期。

61. 胡迟:《国有资本投资、运营公司监管的新发展与强化对策》,《经济纵横》2017 年第 10 期。

62. 胡锋、石涛:《以管资本为主加强国资监管的路径研究》,《湖湘论坛》2019 年第 2 期。

63. 黄富贵:《从加拿大国有企业改革中得到的启迪》,《上海商业》2001 年第 1 期。

64. 黄华、何威风、吴玉宇:《央企董事会试点与上市公司盈余管理行为》,《会计研究》2020 年第 7 期。

65. 黄建山、李春米:《股权结构、技术效率与公司绩效:基于中国上市公司的实证研究》,《经济评论》2009 年第 3 期。

66. 黄群慧:《"新国企"是怎样炼成的——中国国有企业改革 40 年回顾》,*China Economist* 2018 年第 1 期。

67. 黄群慧:《地方国资国企改革的进展、问题与方向》,《中州学刊》2015 年第 5 期。

68. 黄群慧:《国资委亟待改进对国有企业的监管方式》,《财经科学》2005 年第 1 期。

69. 黄群慧:《破除混合所有制改革的八个误区》,《现代企业》2017 年第 9 期。

70. 黄群慧、王佳宁:《国有企业改革新进展与趋势观察》,《改革》2017 年第 5 期。

71. 黄群慧、余菁、贺俊:《新时期国有经济管理新体制初探》,《天津社会科学》2015 年第 1 期。

72. 黄群慧:《国企的功能定位》,《中国黄金报》2015 年 11 月 10 日。

73. 黄速建:《中国国有企业混合所有制改革研究》,《经济管理》2014 年第 7 期。

74. 黄文锋、张建琦、黄亮:《国有企业董事会党组织治理、董事会非正式等级与公司绩效》,《经济管理》2017 年第 3 期。

75. 季晓南:《坚持和完善基本经济制度十论》,社会科学文献出版社 2014 年版。

76. 贾振强:《英国国有企业的股份制改造》,《中外管理》1998 年第 1 期。

77. 蒋大兴:《超越国企改革的观念谬误》,《中国法律评论》2016 年第 2 期。

78. 蒋大兴:《废除国资委?——一种理想主义者的"空想"》,《清华法学》2016 年第 6 期。

79. 蒋大兴:《政治/政党与企业——政治权力参与资源分配的文明结构》,《当代法学》2018 年第 1 期。

80. 晋入勤:《应重新定位国资委并更新其职权》,《法学》2008 年第 6 期。

81. 蓝寿荣、张伟伟:《国外国有资产监管的三种模式及其启示》,《佛山科学技术学院学报(社会科学版)》2008 年第 4 期。

82. 李常青、管连云:《股权结构与盈余管理关系的实证研究》,《商业研究》2004 年第 19 期。

83. 李端生、宋璐:《国有资本投资运营公司成立提高企业价值了吗?——来自中央企业和省级改革试点的经验数据》,《经济与管理研究》2020 年第 10 期。

84. 李宏勋、李守军、赵玺玉:《美日德公司内部监控模式的特点及其借鉴》,《理论探讨》2001年第2期。

85. 李锦:《建立授权经营体制》,《现代国企研究》2018年第5期。

86. 李锦:《以国资改革带动国企改革》,《经济日报》2018年1月17日。

87. 李锦:《以国资改革带动国企改革新态势》,《经济参考报》2017年12月26日。

88. 李锦:《新时代国企改革策》,中国经济出版社2017年版。

89. 李俊江、刘洋:《新加坡与韩国国有企业改革及管理体制的比较》,《东北亚论坛》2003年第3期。

90. 李俊江、史本叶:《美国国有企业发展及其近期私有化改革研究》,《吉林大学社会科学学报》2006年第1期。

91. 李郡:《改革国有资本授权经营体制的时代内涵》,《上海市经济管理干部学院学报》2018年第5期。

92. 李南山:《国资授权经营体制改革:理论、实践与路径变革》,《上海市经济管理干部学院学报》2018年第3期。

93. 李寿喜:《产权、代理成本和代理效率》,《经济研究》2007年第1期。

94. 李松龄:《新时代经济体制改革重点的理论认识与制度安排》,《现代经济探讨》2018年第7期。

95. 李维安、郝臣:《中国上市公司监事会治理评价实证研究》,《上海财经大学学报》2006年第3期。

96. 李维安、王世权:《中国上市公司监事会治理绩效评价与实证研究》,《南开管理评论》2005年第1期。

97. 李文贵、余明桂:《民营化企业的股权结构与企业创新》,《管理世界》2015年第4期。

98. 李文贵、余明桂、钟慧洁:《央企董事会试点、国有上市公司代理成本与企业绩效》,《管理世界》2017年第8期。

99. 李颖琦、李静:《知识成本对分支机构纵向管控模式选择的影响研究——基于对上海市金字塔型国有控股集团的分析》,《经济经纬》2017年第1期。

100. 李有华、马忠、张冰石:《构建以管资本为导向的新型国有资本监督考核体系》,《财会月刊》2018年第5期。

101. 李玉鹏:《试论国有资产管理体制改革与国有资本运营》,《全国流通经济》2017年第13期。

102. 李远勤、张祥建:《中国国有企业民营化前后的绩效对比分析》,《南开经济研究》2008年第4期。

103. 李志祥、张应语、薄晓东:《法国国有企业的改革实践及成效》,《经济与管理研究》2007 年第 7 期。

104. 黎文飞、马新啸、蔡贵龙:《混合所有制改革、公司治理与国有企业分红》,《会计与经济研究》2020 年第 4 期。

105. 梁上坤、陈冬华:《大股东会侵犯管理层利益吗?——来自资金占用与管理层人员变更的经验证据》,《金融研究》2015 年第 3 期。

106. 廖红伟、张楠:《论新型国有资产的监管体制转型——基于"管资产"转向"管资本"的视角》,《江汉论坛》2016 年第 3 期。

107. 林毅夫、蔡昉、李周:《充分信息与国有企业改革》,格致出版社、上海人民出版社 2014 年版。

108. 林毅夫、李志赟:《政策性负担、道德风险与预算软约束》,《经济研究》2004 年第 2 期。

109. 刘灿雷、王若兰、王永进:《国企监管模式改革的创新驱动效应》,《世界经济》2020 年第 11 期。

110. 刘崇献:《混合所有制的内涵及实施路径》,《中国流通经济》2014 年第 7 期。

111. 刘慧龙:《控制链长度与公司高管薪酬契约》,《管理世界》2017 年第 3 期。

112. 刘慧龙、吴联生、王亚平:《国有企业改制、董事会独立性与投资效率》,《金融研究》2012 年第 9 期。

113. 刘纪鹏:《不宜新设国有资本运营公司》,《中国经营报》2014 年 1 月 6 日。

114. 刘纪鹏:《国有资产监管体系面临问题及其战略构架》,《改革》2010 年第 9 期。

115. 刘纪鹏:《新型国资管理体制如何构建》,《人民政协报》2013 年 12 月 17 日。

116. 刘纪鹏:《要厘清"国企"与"国资"的概念》,《经济》2014 年第 3 期。

117. 刘纪鹏:《中国国资改革创新模式探索》,《经济导刊》2014 年第 5 期。

118. 刘纪鹏、黄习文:《构造新型国资管理体制》,《现代国企研究》2014 年第 5 期。

119. 刘纪鹏、刘妍:《组建大国资监管系统的战略构想》,《上海国资》2011 年第 2 期。

120. 刘纪鹏、黄习文:《组建国有资本运营公司、构造新型国资管理体制》,《证券时报》2013 年 11 月 26 日。

121. 刘纪鹏、赵晓丹:《新国资管理体制下国资委该如何定位》,《证券时报》2013 年 12 月 25 日。

122. 刘纪鹏、孙航:《新一轮国资改革应从两方面突破》,《证券时报》2013 年 12 月

16 日。

123. 刘青山：《国有资本投资、运营公司探索新体制、新机制、新模式》，《国资报告》2017 年第 10 期。

124. 刘青松、肖星：《败也业绩，成也业绩？——国企高管变更的实证研究》，《管理世界》2015 年第 3 期。

125. 刘现伟：《加快完善国资监管权力分配与制衡机制》，《经济参考报》2018 年 7 月 16 日。

126. 刘星、安灵：《大股东控制、政府控制层级与公司价值创造》，《会计研究》2010 年第 1 期。

127. 刘晔、张训常、蓝晓燕：《国有企业混合所有制改革对全要素生产率的影响——基于 PSM-DID 方法的实证研究》，《财政研究》2016 年第 10 期。

128. 刘运国、郑巧、蔡贵龙：《非国有股东提高了国有企业的内部控制质量吗？——来自国有上市公司的经验证据》，《会计研究》2016 年第 11 期。

129. 刘志强：《央企探索管资本新路》，《中国经济周刊》2018 年第 45 期。

130. 柳学信、孔晓旭、牛志伟：《新中国 70 年国有资产监管体制改革的经验回顾与未来展望》，《经济体制改革》2019 年第 5 期。

131. 卢馨、吴婷、张小芬：《管理层权力对企业投资的影响》，《管理评论》2014 年第 8 期。

132. 鲁剑：《关于国有资产管理体制改革的几点思考——兼谈未来国有资产监管机构的职能》，《中国经贸导刊》2002 年第 18 期。

133. 鲁桐：《〈OECD 国有企业公司治理指引〉修订及其对中国国企改革的启示》，《国际经济评论》2018 年第 5 期。

134. 鲁桐、党印：《公司治理与技术创新：分行业比较》，《经济研究》2014 年第 6 期。

135. 逯东、黄丹、杨丹：《国有企业非实际控制人的董事会权力与并购效率》，《管理世界》2019 年第 6 期。

136. 罗培新：《国有资产授权经营的法律问题研究》，《经济体制改革》2005 年第 3 期。

137. 骆家駴、李昌振：《国有企业改革：分类、设计及实施》，《经济与管理研究》2016 年第 5 期。

138. 吕品：《加拿大国有企业改革及对我国国有企业的启示》，《财政监督》2006 年第 6 期。

139. 马骏、张文魁等:《国有资本管理体制改革研究》,中国发展出版社 2015 年版。

140. 马连福、王丽丽、张琦:《混合所有制的优序选择:市场的逻辑》,《中国工业经济》2015 年第 7 期。

141. 马连福、王元芳、沈小秀:《国有企业党组织治理、冗余雇员与高管薪酬契约》,《管理世界》2013 年第 5 期。

142. 马淑萍、丁红卫:《日本国资国企改革经验与问题》,《中国发展观察》2015 年第 10 期。

143. 马淑萍、廖博:《应建立国有企业信息公开披露制度》,《中国经济时报》2016 年 1 月 14 日。

144. 马新啸、汤泰劼、蔡贵龙:《非国有股东治理与国有企业去僵尸化——来自国有上市公司董事会"混合"的经验证据》,《金融研究》2021 年第 3 期。

145. 马新啸、汤泰劼、郑国坚:《国有企业混合所有制改革与人力资本结构调整——基于高层次人才配置的视角》,《财贸经济》2020 年第 4 期。

146. 马新啸、汤泰劼、郑国坚:《非国有股东治理与国有企业的税收规避和纳税贡献——基于混合所有制改革的视角》,《管理世界》2021 年第 6 期。

147. 毛新述:《国有企业混合所有制改革:现状与理论探讨》,《北京工商大学学报(社会科学版)》2020 年第 3 期。

148. 毛新述、翟慧君、郑登津:《央企董事会建设与企业投资》,《会计研究》2022 年第 2 期。

149. 莫少昆、余继业:《解读淡马锡》,鹭江出版社 2008 年版。

150. 年志远、王相东:《国资委权益监管与政府行政监管——兼论国资委监管职能定位》,《社会科学战线》2013 年第 11 期。

151. 彭晓峰、孙海容:《日本国有企业民营化问题及启示》,《经济问题》1998 年第 2 期。

152. 戚聿东、徐炜:《国有独资公司董事会与监事会制度研究》,《首都经济贸易大学学报》2008 年第 1 期。

153. 綦好东、王斌、王金磊:《非上市国有企业信息公开披露:逻辑与事实》,《会计研究》2013 年第 7 期。

154. 綦好东、王金磊:《非上市国有企业透明度评价体系设计与应用:以中央企业为例》,《会计研究》2016 年第 2 期。

155. 钱颖一:《企业的治理结构改革和融资结构改革》,《经济研究》1995 年第 1 期。

156. 秦勇：《对国有企业监事会效能建设的几点思考》，《中国建材》2018 年第7 期。

157. 冉光圭、方巧玲、罗帅：《中国公司的监事会真的无效吗》，《经济学家》2015 年第1 期。

158. 饶恒：《新时代开创国资监管新局面》，《国资报告》2017 年第 11 期。

159. 饶恒：《国企改革取得新进展新成效》，《国资报告》2018 年第 9 期。

160. 任广乾、冯瑞瑞、田野：《混合所有制、非效率投资抑制与国有企业价值》，《中国软科学》2020 年第 4 期。

161. 任广乾、罗新新、刘莉、郑敏娜：《混合所有制改革、控制权配置与国有企业创新投入》，《中国软科学》2022 年第 2 期。

162. 任广乾、徐瑞、李维安、郑敏娜：《混合所有制改革中政府激励行为与非国有资本策略选择的主观博弈分析》，《中国管理科学》2021 年第 4 期。

163. 任腾飞、李明星、董朝辉、毛增余、罗俊获、余宁、梁军：《国资监管六人谈　国资监管体制改革的经验与未来》，《国资报告》2017 年第 8 期。

164. 任治俊：《澳大利亚国有企业私有化趋势考察》，《经济体制改革》1996 年第4 期。

165. 荣兆梓：《国有资产管理体制进一步改革的总体思路》，《中国工业经济》2012年第 1 期。

166. 史密斯·拉塞尔、翟庆国：《澳大利亚国企改革实践及对中国国企改革的启示》，《财经问题研究》2001 年第 7 期。

167. 宋文阁：《混合所有制的逻辑：新常态下的国企改革和民企机遇》，中华工商联合出版社 2014 年版。

168. 粟立钟、王峰娟、赵婷婷：《国资管理体制：文献回顾和未来设想》，《北京工商大学学报（社会科学版）》2015 年第 3 期。

169. 孙姝、钱鹏岁、姜薇：《非国有股东对国有企业非效率投资的影响研究——基于国有上市企业的经验数据》，《华东经济管理》2019 年第 11 期。

170. 孙晓明：《国企改革背景下完善多层次资本市场的探讨》，《法制与社会》2018年第 9 期。

171. 谭秋霞：《日本国企改革的法律分析及对我国国企混改的启示》，《法学论坛》2016 年第 1 期。

172. 唐娟：《英国自来水产业民营化的经验分析》，《新视野》2004 年第 5 期。

173. 田文林：《土耳其经济私有化的后果及教训启示》，《经济导刊》2014 年第

3 期。

174. 王斌:《股东资源与公司财务理论》,《北京工商大学学报(社会科学版)》2020年第 2 期。

175. 王斌:《股东资源理论与国有企业混合所有制改革:基于中国联通的案例》,《北京工商大学学报(社会科学版)》2021 年第 5 期。

176. 王斌、宋春霞:《基于股东资源的公司治理研究:一个新的视角》,《财务研究》2015 年第 1 期。

177. 王成饶:《国资委职能转变:自我革命决不会纸上谈兵》,《国资报告》2017 年第 6 期。

178. 王化成、佟岩:《控股股东与盈余质量——基于盈余反应系数的考察》,《会计研究》2006 年第 2 期。

179. 王克敏、刘静、李晓溪:《产业政策、政府支持与公司投资效率研究》,《管理世界》2017 年第 3 期。

180. 王倩倩:《用权责清单划清监管边界》,《国资报告》2018 年第 4 期。

181. 王胜利:《深化国有企业改革的本源和路径选择》,《现代经济探讨》2014 年第 5 期。

182. 王新红:《〈企业国有资产法〉若干法律问题初探》,《福建师范大学学报(哲学社会科学版)》2016 年第 1 期。

183. 王新红:《国企改革:股份制企业治理机制的中国式探索》,《法学》2018 年第 1 期。

184. 王新红:《论企业国有资产管理体制的完善——兼论国资委的定位调整》,《政治与法律》2015 年第 10 期。

185. 王勇、邓峰、金鹏剑:《混改下一步:新时代混合所有制改革的新思路》,清华大学出版社 2018 年版。

186. 王元芳、马连福:《国有企业党组织能降低代理成本吗?——基于"内部人控制"的视角》,《管理评论》2014 年第 10 期。

187. 王在全:《谈国有企业改革从管资产到管资本的转变》,《特区经济》2014 年第 9 期。

188. 王志刚:《G20 国家国有资产管理体制》,吉林人民出版社 2014 年版。

189. 文宗瑜:《国资国企继续深化改革路径探析》,《清华金融评论》2016 年第 4 期。

190. 文宗瑜:《新的国有资产管理机构的定位》,《经济研究参考》2003 年第 23 期。

191. 文宗瑜：《以管资本为主导向下的国有企业产权管理体系构建》，《国有资产管理》2016 年第 3 期。

192. 文宗瑜、宋韶君：《国有资本运营职能从国有企业剥离的改革逻辑及绩效评价体系重构》，《北京工商大学学报（社会科学版）》2018 年第 2 期。

193. 吴国平：《效率与公正：拉美国家国有企业转制的启示》，《拉丁美洲研究》2004 年第 6 期。

194. 吴秋生、独正元：《混合所有制改革程度、政府隐性担保与国企过度负债》，《经济管理》2019 年第 8 期。

195. 吴秋生、王少华：《党组织治理参与程度对内部控制有效性的影响——基于国有企业的实证分析》，《中南财经政法大学学报》2018 年第 5 期。

196. 吴延兵：《不同所有制企业技术创新能力考察》，《产业经济研究》2014 年第 2 期。

197. 武常岐、钱婷：《集团控制与国有企业治理》，《经济研究》2011 年第 6 期。

198. 武常岐、张林：《国企改革中的所有权和控制权及企业绩效》，《北京大学学报（哲学社会科学版）》2014 年第 5 期。

199. 肖土盛、孙瑞琦：《国有资本投资运营公司改革试点效果评估——基于企业绩效的视角》，《经济管理》2021 年第 9 期。

200. 肖亚庆：《全力推进国企国资改革发展再创佳绩》，《国资报告》2017 年第 2 期。

201. 谢志华：《经营权：资本经营权和资产经营权》，《财务与会计（理财版）》2014 年第 6 期。

202. 谢志华：《国有资产授权经营体系：理论和框架》，《北京工商大学学报（社会科学版）》2016 年第 4 期。

203. 谢志华、胡鹰：《国有资产管理：从管资产到管资本》，《财务与会计（理财版）》2014 年第 7 期。

204. 辛清泉、梁政山、郭磊：《非控股股东派驻董事与国有企业总经理变更研究》，《证券市场导报》2013 年第 4 期。

205. 徐广成、张茵、陈智：《产权性质、政府层级与企业自愿信息披露》，《中国经济问题》2016 年第 6 期。

206. 徐晓东、陈小悦：《第一大股东对公司治理、企业业绩的影响分析》，《经济研究》2003 年第 2 期。

207. 许宏才：《推动国有资本市场化运作——详解推进国有资本投资、运营公司改革试点》，《现代国企研究》2018年第17期。

208. 许为宾、周莉莉、陈梦媛：《国企混改影响企业创新投资的机制：政府干预效应还是代理效应》，《科技进步与对策》2019年第15期。

209. 薛贵：《管资本背景下国有资本授权经营体制改革理论与实践》，《商业会计》2019年第23期。

210. 严若森、吏林山：《党组织参与公司治理对国企高管隐性腐败的影响》，《南开学报(哲学社会科学版)》2019年第1期。

211. 杨冬云：《20世纪90年代以来印度公营企业改革分析》，《理论学刊》2006年第8期。

212. 杨国彪：《英国私有化的经验和教训》，《经济研究参考》2002年第63期。

213. 杨红英、童露：《论混合所有制改革下的国有企业公司治理》，《宏观经济研究》2015年第1期。

214. 杨建君：《大型国企混合所有制改革的关键环节》，《改革》2014年第5期。

215. 杨鹏志、崔洁：《对国有企业集团再授权经营的思考》，《财会学习》2017年第23期。

216. 杨青、王亚男、唐跃军：《"限薪令"的政策效果：基于竞争与垄断性央企市场反应的评估》，《金融研究》2018年第1期。

217. 杨兴全、尹兴强：《国企混改如何影响公司现金持有?》，《管理世界》2018年第11期。

218. 杨运杰、毛宁、尹志锋：《混合所有制改革能否提升中国国有企业的创新水平》，《经济学家》2020年第12期。

219. 易阳、蒋胐、刘庄、辛清泉：《政府放权意愿、混合所有制改革与企业雇员效率》，《世界经济》2021年第5期。

220. 以管资本为主加强国有资本监管问题研究课题组、张林山：《如何构建以"管资本"为主的国资监管新框架——来自天津、上海浦东的经验》，《中国经贸导刊》2015年第7期。

221. 余菁：《"混合所有制"的学术论争及其路径找寻》，《改革》2014年第11期。

222. 袁碧华：《混合所有制下国家股东市场化构建的逻辑与路径》，《暨南学报(哲学社会科学版)》2022年第6期。

223. 臧娜：《国有企业董事会治理研究》，《企业改革与管理》2018年第17期。

224. 臧跃茹：《从授权经营到授权投资机构的由来、问题、对策》，《经济研究参考》1996年第39期。

225. 臧跃茹、杨娟、刘方、张铭慎、刘泉红、曾铮、郭春丽、黄卫挺:《促进混合所有制经济发展研究》,《中国企业改革发展优秀成果(第二届)》2018 年(上卷)。

226. 曾诗韵、蔡贵龙、程敏英:《非国有股东能改善会计信息质量吗? ——来自竞争性国有上市公司的经验证据》,《会计与经济研究》2017 年第 4 期。

227. 张波:《论我国国有公司监事会的职能重塑与制度优化》,《改革与战略》2009 年第 3 期。

228. 张静:《提升监事会监督质量与实效路径思考——以国有企业外派监事会为例》,《北方经贸》2018 年第 10 期。

229. 张静:《中国上市公司高管薪酬的信息披露研究》,华东师范大学 2010 年硕士学位论文。

230. 张静、陈美燕:《新加坡"淡马锡"经营模式对国企改革的启示》,《特区经济》2006 年第 9 期。

231. 张敏、王成方、刘慧龙:《冗员负担与国有企业的高管激励》,《金融研究》2013 年第 5 期。

232. 张宁、才国伟:《国有资本投资运营公司双向治理路径研究——基于沪深两地治理实践的探索性扎根理论分析》,《管理世界》2021 年第 1 期。

233. 张伟华、王斌、黄甲:《董事会异质性、行业环境与公司战略调整》,《科学决策》2016 年第 5 期。

234. 张伟华、王斌、宋春霞:《股东资源、实际控制与公司控制权争夺——基于雷士照明的案例研究》,《中国软科学》2016 年第 10 期。

235. 张文魁:《国资监管体制改革策略选择:由混合所有制的介入观察》,《改革》2017 年第 1 期。

236. 张文魁:《混合所有制与国资监管如何兼容》,《中国经济报告》2017 年第 10 期。

237. 张喜亮、陈慧、张释嘉:《废除国资监管机构不可想象》,《现代国企研究》2014 年第 9 期。

238. 张祥建、郭丽虹、徐龙炳:《中国国有企业混合所有制改革与企业投资效率——基于留存国有股控制和高管政治关联的分析》,《经济管理》2015 年第 9 期。

239. 张晓文、祝岩松、李红娟、华中南、杨久栋、李华:《国有资产交易流转监管体制研究》,《中国企业改革发展优秀成果(首届)》2017 年(上卷)。

240. 张训常、刘晔、周颖刚:《"政资分开"能改善国有企业投资效率吗》,《管理科学学报》2021 年第 4 期。

241. 赵大鹏：《西方国家对国有企业的监督及借鉴》，《国有资产管理》2007 年第 10 期。

242. 赵进伟：《政府国有资产管理研究》，首都经济贸易大学 2008 年硕士学位论文。

243. 赵晶、郭海：《公司实际控制权、社会资本控制链与制度环境》，《管理世界》2014 年第 9 期。

244. 赵玲玲：《意大利国企改革：政府"金股"控制企业一票否决权》，《中国企业报》2014 年 3 月 18 日。

245. 赵世萍：《美国、英国国有企业改革对我国的启示》，《当代经济》2017 年第 32 期。

246. 赵雪梅：《英国国有企业私有化探析》，《经济评论》1999 年第 4 期。

247. 庄莹、买生：《国企混改对企业社会责任的影响研究》，《科研管理》2021 年第 4 期。

248. 郑国坚、蔡贵龙、马新啸：《政府干预、国有集团结构动态演化与配置效率》，《管理科学学报》2017 年第 10 期。

249. 郑海航：《关于国有企业改革的一些看法》，《国有经济论丛（2013）——国有经济发展与完善市场经济体制会议论文集》，2013 年。

250. 郑海航：《内外主体平衡论——国有独资公司治理理论探讨》，《中国工业经济》2008 年第 7 期。

251. 郑海航、戚聿东、吴冬梅：《对完善国有独资公司董事会监事会及关系探讨》，《经济与管理研究》2008 年第 1 期。

252. 郑海航、戚聿东、吴冬梅等：《国有资产管理体制与国有控股公司研究》，经济管理出版社 2010 年版。

253. 郑志刚、李东旭、许荣、林仁韬、赵锡军：《国企高管的政治晋升与形象工程——基于 N 省 A 公司的案例研究》，《管理世界》2012 年第 10 期。

254. 郑志刚、刘兰欣：《所有者缺位与国企混合所有制改革的突破方向》，《经济管理》2022 年第 4 期。

255. 中国财政科学研究院国有企业改革评价及国企改革指数课题组、文宗瑜、谭静：《以"国有企业改革评价及国企改革指数"研究支持并推动国企改革持续深入》，《财政研究》2018 年第 2 期。

256. 周建军：《大国资监管构想——专访中国政法大学资本研究中心主任刘纪鹏教授》，《国企》2011 年第 5 期。

257. 周静、辛清泉:《金字塔层级降低了国有企业的政治成本吗? ——基于经理激励视角的研究》,《财经研究》2017 年第 1 期。

258. 周丽莎:《以"管资本"为主转换国有资本监管职能》,《经济参考报》2017 年 8 月 17 日。

259. 周其仁:《市场里的企业:一个人力资本与非人力资本的特别合约》,《经济研究》1996 年第 6 期。

260. 周伟、徐庆生、蔡伟、任新建:《国资委职能定位方向——以上海为例》,《上海市经济管理干部学院学报》2009 年第 1 期。

261. 周玉君:《俄罗斯国有企业私有化对我国国企改革的启示》,《现代经济信息》2009 年第 17 期。

262. 周泽将、雷玲:《纪委参与改善了国有企业监事会的治理效率吗? ——基于代理成本视角的考察》,《财经研究》2020 年第 3 期。

263. 周子勋、项安波、胡迟、文宗瑜:《国企混改进入"加速度"》,《中国经济报告》2017 年第 10 期。

264. 朱国泓、杜兴强:《控制权的来源与本质:拓展、融合及深化》,《会计研究》2010 年第 5 期。

265. 朱磊、陈曦、王春燕:《国有企业混合所有制改革对企业创新的影响》,《经济管理》2019 年第 11 期。

266. 朱炜、李伟健、綦好东:《中国国有资产监管体制演进的主要历程与基本特征》,《经济学家》2022 年第 2 期。

267. 祝继高、王春飞:《大股东能有效控制管理层吗? ——基于国美电器控制权争夺的案例研究》,《管理世界》2012 年第 4 期。

268. 祝继高、叶康涛、陆正飞:《谁是更积极的监督者:非控股股东董事还是独立董事?》,《经济研究》2015 年第 9 期。

269. Basu, Sudipta, "The Conservatism Principle and the Asymmetric Timeliness of Earnings", *Journal of Accounting and Economics*, Vol. 24, No. 1, 1997.

270. Boubakri, Narjess, Cosset, Jean C., Saffar, W., "The Role of State and Foreign Owners in Corporate Risk-taking: Evidence from Privatization", *Journal of Financial Economics*, Vol. 108, No. 3, 2013.

271. Bromiley, Philip, Papenhausen, Chris, "Assumptions of Rationality and Equilibrium in Strategy Research: The Limits of Traditional Economic Analysis", *Strategic Organization*, Vol. 1, No. 4, 2003.

272. Chan, Hon S., "Politics over Markets: Integrating State-Owned Enterprises into Chinese Socialist Market", *Public Administration and Development*, Vol. 29, 2009.

273. Chang, Eric C., Wong, Sonia M.L., "Political Control and Performance in China's Listed Firms", *Journal of Comparative Economics*, Vol. 32, No. 4, 2004.

274. Chiu, Becky, Lewis, Mervyn K., "Reforming China's State-Owned Enterprises and Banks", *Journal of the Asia Pacific Economy*, Vol. 12, No. 1, 2007

275. Diestre, Luis, Rajagopalan, Nandini, "Are all 'Sharks'Dangerous? New Biotechnology Ventures and Partner Selection in R&D Alliances", *Strategic Management Journal*, Vol. 33, No. 10, 2012.

276. Driffield, Nigel, Du, Jun, "Privatisation, State Ownership and Productivity: Evidence from China", *International Journal of the Economics of Business*, Vol. 14, No. 2, 2007.

277. Gupta, Nandini, "Partial Privatization and Firm Performance", *The Journal of Finance*, Vol. 60, No. 2, 2005.

278. John, Kose, Litov, Lubomir, Yeung, Bernard, "Corporate Governance and Risk-Taking", *The Journal of Finance*, Vol. 63, No. 4, 2008.

279. Kang, Young S., Kim, Byung Y., "Ownership Structure and Firm Performance: Evidence from the Chinese Corporate Reform", *China Economic Review*, Vol. 23, No. 2, 2012.

280. Koppell, Jonathan G.S., "Political Control for China's State-Owned Enterprises: Lessons from America's Experience with Hybrid Organizations", *Governance*, Vol. 20, No. 2, 2007.

281. Kraaijenbrink, Jeroen, Spender, J.C., Groen, Aard J., "The Resource-Based View: A Review and Assessment of Its Critiques", *Journal of Management*, Vol. 36, No. 1, 2010.

282. Megginson, William L., Netter, Jeffry M., "From State to Market: A Survey of Empirical Studies on Privatization", *Journal of Economic Literature*, Vol. 39, No. 2, 2001.

283. Park, Haemin Dennis, Steensma, H. Kevin, "When does Corporate Venture Capital add Value for New Ventures?", *Strategic Management Journal*, Vol. 33, No. 1, 2012.

284. Qian, Ying Y., "Enterprise Reform in China: Agency Problems and Political Control", *The Economics of Transition*, Vol. 4, No. 2, 1996.

285. Richardson, Scott, "Over-investment of Free Cash Flow", *Review of Accounting Studies*, Vol. 11, No. 2, 2006.

286. Sam, Choon-Yin, "Partial Privatisation and the Role of State Owned Holding

Companies in China", *Journal of Management and Governance*, Vol. 17, No. 3, 2013.

287. Shleifer, Andrei, Vishny, Robert W., "A Survey of Corporate Governance", *The Journal of Finance*, Vol. 52, No. 2, 1997.

288. Zahra, Shaker A., Filatotchev, Igor, Wright, Mike, "How do Threshold Firms Sustain Corporate Entrepreneurship? The Role of Boards and Absorptive Capacity", *Journal of Business Venturing*, Vol. 24, No. 3, 2009.

策划编辑：郑海燕
封面设计：石笑梦
版式设计：胡欣欣
责任校对：周晓东

图书在版编目（CIP）数据

管资本背景下完善企业国有资产管理体制研究/毛新述,张晨宇,张栋 著. —
　北京:人民出版社,2022.9
ISBN 978－7－01－024988－9

Ⅰ.①管…　Ⅱ.①毛…　②张…　③张…　Ⅲ.①国有企业-国有资产管理-
　研究-中国　Ⅳ.①F279.241

中国版本图书馆 CIP 数据核字（2022）第 145102 号

管资本背景下完善企业国有资产管理体制研究
GUAN ZIBEN BEIJING XIA WANSHAN QIYE GUOYOU ZICHAN GUANLI TIZHI YANJIU

毛新述　张晨宇　张　栋　著

人民出版社 出版发行
（100706　北京市东城区隆福寺街 99 号）

中煤（北京）印务有限公司印刷　新华书店经销

2022 年 9 月第 1 版　2022 年 9 月北京第 1 次印刷
开本:710 毫米×1000 毫米 1/16　印张:15
字数:206 千字

ISBN 978－7－01－024988－9　定价:78.00 元

邮购地址 100706　北京市东城区隆福寺街 99 号
人民东方图书销售中心　电话 (010)65250042　65289539